알고리듬 세계에 뛰어들기

알고리듬 세계에 뛰어들기

용감한 초보를 위한 파이썬 어드벤처

이재익 옮김   브래드포드 턱필드 지음

i!i
에이콘

에이콘출판의 기틀을 마련하신 故 정완재 선생님 (1935-2004)

저를 믿어주고 저에게 〈점과 상자〉를 가르쳐주신
부모님 데이비드 턱필드와 베키 턱필드에게 바칩니다.

| 옮긴이 소개 |

이재익(humanjack@gmail.com)

네이버에서 머신러닝을 모니터링 플랫폼에 도입하는 업무를 하고 있다. 공역서로는 에이콘출판사에서 펴낸 『ElasticSearch in Action』(2016), 『일래스틱서치 모니터링』(2017), 『키바나 5.0 배우기』(2017), 『일래스틱서치 쿡북 3/e』(2019), 『Kafka Streams in Action』(2019)이 있다.

한 인터넷 서점에서 '알고리듬'이라는 단어를 검색하니 의외의 결과를 얻었다. 인기순으로 결과를 봤는데 '말의 알고리듬', '독해 알고리듬'이 상위에 있었다. 해당 인터넷 서점의 검색 알고리듬이 얼마나 믿을 만한지는 차치하고, 우리 삶에서 '알고리듬'이라는 단어가 얼마나 일상화됐고 유행하고 있는지 보여주는 결과가 아닐까 생각이 든다.

이 책은 컴퓨터 과학이나 수학적인 관점의 알고리듬을 일상과 연관 지어 설명하고 있다. 우리의 일상에 가까운 야구경기에서 선수가 공을 잡는 방법부터 시작해서 알고리듬의 역사, 고대의 마방진 알고리듬 그리고 최신의 인공지능 알고리듬까지 다양한 관점에서 알고리듬을 논한다. 최근 출간되는 알고리듬 서적들은 취업을 위한 알고리듬이나 인공지능 알고리듬에 집중하는 경우가 많다. 그만큼 수요가 있기 때문이라고 생각한다. 이 책은 설명하는 범위가 광범위하여 특정한 목적을 위한 알고리듬 서적이라기보다는 '알고리듬이 뭐지?'라는 의문을 품은 독자들을 위한 책이다. 기술 기업들이 인터뷰에서 알고리듬을 묻는 이유가 짧은 시간 내에 문제 해결력을 확인하기 위한 것이라는 측면에서, 직접적이지는 않지만 이 책의 전체적인 서술 방식과 다루는 내용이 문제 해결력을 키우는 데 조금은 도움이 될 수도 있을 듯하다.

이 책을 통해 독자들이 알고리듬의 원리나 근원, 그리고 일상에서의 알고리듬에 대해 고민해보는 시간을 갖길 바란다.

| 지은이 소개 |

브래드포드 턱필드 Bradford Tuckfield

데이터 과학자이자 작가이며, Kmbara(https://kmbara.com/)라는 데이터 과학 컨설팅 회사와 Dreamtigers(http://thedreamtigers.com/)라는 소설 웹사이트를 운영하고 있다.

알록 말릭^{Alok Malik}

인도 뉴델리에 거주하는 데이터 과학자로, 파이썬을 사용해 자연어 처리와 컴퓨터 비전 모두에서 딥러닝 모델을 개발하는 작업을 한다. 언어 모델, 이미지와 텍스트 분류기, 언어 번역기, 음성에서 텍스트 전환^{speech-to-text} 모델, 명명된 엔티티 인식기, 개체 감지기와 같은 솔루션을 개발하고 배포했다. 또한 머신러닝에 관한 책을 공동 저술했다. 여가 시간에는 금융에 대해 읽고 MOOC를 하며 콘솔에서 비디오 게임을 하는 것을 좋아한다.

| 감사의 글 |

"한 작가의 말은 다른 작가의 말과 같지 않다. 어떤 작가는 직감을 짜낸다. 어떤 사람은 외투 주머니에서 그것을 꺼낸다." 샤를 페기^{Charles Peguy}는 개별 단어를 쓰는 방법을 이렇게 기술했다. 개별 장과 전체 책도 마찬가지다. 가끔은 외투 주머니에서 이 책을 꺼내고 있는 것 같았고, 또 어떤 때는 직감을 짜내는 것 같았다. 나에게 외투를 빌려주거나 털어놓은 속마음을 정리하는 그 긴 과정을 도와준 모든 사람에게 감사를 표하는 것이 적절할 것 같다.

내가 이 책을 쓰는 데 필요한 경험과 기술을 얻기 위해 걸어온 긴 길에는 많은 이의 도움이 있었다. 부모님인 데이비드 턱필드^{David Tuckfield}와 베키 턱필드^{Becky Tuckfield}는 삶과 교육을 시작으로 많은 선물을 주셨고, 계속해서 나를 믿고 격려해주셨으며, 여기에 나열하기 어려울 정도로 많은 도움을 주셨다. 스콧 로버트슨^{Scott Robertson}은 자격도 없고 실력도 좋지 않았던 내게 코드를 작성하는 일을 처음으로 주었다. 랜디 젠슨^{Randy Jenson}은 경험이 부족하고 한계가 있음에도 불구하고 첫 번째 데이터 과학 일을 주었다. 쿠마르 카쉬야프^{Kumar Kashyap}는 알고리듬을 구현하도록 개발 팀을 이끌 수 있는 첫 번째 기회를 주었다. 데이비드 조^{David Zou}는 처음으로 기사 작성 비용(10달러에서 10개의 단편 영화 리뷰에 대한 페이팔 수수료 제외)을 지불해준 사람이다. 그로 인해 이후로도 많은 글을 쓸 수 있었다. 아디티야 데이트^{Aditya Date}는 내게 책을 쓰자고 제안해준 첫 번째 사람이자 처음으로 기회를 준 사람이다.

또한 많은 선생님과 멘토로부터 격려를 받았다. 데이비드 카르돈^{David Cardon}은 학문 연구에 협력할 수 있는 첫 번째 기회를 주었고, 그 과정에서 많은 것을 가르쳐주었다. 브라이언 스켈턴^{Bryan Skelton}과 레오나르드 우^{Leonard Woo}는 자라서 무엇이 되고 싶은지 본보기가 되어줬다. 웨스 허친슨^{Wes Hutchinson}은 k 평균 클러스터링 같은 중요한 알고리듬을 가르쳐주고 알고리듬 작동 방식을 더 잘 이해할 수 있도록 도와줬다. 나에게 역사와 문화에 대해 생각하는 방법을 가르쳐준 채드 에밋^{Chad Emmett}에게 2장을 바친다. 우리 사이먼슨^{Uri Simonsohn}은 데이터에 대해 생각하는 방법을 보여줬다.

또한 많은 사람이 이 책을 쓰는 과정을 즐겁게 하는 데 도움을 주었다. 세슈 에달라^{Seshu Edala}는 내가 글을 쓸 수 있도록 작업 일정을 조정하는 데 도움을 주었고 끊임없이 격려해주었다. 알렉스 프리드^{Alex Freed}는 함께 하는 편집 과정에 즐거움을 주었다. 제니퍼 이가르^{Jennifer Eagar}는 최초 출판 몇 개월 전에 벤모^{Venmo}를 통해 비공식적으로 이 책의 사본을 구입한 첫 번째 사람이 되었다. 어려운 시기에 감사한 일이었다. 흘라잉 흘라잉 툰^{Hlaing Hlaing Tun}은 모든 순간을 지지해주고, 도움을 주었으며 친절했으며, 힘을 주었다.

이 감사의 빚을 다 갚을 수는 없지만 적어도 감사하다는 말은 할 수 있다. 고맙습니다!

| 차례 |

알고리듬은 어디에나 있다. 아마도 여러분은 오늘 이미 몇 가지를 실행했을 것이다. 이 책에서 여러분은 많은 알고리듬을 읽게 될 것이다. 어떤 것은 간단하고, 어떤 것은 복잡하고, 어떤 것은 유명하고, 어떤 것은 알려지지 않았지만, 모두 흥미롭고 배울 만한 가치가 있다. 그림 1에서 볼 수 있는 베리 그래놀라 파르페를 만드는 첫 알고리듬은 가장 맛있기도 하다. 이런 형태의 알고리듬을 '레시피'라고 부르는 데 익숙하겠지만, 다음과 같은 도널드 크누스Donald Knuth의 **알고리듬**algorithm 정의에 적합하다. "알고리듬은 특정한 타입의 문제를 풀기 위해 오퍼레이션 순서를 제공하는 한정된 규칙의 집합이다."

베리 그래놀라 파르페

조리법

1. 큰 유리컵에 블루베리 1/6컵을 넣는다.
2. 플레인 터키 요거트를 블루베리가 덮일 정도로 뿌린다.
3. 요거트 위에 그래놀라 1/3컵을 넣는다.
4. 플레인 터키 요거트를 그래놀라가 덮일 정도로 뿌린다.
5. 유리 그릇 위에 딸기를 올려놓는다.
6. 여러분이 가장 좋아하는 생크림으로 마무리한다.

그림 1 알고리듬: 특정한 타입의 문제를 풀기 위해 오퍼레이션 순서를 제공하는 한정된 규칙의 집합

알고리듬을 따르는 생활 영역이 파르페를 만드는 것만 있는 것은 아니다. 매년 미국 정부는 성인 시민권자 각각이 알고리듬을 따르길 요구하고, 그렇게 하지 않는 사람들을 투옥시키려 분투한다. 2017년 수백만 명의 미국인이 1040-EZ라 불리는 서식에서 가져온 그림 2의 알고리듬을 완료함으로써 이 의무를 이행했다.

1	시급, 월급, 팁. 이것은 당신의 서식 W-2의 박스 1에 있어야 한다. 서식 W-2를 첨부하라.	1
2	과세대상 이자. 총합이 $1,500를 넘으면 서식 1040EZ를 사용할 수 없다.	2
3	실업 수당과 알래스카 영구 펀드 배당금(지침 참고)	3
4	라인 1, 2, 3 추가. 이것은 당신의 조정된 총 소득이다.	4
5	누군가가 당신(또는 공동 반환인 경우 당신의 배우자)을 피부양자로 청구할 수 있는 경우 아래 해당 박스에 체크하고 뒷면의 워크시트에 있는 금액을 입력한다. □ 당신 □ 배우자 누구도 당신(또는 공동 반환인 경우 당신의 배우자)을 청구하지 않는다면, 싱글인 경우 $10,400를 입력하고, 기혼이고 공동 반환하는 경우 $20,800를 입력한다. 추가 설명이 필요한 경우 뒷면을 보라.	5
6	라인 4에서 라인 5를 뺀다. 라인 5가 라인 4보다 크면, -0-을 입력한다. 이것이 당신의 과세소득이다. ▶	6
7	연방 소득세는 서식 W-2와 1099에서 원천징수된다.	7
8a	근로 소득 공제	8a
b	비과세 전투 급여 선택[1] 8b	
9	라인 7과 8a를 추가. 이것은 당신의 전체 납부액과 공제액이다. ▶	9
10	세금. 지침의 세금 테이블에서 당신의 세금을 찾으려면 라인 6 위의 금액을 사용한다. 그후에 이 라인의 테이블에서 세금을 입력한다.	10
11	보건 의료: 개인별 책임(지침을 따른다) 1년 보장 □	11
12	라인 10과 11을 추가한다. 이것은 당신의 전체 세금이다.	12

그림 2 세금 신고 지침은 알고리듬 정의에 부합한다.

세금과 파르페는 어떤 면에서 공통점이 있을까? 세금은 불가피하고, 숫자로 이뤄져 있고, 어렵고, 보편적으로 싫어한다. 파르페는 자주 만들지 않고, 예술적이며, 힘이 들지 않고, 예외 없이 사랑받는다. 둘 다 공유하는 유일한 특성은 사람들이 알고리듬을 따르면서 준비한다는 것이다.

알고리듬을 정의하는 것 외에도, 위대한 컴퓨터 과학자 도널드 크누스는 알고리듬이 **레시피**, **프로시저**procedure, 그리고 **복잡한 절차**rigmarole와 동의어에 가깝다고 언급했다. 1040-EZ 서식으로 제시한 세금 신고의 경우, 탈세로 수감되는 것을 피하려는 것과 같은 특정한 유형의 문제를 해결하기 위한 (4단계의 더하기와 6단계의 빼기와 같은) 작업을 명시하는 12단계(한정된 리스트)가 있다. 파르페를 만드는 경우 파르페를 먹고 싶다는 특정한 유형의 문제를 해결하기 위해 (1단계에서 배치하고 2단계에서 덮는 것과 같은) 작업을 지정하는 6개의 유한한 단계가 있다.

알고리듬에 대해 더 많이 배우게 되면 어디에서나 알고리듬을 보게 되고, 얼마나 강력한지

---

1 https://www.priortax.com/Tax-Advice/support-question/Nontaxable-Combat-Pay-Election.aspx 참고. 군인이 전투에 참여해 받은 금액을 비과세 처리할지 선택하는 옵션 – 옮긴이

이해하게 될 것이다. 1장에서는 공을 잡을 수 있는 인간의 놀라운 능력에 대해 논의하고, 이를 가능하게 하는 인간 잠재의식에서의 알고리듬에 대한 세부 사항을 알아본다. 이후에는 코드를 디버깅하고, 뷔페에서 얼마를 먹을지 결정하고, 수입을 극대화하고, 리스트를 정렬하고, 작업을 스케줄링하고, 텍스트를 교정하고, 메일을 전달하고, 체스나 스도쿠 같은 게임에서 이기기 위한 알고리듬에 대해 이야기할 것이다. 그 과정에서 우리는 전문가들이 중요하게 여기는 몇 가지 속성에 따라 알고리듬을 평가하는 방법을 배울 것이다. 그리고 우리는 장인 정신이나 알고리즘의 기술조차도 느끼기 시작할 것이다. 그것들은 정확하고 양적인 노력으로 창의성과 개성의 기회를 제공한다.

이 책의 대상 독자

이 책은 파이썬 코드와 함께 알고리듬을 친절히 소개한다. 최대한의 이점을 얻으려면 다음과 같은 경험이 있어야 한다.

- **프로그래밍/코딩**: 이 책의 모든 주요 예제는 파이썬 코드로 설명되어 있다. 파이썬 경험이 없고 프로그래밍 경험이 많지 않은 사람이 책을 소화할 수 있도록 모든 코드 조각을 자세히 설명하기 위해 많이 노력했다. 하지만 변수 할당, for 루프, if/then 문, 함수 호출 같은 프로그래밍의 기본 사항을 이해하고 있는 사람이라면 더 큰 이점을 얻을 수 있을 것이다.
- **고등학교 수학**: 알고리듬은 방정식 풀기, 최적화 및 값 계산과 같이 많은 부분에서 수학과 동일한 목표를 달성하는 데 자주 사용된다. 알고리듬은 또한 논리나 정확한 정의의 필요성과 같이 수학적 사고와 관련된 많은 동일한 원칙을 적용한다. 이 책의 논의 중 일부는 대수학, 피타고라스 정리, 파이 및 매우 기본적인 미적분을 포함하는 수학적 영역으로 이동한다. 난해함을 피하고자 최대한 노력했으며 미국 고등학교에서 가르치는 수학을 넘어서진 않는다.

이러한 전제 조건에 익숙한 사람은 이 책의 모든 내용을 마스터할 수 있다. 다음과 같은 그룹을 염두에 두고 이 책을 집필했다.

- **학생**: 이 책은 고등학교나 학부 수준의 알고리듬, 컴퓨터 과학 또는 프로그래밍 입문 수업에 적합하다.
- **전문가**: 파이썬에 익숙해지길 원하는 개발자나 엔지니어, 컴퓨터 과학의 기초를 더 많이 배우고 알고리듬적으로 사고하여 코드를 개선하는 방법을 배우려는 개발자를 비롯한 여러 유형의 전문가들이 이 책에서 가치 있는 기술을 얻을 수 있다.
- **관심 있는 아마추어**: 이 책의 진정한 대상 독자는 관심을 가진 아마추어들이다. 알고리듬은 삶의 거의 모든 부분에 영향을 미치고 있다. 이 책을 읽는 사람이라면 주변 세계에 대한 감탄할 만한 최소한의 무언가를 찾을 수 있을 것이다.

이 책의 구성

이 책은 현존하는 알고리듬의 모든 측면을 다루지는 않는다. 단지 소개할 뿐이다. 읽고 나면 알고리듬이 무엇인지 확실히 이해하고, 중요한 알고리듬을 구현하는 코드를 작성하는 방법을 알고, 알고리듬 성능을 판단하고 최적화하는 방법을 이해하게 될 것이다. 또한 현재 전문가들이 사용하는 가장 인기 있는 많은 알고리듬에 익숙해질 것이다. 각 장은 다음과 같이 구성된다.

1장 '알고리듬을 사용한 문제 해결' 공을 잡는 방법에 대한 문제를 해결하고, 인간 행동을 지배하는 잠재의식 알고리듬의 증거를 찾고, 알고리듬의 유용성과 설계 방법을 논의한다.

2장 '역사 속의 알고리듬' 고대 이집트인과 러시아 농부가 어떻게 숫자를 곱했는지, 고대 그리스인이 최대공약수를 어떻게 찾았는지, 중세 일본 학자들이 마방진을 어떻게 만들었는지 알아보기 위해 세계의 역사를 탐험해본다.

3장 '최대화와 최소화' 경사 상승과 경사 하강을 소개한다. 함수의 최댓값과 최솟값을 찾는 이 간단한 방법은 많은 알고리듬의 중요한 목표인 최적화에 사용된다.

4장 '정렬과 검색' 리스트를 정렬하고 리스트의 요소를 검색하기 위한 기본 알고리듬을 설명한다. 또한 알고리듬의 효율성과 속도를 측정하는 방법도 소개한다.

5장 '순수 수학' 연분수의 생성, 제곱근 계산, 의사 난수 생성 등 순수한 수학적 알고리듬을 다룬다.

6장 '고급 최적화' 최적의 솔루션을 찾기 위한 고급 방법인 모의 담금질을 다룬다. 또한 고급 컴퓨터 과학의 표준 문제인 여행하는 외판원 문제도 소개한다.

7장 '기하학' 다양한 기하학 애플리케이션에 유용하게 사용할 수 있는 보로노이 다이어그램을 생성하는 방법을 살펴본다.

8장 '언어' 공백이 누락된 텍스트에 지능적으로 공백을 추가하는 방법과 구문에서 다음 단어를 지능적으로 제안하는 방법을 논의한다.

9장 '머신러닝' 기본적인 머신러닝 방법인 의사결정 트리에 대해 논의한다.

10장 '인공지능' 우리와 게임해서 이길 수도 있는 알고리듬을 구현하는 야심 찬 프로젝트로 뛰어든다. 〈점과 상자〉 게임으로 시작해서 성능을 향상할 수 있는 방법을 논의한다.

11장 '이 책 이후…' 알고리듬과 관련된 더 고급 작업으로 진행하는 방법을 설명한다. 챗봇을 구축하는 방법과 스도쿠 알고리듬을 생성해 백만 달러를 얻는 방법에 대해 논의한다.

환경 설정

파이썬 언어를 사용해 이 책에서 설명한 알고리듬을 구현할 것이다. 파이썬은 무료이고 오픈 소스이며 모든 주요 플랫폼에서 실행된다. 다음 단계를 사용해 윈도우, 맥OS, 리눅스에 파이썬을 설치할 수 있다.

파이썬 설치(윈도우)

윈도우에서 파이썬을 설치하려면 다음 단계를 따르자.

1. 최신 버전의 윈도우용 파이썬을 위한 전용 페이지(https://www.python.org/downloads/windows/)를 연다(마지막 슬래시 포함했는지 확인).

2. 다운로드하려는 파이썬 릴리스의 링크를 클릭한다. 가장 최신 릴리스를 다운로드 하려면 Latest Python 3 Release - 3.X.Y^{최신 파이썬 3 릴리스} 링크를 클릭하자. 여기서 3.X.Y 는 3.8.3과 같은 최신 버전 번호다. 이 책의 코드는 파이썬 3.6 및 파이썬 3.8에 서 테스트했다. 이전 버전을 다운로드하는 데 관심이 있다면, 이 페이지에서 Stable Releases^{안정 릴리스} 섹션으로 스크롤을 내려서 원하는 릴리스를 찾자.

3. 2단계에서 클릭한 링크는 선택한 파이썬 릴리스 전용 페이지로 안내한다. File^{파일} 섹 션에서 Windows x86-64 executable installer^{윈도우 x86-64 실행 가능 설치 프로그램} 링크를 클릭한다.

4. 3단계의 링크는 .exe 파일을 컴퓨터로 다운로드한다. 이것은 설치 프로그램 파일 이다. 더블클릭해서 열면 설치 프로세스를 자동으로 실행한다. Add Python 3.X to PATH^{PATH에 파이썬 3.X 추가} 상자를 선택한다. 여기서 X는 8과 같이 다운로드한 설치 프로그 램의 릴리스 번호다. 그런 다음 Install Now^{지금 설치}를 클릭하고 기본 옵션을 선택한다.

5. 'Setup was successful^{설치에 성공했습니다}'이라는 메시지가 표시되면 Close^{닫기}를 클릭해 설 치 프로세스를 완료한다.

이제 여러분의 컴퓨터에 새로운 애플리케이션이 있다. 이름은 파이썬 3.X이고, 여기서 X는 설치한 파이썬 3의 버전이다. 윈도우 검색 바에서 'Python'을 입력하자. 애플리케이션이 나 타났을 때 클릭해서 파이썬 콘솔을 열자. 콘솔에서 파이썬 명령을 입력하면 콘솔에서 실행될 것이다.

파이썬 설치(맥OS)

맥OS에서 파이썬을 설치하려면 다음 단계를 따르자.

1. 최신 버전의 맥 OS용 파이썬을 위한 전용 페이지(https://www.python.org/ downloads/mac-osx/)를 연다(마지막 슬래시 포함했는지 확인).

2. 다운로드하려는 파이썬 릴리스의 링크를 클릭한다. 가장 최신 릴리스를 다운로드 하려면 Latest Python 3 Release - 3.X.Y^{최신 파이썬 3 릴리스} 링크를 클릭하자. 여기서 3.X.Y 는 3.8.3과 같은 최신 버전 번호다. 이 책의 코드는 파이썬 3.6 및 파이썬 3.8에 서 테스트했다. 이전 버전을 다운로드하는 데 관심이 있다면, 이 페이지에서 Stable

Releases^{안정 릴리스} 섹션으로 스크롤을 내려서 원하는 릴리스를 찾자.

3. 2단계에서 클릭한 링크는 선택한 파이썬 릴리스 전용 페이지로 안내한다. File^{파일} 섹션에서 macOS 64-bit installer^{맥OS 64비트 설치 프로그램} 링크를 클릭한다.

4. 3단계의 링크는 .pkg 파일을 컴퓨터로 다운로드한다. 이것은 설치 프로그램 파일이다. 더블클릭해서 열면 설치 프로세스를 자동으로 실행한다. 기본 옵션을 선택한다.

5. 설치 프로그램은 Python 3.X라는 폴더를 여러분의 컴퓨터에 생성할 것이다. 여기서 X는 설치한 파이썬 릴리스의 번호다. 이 폴더에서 IDLE이라고 적힌 아이콘을 더블클릭하면 파이썬 3.X.Y 셸이 열릴 것이다. 여기서 3.X.Y는 최신 버전 번호다. 이 셸이 파이썬 콘솔이며 어떤 파이썬 명령이라도 실행할 수 있다.

파이썬 설치(리눅스)

리눅스에서 파이썬을 설치하려면 다음 단계를 따르자.

1. 사용하는 리눅스 버전의 패키지 매니저를 결정한다. 두 가지 일반적인 패키지 매니저의 예는 yum과 apt-get이다.

2. 리눅스 콘솔(혹은 터미널)을 열어 다음 두 명령을 실행한다.

```
> sudo apt-get update
> sudo apt-get install python3.8
```

yum이나 그 밖의 패키지 매니저를 사용하고 있다면 이 두 라인에서 apt-get를 yum이나 여러분의 패키지 매니저 이름으로 대체한다. 마찬가지로 이전 파이썬 버전을 설치하고 싶다면, 3.8(이 책 작성 시점의 가장 최신 버전)을 3.6이나 이 책의 코드를 테스트하기 위해 사용한 버전 같은 릴리스 번호로 대체한다. 최신 파이썬 버전을 확인하려면 https://www.python.org/downloads/로 가자. 거기서 Latest Python 3 Release - Python 3.X.Y 링크를 확인할 수 있다. 3.X.Y는 릴리스 번호이고, 설치 명령에서는 첫 두 자리만 사용한다.

3. 리눅스 콘솔에서 다음 명령을 실행해 파이썬을 실행한다.

```
python3
```

파이썬 콘솔이 리눅스 콘솔 창에서 열린다. 여기서 파이썬 명령을 입력할 수 있다.

서드파티 모듈 설치

이 책에서 소개하는 코드 일부는 파이썬 공식 웹사이트에서 다운로드한 코어 파이썬 소프트웨어의 일부가 아닌 파이썬 모듈에 의존한다. 여러분의 컴퓨터에 서드파티 모듈을 설치하려면 http://automatetheboringstuff.com/2e/appendixa/의 지시를 따르자.

요약

알고리듬 공부를 통해 전 세계를 돌고 수 세기 전 역사 속으로 돌아갈 것이다. 고대 이집트, 바빌론, 페리클레스 시대의 아테네, 바그다드, 중세 유럽, 일본 에도 시대, 영국령 인도 제도에서 경이로운 오늘날까지의 혁신과 놀라운 기술을 탐구할 것이다. 처음에는 다루기가 불가능해 보이는 문제와 제약들을 풀어가기 위해 새로운 방법을 찾아야 한다는 압박을 받을 수도 있다. 하지만 그렇게 함으로써 고대 과학의 선구자들뿐만 아니라 컴퓨터를 사용하거나 공을 잡는 오늘날의 누군가, 그리고 먼 훗날 우리가 남겨준 것들을 기반으로 할 아직 태어나지 않은 알고리듬 사용자 및 제작자 세대와도 연결될 것이다. 이 책은 알고리듬과 함께하는 모험의 시작이다.

CHAPTER 1

알고리듬을 사용한 문제 해결

공을 잡는 행위는 놀랍다. 너무 멀리서 날아오는 공은 수평선의 작은 점으로 보일 수도 있다. 공기 중에 단지 몇 초 혹은 그보다 짧은 순간 동안만 머물 수도 있다. 공은 공기 저항, 바람 그리고 당연히 중력을 만나 포물선형으로 움직일 것이다. 그리고 매번 다른 힘과 각도로, 조건이 각기 다른 환경에서 공이 날아올 것이다. 그렇다면 타자가 야구공을 치는 순간 300피트 떨어져 있는 외야수가 공이 땅에 닿기 전에 잡으려면 어디로 달려야 할지 어떻게 즉시 알까?

이 질문을 **외야수 문제**^outfielder problem라고 부르고 오늘날에도 여전히 학술지에서 논의하고 있다. 외야수 문제로 시작하는 이유는 매우 다른 두 가지 해법이 있기 때문이다. 하나는 분석 해법이고, 다른 하나는 알고리듬 해법이다. 두 해법을 비교하면 알고리듬이 무엇이고 문제를 해결하는 다른 방법과 어떻게 다른지 생생하게 보여줄 수 있다. 또한 외야수 문제는 때때로 추상적인 분야를 시각화하는 데 도움을 줄 것이다. 여러분 모두 무언가를 던지고 잡아본 경험이 있을 텐데, 이 경험은 실습 뒤에 있는 이론을 이해하는 데 도움을 줄 것이다.

어떻게 사람이 공이 떨어지는 곳을 정확히 아는지 실제로 이해하기 전에 기계가 어떻게 하는지를 이해하면 도움이 될 것이다. 외야수 문제의 분석 해법을 살펴보면서 시작하자. 이 해법은 수학적으로 정확하고 컴퓨터가 즉시 실행하기 쉬우며, 일부 버전은 보통 물리학 입문 수업에서 가르친다. 이를 사용하면 충분히 민첩한 로봇이 야구 팀에서 외야수로 뛸 수 있다.

하지만 사람은 머릿속으로 분석 방정식을 쉽게 실행할 수 없고, 확실히 컴퓨터만큼 빨리 할 수 없다. 사람의 두뇌에 더 적합한 해법은 알고리듬 해법이며, 알고리듬이 무엇이고 다른 문제 해결법에 비해 강점이 무엇인지 탐구하는 데 사용할 것이다. 게다가 알고리듬 해법은 알고리듬이 인간의 사고 과정에 자연스러워서 겁먹을 필요가 없음을 보여줄 것이다. 외야수 문제를 통해, 문제를 해결하는 새로운 방법인 알고리듬 해법을 소개할 것이다.

분석적 접근법

분석적으로 이 문제를 해결하려면, 몇 세기 전의 초기 운동 모델로 돌아가야 한다.

갈릴레오 모델

공의 움직임을 모델링하는 데 사용되는 가장 일반적인 방정식은 갈릴레오로 거슬러 올라간다. 그는 수 세기 전 가속도, 속도, 거리를 포함하는 다항식을 공식화했다. 바람과 공기 저항을 무시하고 공이 지면에서 시작한다고 가정한다면, 갈릴레오의 모델에서 시간 t에 던진 공의 수평 위치는 다음 식과 같다.

$$x = v_1 t$$

여기서 v_1은 x(수평) 방향으로의 공의 시작 속도를 나타낸다. 게다가 갈릴레오에 따르면 공의 높이(y)는 시간 t에서 다음과 같이 계산할 수 있다.

$$y = v_2 t + \frac{at^2}{2}$$

여기서 v_2는 y(수직) 방향으로의 공의 시작 속도를 나타내고, a는 중력에 의한 아래로의 일정한 가속도(미터법으로 약 −9.81)를 나타낸다. 첫 번째 방정식을 두 번째 방정식으로 대체하면, 던진 공의 높이(y)는 다음과 같이 공의 수평 위치(x)와 관련이 있음을 알 수 있다.

$$y = \frac{v_2}{v_1}x + \frac{ax^2}{2v_1^2}$$

갈릴레오의 방정식을 사용하면 리스트 1-1의 함수를 사용해 파이썬으로 공의 가상 궤적을
모델링할 수 있다. 리스트 1-1의 다항식은 초기 수평 속도가 약 초당 0.99미터이고, 초기 수
직 속도가 약 초당 9.9미터인 공에 적합하다. 여러분이 관심 있는 던지기 유형을 모델링하기
위해 v_1과 v_2에 다른 값을 자유롭게 대입해볼 수 있다.

```python
def ball_trajectory(x):
    location = 10*x - 5*(x**2)
    return(location)
```

리스트 1-1 공의 궤적을 계산하기 위한 함수

파이썬으로 리스트 1-1의 함수를 그래프로 그려보면 공의 궤적이 어떻게 생겼는지 대략 알
수 있다(공기 저항과 그 밖의 무시할 만한 요소 제외). 첫 번째 라인에서는 matplotlib이라는 모
듈에서 일부 그리기 기능을 가져올 것이다. matplotlib 모듈은 이 책에서 코드를 가져올 많
은 서드파티 모듈 중 하나다. 서드파티 모듈을 사용하기 전에 먼저 설치해야 하는데, http://
automatetheboringstuff.com/2e/appendixa/의 지침을 따르면 어떤 서드파티 모듈이든
설치할 수 있다.

```python
import matplotlib.pyplot as plt
xs = [x/100 for x in list(range(201))]
ys = [ball_trajectory(x) for x in xs]
plt.plot(xs,ys)
plt.title('던진 공의 궤적')
plt.xlabel('공의 수평 위치')
plt.ylabel('공의 수직 위치')
plt.axhline(y = 0)
plt.show()
```

리스트 1-2 공을 던진 순간($x = 0$)과 공이 땅에 다시 닿은 순간($x = 2$) 사이의 공의 가상 궤적을 그린다.

출력 결과(그림 1-1)는 가상의 공이 공간을 통해 따라갈 것으로 예상되는 경로를 보여주는 멋진 그래프다. 이 멋진 커브 경로는 중력의 영향을 받는 모든 움직이는 발사체에서 유사하며, 소설가 토머스 핀천Thomas Pynchon은 "중력의 무지개Gravity's Rainbow"라고 시적으로 불렀다.

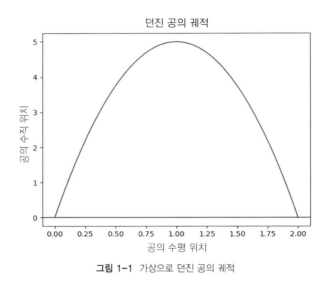

그림 1-1 가상으로 던진 공의 궤적

모든 공이 정확히 이 경로를 따르지는 않지만, 이는 공이 따를 수 있는 가능한 경로 중 하나다. 공은 0에서 시작하고, 우리가 익숙하게 봐왔듯이 위로 갔다가 아래로 가며, 우리 시야의 왼쪽에서 오른쪽으로 간다.

x 값 구하기 전략

이제 공의 위치를 나타내는 방정식을 얻었으니 무엇이든 관심 있는 것에 대한 방정식을 풀 수 있다. 예를 들어, 공이 가장 높이 올라갈 수 있는 지점이나 다시 지상에 도달할 때의 위치처럼 외야수가 공을 잡기 위해 알아야 할 것들을 풀 수 있다. 전 세계에서 물리학 수업을 듣는 학생들은 이 해결책을 찾는 방법을 배우며, 만약 우리가 외야수로 뛸 로봇을 가르치고자 한다면 당연히 로봇에게 이런 방정식도 가르쳐야 할 것이다. 공의 마지막 위치를 구하기 위한 방법은 우리가 시작한 ball_trajectory() 함수를 가져다 0으로 설정하는 것만큼 간단하다.

$$0 = 10x - 5x^2$$

그런 다음 모든 학생이 배우는 2차 방정식을 사용해 x에 대해 이 방정식을 풀 수 있다.

$$x = \frac{-b \pm \sqrt{b^2 - 4ac}}{2a}$$

이 경우 $x = 0$과 $x = 2$가 해답임을 알 수 있다. 첫 번째 해답인 $x = 0$은 공이 출발한 곳으로, 투수가 던진 공을 타자가 친 곳이다. 두 번째 해답인 $x = 2$는 공이 날아갔다가 다시 땅에 떨어진 곳이다.

방금 사용한 전략은 비교적 간단하다. 이를 **x 값 구하기 전략** ^solve-for-x strategy^이라고 부르자. 상황을 설명하는 방정식을 적고 나서 관심 있는 변수에 대한 방정식을 푼다. x 값 구하기 전략은 고등학교와 대학교 수준의 어려운 과학에서는 매우 일반적이다. 학생들은 공의 예상 목적지, 이상적인 경제 생산 수준, 실험에서 사용해야 하는 화학 물질의 비율을 비롯한 많은 것을 풀어야 한다.

x 값 구하기 전략은 매우 강력하다. 예를 들어, 군대가 적군이 미사일 같은 발사체 무기를 발사했다는 사실을 알게 되면 재빨리 갈릴레오 방정식을 계산기에 대입해서 미사일이 떨어질 것으로 예상되는 지점을 거의 즉시 알아낼 수 있다. 이는 파이썬을 실행하는 소비자 수준의 노트북에서도 무료로 할 수 있다. 로봇이 야구 경기의 외야수로 뛰고 있다면, 같은 방식으로 별 노력 없이 공을 잡을 수 있다.

x 값 구하기 전략은 이미 풀어야 할 방정식과 푸는 방법을 알고 있기 때문에 이 경우에 쉽게 적용할 수 있다. 앞에서 언급했듯이 갈릴레오 덕에 던진 공에 대한 방정식을 사용하고 있다. 2차 방정식은 위대한 무하마드 이븐 무사 알콰리즈미^Muhammad ibn Musa al-Khwarizmi^ 덕분이다. 그는 2차 방정식의 완전한 일반 해법을 명시했다.

알콰리즈미는 천문학, 지도 제작법, 삼각법에 기여한 19세기의 박식가로 **대수학**^algebra^이라는 단어와 그 의미를 나타내는 방법도 제공했다. 그는 우리가 이 책의 여정을 떠날 수 있게 해준 중요한 인물 중 하나다. 갈릴레오와 알콰리즈미 같은 거장들 이후에 살고 있는 우리는 그런 방정식을 도출하기 위해 어려움을 겪을 필요가 없다. 그저 암기하고 적절히 사용하면 된다.

내면 물리학자

갈릴레오와 알콰리즈미의 방정식과 x 값 구하기 전략을 사용하면 정교한 기계는 공을 잡거나 미사일을 요격할 수 있다. 그러나 대부분의 야구 선수들은 공이 공중으로 날아가는 모습을 보자마자 방정식을 쓰지는 않는다고 가정하는 것이 합리적으로 보인다. 신뢰할 수 있는 관찰자들에 따르면, 프로야구 봄철 훈련 프로그램은 뛰어다니고 경기하는 데 많은 시간을 할애하고 나비에-스토크스$^{Navier-Stokes}$ 방정식을 유도하는 화이트보드 앞에 모이는 시간은 상당히 적다고 한다. 공이 어디로 떨어질지 미스터리를 푸는 것은 외야수 문제에 대한 명확한 답 (즉, 인간이 컴퓨터 프로그램에 연결하지 않고 공이 어디로 떨어질지 본능적으로 알 수 있는 방법)을 주지 않는다.

아니면 이럴 수도 있다. 외야수 문제에 대한 가장 구변 좋은 해결책은 컴퓨터가 공이 떨어질 위치를 결정하기 위해 갈릴레이 2차 방정식을 푼다면 인간도 마찬가지라고 주장하는 것이다. 우리는 이 해법을 **내부 물리학자 이론**$^{inner physicist theory}$이라고 부를 것이다. 이 이론에 따르면 우리 뇌의 웨트웨어^{wetware}는 2차 방정식을 설정하고 풀 수 있다. 그렇지 않으면 도면을 그리고 선을 외삽할 수 있다. 모두 우리 의식 수준 훨씬 아래에서 발생하는 일이다. 다시 말해, 우리 각자에게는 어려운 수학 문제의 정확한 해를 몇 초 만에 계산할 수 있고 근육에 해를 전달해서 이후 공의 방향을 찾아 우리 몸과 손을 데려갈 수 있는 '내부 물리학자'가 뇌 깊숙이 있다. 우리가 물리학 수업을 듣지 않았거나 x에 대해 풀지 않았더라도 잠재의식은 이것을 할 수 있다.

내부 물리학자 이론의 지지자들이 없는 것은 아니다. 특히, 저명한 수학자 키스 데블린$^{Keith Devlin}$은 2006년 『The Math Instinct: Why You're a Mathematical Genius(Along with Lobsters, Birds, Cats, and Dogs)』(Basic Books, 2006)라는 책을 출판했다. 이 책의 표지는 개가 프리스비를 잡기 위해 점프하는 모습을 보여주며, 프리스비와 개의 궤적 벡터 각각을 추적하는 화살표와 함께 개가 이러한 벡터를 충족시키는 데 필요한 복잡한 계산을 수행할 수 있음을 암시하고 있다.

개가 프리스비를 잡고 인간이 야구공을 잡는 명백한 능력은 내부 물리학자 이론을 지지하는 사실인 것 같다. 잠재의식은 우리가 아직 완전히 파헤치지 못한 신비하고 강력한 영역이다.

그렇다면 왜 가끔 고등학교 수준의 방정식을 풀지 못할까? 더 중요하게는, 내부 물리학자 이론은 이에 대한 대안을 생각하기 어렵기 때문에 논박하기가 어렵다. 어쨌든 개가 프리스비를 잡기 위해 편미분 방정식을 풀 수 없다면, 어떻게 잡는 것일까? 개들은 공중으로 크게 도약해서 불규칙하게 움직이는 프리스비를 아무렇지도 않게 턱으로 잡는다. 개가 머리로 물리학 문제를 풀지 못한다면 어떻게 공을 정확하게 가로채는 방법을 알 수 있을까?

1967년까지만 해도 아무도 좋은 답변을 하지 못했다. 그해에 엔지니어 배너바 부시 Vannevar Bush는 야구의 과학적 특징을 자신이 이해한 대로 설명하는 책을 썼지만 외야수가 높이 친 공을 잡기 위해 어디로 달려야 하는지 아는 방법은 설명할 수 없었다. 운 좋게도 물리학자 세빌 채프먼 Seville Chapman이 부시의 책을 읽고 영감을 받아 바로 다음 해에 자신의 이론을 제안했다.

알고리듬적 접근법

진정한 과학자였던 채프먼은 인간의 잠재의식에 대한 신비롭고 검증되지 않은 믿음에 만족하지 않고 외야수의 힘에 대한 좀 더 구체적인 설명을 원했다. 이것이 바로 그가 발견한 것이다.

목으로 생각하기

채프먼은 공을 잡는 사람이 얻을 수 있는 정보에 주목해 외야수 문제와 씨름하기 시작했다. 인간이 포물선 호의 정확한 속도나 궤적을 추정하는 것은 어렵지만 각도를 관찰하는 것은 더 쉬울 것이라고 생각했다. 누군가가 평평하고 고른 지면에서 공을 던지거나 치면 외야수는 공이 눈높이 가까이에서 출발하는 것을 볼 수 있다. 지면, 그리고 외야수의 눈과 공 사이의 선이라는 2개의 선이 이루는 각도를 상상해보자. 타자가 공을 치는 순간 이 각도는 대략 0도가 된다. 공이 잠시 날아간 후에는 지면보다 높기 때문에 지면과 외야수의 공 시선 사이의 각도가 커진다. 외야수가 기하학을 공부하지 않았더라도 이 각도에 대한 '느낌'이 있을 것이다. 예를 들어, 공을 보기 위해 목을 얼마나 뒤로 젖혀야 하는지 느낌으로 알 수 있다.

외야수가 공이 최종적으로 착지할 위치인 $x = 2$에 서 있다고 가정하면, 외야수의 시야각이 공과 함께 어떻게 증가하는지는 공의 궤적을 초기 시점부터 그림으로써 알 수 있다. 다음 코드는 리스트 1-2에서 그린 그래프에 대한 선분을 생성하며 동일한 파이썬 세션에서 실행되도록 되어 있다. 이 선분은 공이 수평으로 0.1미터 이동한 후 외야수의 눈과 공 사이의 선을 나타낸다.

```
xs2 = [0.1,2]
ys2 = [ball_trajectory(0.1),0]
```

이 시선을 다른 시선과 함께 그려서 공의 궤적을 따라 각도가 어떻게 계속 증가하는지 알 수 있다. 다음 코드는 리스트 1-2에서 그린 동일한 그래프에 더 많은 선분을 추가한다. 이 선분들은 공의 경로를 따라 두 지점 더 나아간 공과 외야수의 눈 사이의 선을 나타내는데, 수평으로 0.1, 0.2, 0.3미터를 이동한 지점이다. 이 모든 선분을 생성한 후 다 함께 그릴 것이다.

```
xs3 = [0.2,2]
ys3 = [ball_trajectory(0.2),0]
xs4 = [0.3,2]
ys4 = [ball_trajectory(0.3),0]
plt.title('던진 공의 궤적과 시선')
plt.xlabel('공의 수평 위치')
plt.ylabel('공의 수직 위치')
plt.plot(xs,ys,xs2,ys2,xs3,ys3,xs4,ys4)
plt.show()
```

결과적으로 그래프는 지면과 지속적으로 증가하는 각도를 형성하는 여러 시선을 보여준다 (그림 1-2).

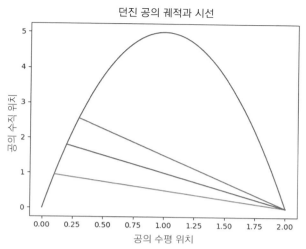

그림 1-2 가상으로 던진 공의 궤적과 공의 이동을 바라보는 외야수를 나타내는 선분

공이 날아갈수록 외야수의 시야각은 계속 커지고, 외야수는 공을 잡을 때까지 계속 고개를
뒤로 젖혀야 한다. 지면과 공을 보는 외야수의 시선 사이의 각도를 **세타**^{theta}(θ)라고 하자. 외
야수가 공의 최종 목적지($x = 2$)에 서 있다고 가정해보자. 고등학교 기하학 수업을 상기해보
면 직각삼각형에서 각의 탄젠트^{tangent}는 그 각과 반대 변(대변)의 길이와 빗변이 아닌 각에 인
접한 변(인접변)의 길이의 비율이다. 이 경우 세타의 탄젠트는 외야수로부터의 수평 거리와
공의 높이 간의 비율이다. 다음 파이썬 코드를 사용해 비율이 탄젠트를 구성하는 변을 그릴
수 있다.

```
xs5 = [0.3,0.3]
ys5 = [0,ball_trajectory(0.3)]
xs6 = [0.3,2]
ys6 = [0,0]
plt.title('던진 공의 궤적 - 탄젠트 계산')
plt.xlabel('공의 수평 위치')
plt.ylabel('공의 수직 위치')
plt.plot(xs,ys,xs4,ys4,xs5,ys5,xs6,ys6)
plt.text(0.31,ball_trajectory(0.3)/2,'A',fontsize = 16)
plt.text((0.3 + 2)/2,0.05,'B',fontsize = 16)
plt.show()
```

결과 그래프는 그림 1–3과 같다.

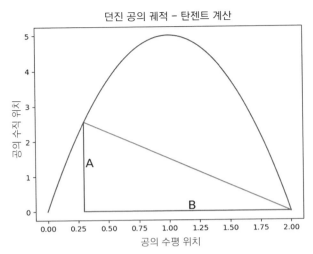

그림 1–3 가상으로 던진 공의 궤적과 공의 이동을 바라보는 외야수를 나타내는 선분, 그리고 선분 A와 B. A와 B의 비율은 우리가 관심을 갖고 있는 탄젠트를 구성한다.

A변의 길이와 B변 길이의 비율을 재서 탄젠트를 계산한다. 높이 A에 대한 방정식은 $10x - 5x^2$이 되고 B의 길이에 대한 방정식은 $2 - x$가 된다. 따라서 다음 방정식은 공이 날아가는 동안 각 순간에 공의 각도 세타를 함축적으로 설명한다.

$$tan(\theta) = \frac{10x - 5x^2}{2 - x} = 5x$$

전반적인 상황은 복잡하다. 공을 멀리 쳐서 빠르게 포물선 형태로 나아가기 때문에 끝을 즉시 예측하기 어렵다. 그러나 이렇게 복잡한 상황에서 채프먼은 '외야수가 올바른 위치에 서 있을 때' 세타의 탄젠트가 단순하고 일정한 속도로 증가한다는 단순한 관계를 발견했다. 채프먼의 획기적인 해결책의 핵심은 지면과 공의 각도인 세타의 탄젠트가 시간이 지남에 따라 선형적으로 증가한다는 것이다. 채프먼은 해결해야 할 것이 많은 외야수 문제에서 단순한 관계를 발견했기 때문에 이에 대한 우아한 알고리듬 해법을 개발할 수 있었다.

그의 해법은 무언가(이 경우 세타의 탄젠트)가 일정한 속도로 커진다면 가속도가 0에 이르는 경우가 있다는 사실에 의존한다. 따라서 공이 향하는 위치에 정확히 서 있으면 각도를 관찰할 수 있고, 그 각의 탄젠트는 가속도가 0인 경우가 있다. 반대로 공의 초기 위치에서 너무 가까운 곳에 서 있으면 양의 가속도를 관찰하게 된다. 공의 초기 위치에서 너무 먼 곳에 서 있으면 음의 가속도를 관찰하게 된다(원한다면 이 진리 뒤에 있는 복잡한 미적분을 확인해보자). 이것은 외야수가 공이 떠오르는 모습을 보면서 얼마나 꾸준히 고개를 뒤로 젖혀야 하는지를 느끼면서 어디로 가야 하는지 알 수 있음을 의미한다. 말하자면, 그들은 목으로 생각하는 것이다.

채프먼 알고리듬 적용하기

로봇에게 반드시 목이 있는 것은 아니기 때문에 '목으로 생각하기' 방법은 로봇 외야수에게는 도움이 되지 않을 수 있다. 로봇은 세타 탄젠트의 가속도에 대해 걱정하지 않고도 공을 잡기 위해 어디로 가야 하는지를 찾기 위해 2차 방정식을 직접적이고 즉각적으로 풀 수 있음을 기억하자. 그러나 인간의 경우 채프먼의 목으로 생각하기 방법은 매우 유용할 수 있다. 공의 최종 목적지에 도달하기 위해 인간 외야수는 다음과 같이 비교적 간단한 프로세스를 따를 수 있다.

1. 지면과 공을 보는 시선 사이의 각도에 대한 탄젠트의 가속도를 관찰한다.
2. 가속도가 양수이면 뒤로 물러선다.
3. 가속도가 음수이면 앞으로 나아간다.
4. 공이 얼굴 바로 앞에 올 때까지 1~3단계를 반복한다.
5. 공을 잡는다.

채프먼의 5단계 방법에 대한 강한 반대 의견 중 하나는 이 프로세스를 따르는 외야수가 즉석에서 각도의 탄젠트를 계산해야 하는 것 같다는 것이다. 즉, 내부 물리학자 이론을 야구 선수가 순간적이고 무의식적으로 탄젠트를 계산하는 '내부 기하학자 이론'으로 대체하고 있음을 의미한다.

이 반대 의견에 대한 한 가지 잠재적인 해결 방법은 많은 각도에서 세타의 탄젠트값이 대략적으로 세타와 같기 때문에 외야수가 탄젠트의 가속도를 관찰하는 대신 단순히 각도의 가속도를 관찰할 수 있다는 것이다. 공을 관찰하기 위해 목을 뒤로 움직이면서 경련이 일어나는 목 관절의 체감 가속도로 각도의 가속도를 추정할 수 있다면, 그리고 각도가 적절하게 탄젠트에 가깝다면, 외야수 입장에서는 어떠한 무의식적인 수학적 능력이나 기하학적 능력도 필요가 없다. 단지 미묘한 감각적 입력에 정확하게 맞추는 신체적 기술만 있으면 된다.

가속도 추정을 프로세스의 유일한 어려운 부분으로 만듦으로써, 무의식적으로 추정한 포물선의 내부 물리학자 이론보다 외야수 문제에 대해 훨씬 더 심리적 타당성을 갖는 잠재적인 해결책을 얻었다. 물론 해결책의 심리적 매력이 인간만이 사용할 수 있다는 것을 의미하지는 않는다. 로봇 외야수 역시 채프먼의 5단계 프로세스를 따르도록 프로그래밍할 수 있으며, 그렇게 하면 공을 잡는 데 더 나은 성능을 보일 수도 있다. 예를 들어, 채프먼의 프로세스를 사용하면 바람이나 탄력으로 인한 변화에 동적으로 대응할 수 있기 때문이다.

심리적 타당성 외에도 채프먼의 통찰력이 암시하는 5단계 프로세스가 지닌 또 하나의 중요한 특징이 있다. 바로 x 값 구하기 전략이나 명시적 방정식에 전혀 의존하지 않는다는 점이다. 대신, 잘 정의한 목표에 도달하기 위해 단순한 관찰과 작고 점진적인 단계를 지속적으로 반복할 것을 제안한다. 즉, 우리가 채프먼의 이론에서 추론한 프로세스는 알고리듬이다.

알고리듬으로 문제 해결하기

알고리듬algorithm이라는 단어는 앞서 언급한 위대한 알콰리즈미의 이름에서 유래했는데, 시간이 지남에 따라 일반적으로 인정된 정의가 바뀌었기 때문에 정의하기 쉬운 단어가 아니다. 간단히 말해 알고리듬은 잘 정의한 결과를 생성하는 명령 집합일 뿐이다. 이것은 광범위한 정의다. '들어가며'에서 봤듯이 세금 양식과 파르페 레시피는 알고리듬으로 간주할 수 있다.

채프먼의 공 잡기 프로세스 또는 채프먼의 알고리듬은 파르페 레시피보다 훨씬 더 알고리듬 같다. 왜냐하면 확실한 조건에 이를 때까지 작은 단계를 반복적으로 수행하는 반복 구조를 포함하기 때문이다. 이것은 이 책 전체에서 보게 될 일반적인 알고리듬 구조다.

채프먼은 x 값 구하기 해법이 그럴듯하지 않았기 때문에 외야수 문제에 대한 알고리듬 해법을 제안했다(외야수는 종종 관련 방정식을 모른다). 일반적으로 알고리듬은 x 값 구하기 전략이 실패할 때 가장 유용하다. 우리가 올바른 방정식을 모르는 경우도 있지만, 상황을 완전히 설명할 수 있는 방정식이 없거나 방정식을 푸는 것이 불가능하거나 시간 또는 공간 제약에 직면하는 경우가 더 많다. 알고리듬은 우리가 할 수 있는 것의 한계에 가까운 것들이고, 알고리듬을 만들거나 개선할 때마다 효율성과 지식의 한계를 더 넓힌다.

오늘날 알고리듬은 어렵고, 소수만이 이해하며, 신비롭고, 엄격히 수학적이며, 이해하려면 수년간 공부해야 한다고 일반적으로 여겨진다. 오늘날의 교육 시스템 구조에서는 아이들에게 가능한 한 빨리 x 값 구하기 전략을 가르치기 시작하고, 알고리듬을 가르치더라도 대학이나 대학원 수준에서만 명시적으로 가르친다. 많은 학생에게 있어 x 값 구하기 전략은 숙달하는 데 몇 년이 걸리며 항상 부자연스럽게 느껴진다. 이러한 경험이 있는 사람들은 알고리듬이 부자연스럽게만 느껴지고 더 '고급' 지식이기 때문에 이해하기 더 어려울 것이라고 가정할 수 있다.

그러나 채프먼의 알고리듬에서 내가 얻은 교훈은 우리가 모든 것을 정확히 거꾸로 배우고 있다는 것이다. 쉬는 시간 동안 학생들은 잡기, 던지기, 발로 차기, 뛰기, 움직이기 등 수십 가지 알고리듬의 수행을 배우고 완성한다. 이야기, 지위 추구, 험담, 동맹 형성, 우정 함양과 같이 휴식 시간의 사회적 세계가 작동하도록 하는 완전히 기술하지 않은 훨씬 더 복잡한 알고리듬도 있을 수 있다. 쉬는 시간을 끝내고 수학 수업을 시작하면 우리는 학생들을 알고리듬 탐구의 세계에서 끌어내어 인간 발달의 자연스러운 부분이 아니며 분석 문제를 해결하는 가장 강력한 방법도 아닌 부자연스럽고 기계적인 x 값 구하기 프로세스를 배우도록 강요한다. 학생들이 고급 수학과 컴퓨터 공학으로 진행했을 경우에만 쉬는 시간에 무의식적으로 즐겁게 숙달했던 알고리듬과 강력한 프로세스들의 자연 세계로 돌아갈 수 있다.

이 책은 호기심 많은 사람을 위한 지적인 휴식 시간, 즉 모든 중요한 활동의 시작, 모든 고된 일의 끝, 친구들과의 즐거운 탐험의 지속과 같이 어린 학생이 생각하는 의미에서의 휴식 시간이 되도록 의도했다. 알고리듬에 대한 두려움이 있다면 우리 인간은 알고리듬적으로 사고하도록 타고났음을 상기하자. 공을 잡거나 케이크를 구울 수 있다면 알고리듬을 마스터할 수 있다.

이 책의 나머지 부분에서는 다양한 알고리듬을 탐구한다. 리스트를 정렬하거나 숫자를 계산하는 알고리듬도 있고, 자연어 처리와 인공지능을 가능하게 하는 알고리듬도 있다. 알고리듬은 나무에서 자라지 않는다는 점을 명심하기 바란다. 이 책에서 주류가 되어 일반 독자들을 위해 패키지되기 전에 각 알고리듬은 채프먼 같은 사람들에 의해 발견되거나 창안됐다. 이들은 알고리듬이 존재하지 않는 세상에서 하루를 시작하고, 존재하는 세상에서 하루를 마감했다. 이러한 영웅적인 발견자들의 사고방식을 갖도록 노력하자. 즉, 알고리듬을 사용하는 도구로서뿐만 아니라 해결해야 할 문제로도 접근하길 바란다. 알고리듬의 세계는 아직 완전히 발견되려면 멀었다. 많은 부분이 발견되고 완성돼야 한다. 여러분이 그 발견 과정의 일부가 될 수 있기를 진심으로 바란다.

요약

1장에서는 문제를 해결하는 두 가지 접근 방식인 분석적 방식과 알고리듬적 방식을 살펴봤다. 외야수 문제를 두 가지 방법으로 해결해 이러한 접근 방식 간의 차이점을 탐구했고, 궁극적으로 채프먼 알고리듬에 도달했다. 채프먼은 복잡한 상황(세타에 대한 탄젠트의 일정한 가속도)에서 단순한 패턴을 발견하고 이를 사용해 단 하나의 간단한 입력(늘어나는 목에서 가속도의 느낌)이 필요하고 확실한 목표(공 잡기)로 이끄는 반복적이고 순환하는 프로세스를 개발했다. 여러분의 작업에서 알고리듬을 개발하고 사용하려고 할 때 채프먼의 예를 모방해볼 수 있다.

다음 장에서는 알고리듬의 몇 가지 예를 역사상에서 살펴본다. 이러한 예를 통해 알고리듬이 무엇이며 어떻게 작동하는지를 비롯해 알고리듬에 대한 이해가 깊어질 것이다. 고대 이집트, 고대 그리스, 일본 제국의 알고리듬에 대해 이야기할 것이다. 여러분이 배우는 모든 새로운 알고리듬은 마침내 스스로 알고리듬을 설계하고 완성할 수 있게 되었을 때 의지할 수 있는 알고리듬의 '도구 상자'에 추가될 수 있다.

CHAPTER 2

역사 속의 알고리듬

대부분의 사람들은 알고리듬을 컴퓨터와 연관시킨다. 이것은 부당하지 않다. 컴퓨터 운영체제는 정교한 알고리듬을 많이 사용하며, 프로그래밍은 모든 종류의 알고리듬을 정확하게 구현하는 데 적합하다. 하지만 알고리듬은 우리가 알고리듬을 구현하는 컴퓨터 아키텍처보다 더 본질적이다. 1장에서 언급했듯이 '알고리듬'이라는 단어는 약 1000년 전으로 거슬러 올라가며 알고리듬은 그보다 훨씬 더 오래된 고대 기록에 설명되어 있다. 서면 기록 외에도 고대 세계에서 복잡한 알고리듬을 사용했다는 풍부한 증거가 있는데, 예를 들어 시공법으로 사용했다.

2장에서는 몇 가지 알고리듬의 오래된 기원을 제시한다. 특히 컴퓨터의 도움 없이 발명하고 검증해야 했다는 점을 고려하면 뛰어난 독창성과 통찰력을 보여준다. 우선 그 이름에도 불구하고 이집트인일 수 있고 실제로 농부와 관련이 없을 수도 있는 계산 방법인 러시아 농부의 곱셈법에 대한 논의로 시작한다. 계속해서 최대공약수를 찾는 중요한 '고전적인' 알고리듬인 유클리드 알고리듬을 다룬다. 마지막으로, 마방진을 생성하는 일본의 알고리듬을 다룬다.

러시아 농부의 곱셈법

많은 사람이 구구단 학습을 교육에서 특히 고통스러운 부분으로 기억한다. 어린아이들은 구구단을 배워야 하는 이유를 부모에게 묻는데, 부모들은 보통 구구단을 모르면 곱셈을 할 수 없다고 답한다. 이는 완전히 잘못된 답변이다. **러시아 농부의 곱셈법**RPM, Russian Peasant Multiplication은 사람들이 대부분의 구구단을 몰라도 큰 수를 곱할 수 있게 하는 방법이다.

RPM의 기원은 불분명하다. 린드 파피루스Rhind papyrus라고 불리는 고대 이집트 두루마리에는 이 알고리듬의 한 가지 버전이 포함되어 있으며, 일부 역사가들은 이 방법이 고대 이집트 학자들로부터 광활한 러시아 내륙의 농부들에게 어떻게 전파될 수 있었는지에 대한 (대부분 설득력이 없는) 추측을 제안했다. 역사적 세부 사항에 관계없이 RPM은 흥미로운 알고리듬이다.

손으로 RPM 해보기

89에 18을 곱하는 작업을 생각해보자. 러시아 농부의 곱셈법은 다음과 같이 진행한다. 먼저 나란히 2개의 열을 만든다. 첫 번째 열은 **절반 열**halving column이라고 하며 89로 시작한다. 두 번째 열은 **2배 열**doubling column로, 18로 시작한다(표 2-1).

표 2-1 절반/2배 표(I)

절반	2배
89	18

먼저 절반 열을 채운다. 절반 열의 각 행은 이전 항목을 가져와 2로 나누고 나머지는 무시한다. 예를 들어, 89를 2로 나누면 44이고 나머지가 1이므로 절반 열의 두 번째 행에 44를 적는다(표 2-2).

표 2-2 절반/2배 표(II)

절반	2배
89	18
44	

1에 도달할 때까지 2로 계속 나누되, 매번 나머지를 버리고 그 결과를 다음 행에 적는다. 계속 진행하면서 44를 2로 나눈 값은 22이고, 그중 절반은 11이며, 그 절반(나머지 빼기)은 5, 2, 1이다. 절반 열에 이를 적고 나면 표 2-3과 같다.

표 2-3 절반/2배 표(Ⅲ)

절반	2배
89	18
44	
22	
11	
5	
2	
1	

절반 열을 완료했다. 이름에서 알 수 있듯이 2배 열의 각 항목은 이전 항목의 두 배가 된다. 따라서 18 × 2는 36이므로 36은 2배 열의 두 번째 항목이다(표 2-4).

표 2-4 절반/2배 표(Ⅳ)

절반	2배
89	18
44	36
22	
11	
5	
2	
1	

동일한 규칙에 따라 2배 열에 항목을 계속 추가한다. 이전 항목을 두 배로 늘리면 된다. 2배 열에 절반 열만큼의 항목이 있을 때까지 이 작업을 수행한다(표 2-5).

표 2-5 절반/2배 표(Ⅴ)

절반	2배
89	18
44	36
22	72
11	144
5	288
2	576
1	1,152

다음 단계는 절반 열에 짝수가 포함된 모든 행에 선을 긋거나 제거하는 것이다. 그 결과는 표 2-6에서 볼 수 있다.

표 2-6 절반/2배 표(Ⅵ)

절반	2배
89	18
11	144
5	288
1	1,152

마지막 단계는 2배 열에 있는 나머지 항목의 합계를 구하는 것이다. 결과는 18 + 144 + 288 + 1,152 = 1,602다. 이것이 정확한지 계산기로 확인할 수 있다(89 × 18 = 1,602). 우리는 어린 아이들이 그토록 싫어하는 지루한 구구단의 대부분을 외울 필요 없이 반감기, 곱셈, 덧셈을 통해 곱셈을 해냈다.

이 방법이 작동하는 이유를 보려면 곱하려는 숫자인 18의 관점에서 2배 열을 다시 작성해보자(표 2-7).

표 2-7 절반/2배 표(Ⅶ)

절반	2배
89	18 × 1
44	18 × 2

절반	2배
22	18 × 4
11	18 × 8
5	18 × 16
2	18 × 32
1	18 × 64

2배 열은 이제 1, 2, 4, 8 등으로 64까지 작성된다. 이것들은 2의 제곱이며 2^0, 2^1, 2^2 등으로 쓸 수도 있다. 최종 합계를 계산할 때(절반 열에 2배 열의 홀수 항목을 함께 더함) 실제로 다음 합계를 발견한다.

$$18 \times 2^0 + 18 \times 2^3 + 18 \times 2^4 + 18 \times 2^6 = 18 \times (2^0 + 2^3 + 2^4 + 2^6) = 18 \times 89$$

RPM이 작동한다는 건 전적으로 다음 식이 사실이라는 것에 달려 있다.

$$(2^0 + 2^3 + 2^4 + 2^6) = 89$$

절반 열을 자세히 보면 위의 식이 왜 참인지 감을 잡을 수 있다. 이 열을 2의 제곱으로 작성할 수도 있다(표 2–8). 그렇게 하면 가장 낮은 항목에서 시작해 위쪽으로 작업하기가 더 쉽다. 2^0은 1이고 2^1은 2라는 것을 기억하자. 모든 행에 2^1을 곱하고 반감기가 홀수인 행에도 2^0을 더한다. 행이 올라갈수록 식이 점점 더 우리 방정식과 유사해지기 시작하는 것을 볼 수 있다. 표의 맨 위에 도착할 때까지 정확히 $2^6 + 2^4 + 2^3 + 2^0$으로 단순화되는 표현식을 얻게 된다.

표 2-8 절반/2배 표(VIII)

절반	2배
$(2^5 + 2^3 + 2^2) \times 2^1 + 2^0 = 2^6 + 2^4 + 2^3 + 2^0$	18×2^0
$(2^4 + 2^2 + 2^1) \times 2^1 = 2^5 + 2^3 + 2^2$	18×2^1
$(2^3 + 2^1 + 2^0) \times 2^1 = 2^4 + 2^2 + 2^1$	18×2^2
$(2^2 + 2^0) \times 2^1 + 2^0 = 2^3 + 2^1 + 2^0$	18×2^3
$2^1 \times 2^1 + 2^0 = 2^2 + 2^0$	18×2^4
$2^0 \times 2^1 = 2^1$	18×2^5
2^0	18×2^6

절반 열의 행을 맨 위 행부터 0행, 1, 2행, 그리고 맨 아래 6행까지 번호를 붙이면 절반 열에서 홀수 값의 0, 3, 4, 6행임을 알 수 있다. 이제 중요한 패턴에 주목하자. 해당 행 번호는 정확히 89에 대한 식에서 우리가 찾은 지수인 $2^6 + 2^4 + 2^3 + 2^0$이다. 이것은 우연이 아니다. 절반 열을 구성한 방식은 홀수 항목에 항상 원래 숫자와 동일한 2의 제곱의 합계에 지수인 행 번호가 있음을 의미한다. 해당 인덱스를 사용해 2배 항목의 합계를 구할 때, 18과 정확히 합계가 89가 되는 2의 제곱값들의 곱들을 합해서, 결과적으로 89 × 18이 된다.

이것이 작동하는 이유는 실제로 RPM이 알고리듬 내의 알고리듬이기 때문이다. 절반 열 자체는 열 맨 위에 있는 숫자와 동일한 2의 제곱의 합을 찾는 알고리듬의 구현이다. 이 2의 제곱의 합을 89의 **이항 전개**^{binary expansion}라고도 한다. 이진법은 0과 1만 사용해 숫자를 쓰는 대안적인 방법이며, 컴퓨터가 정보를 이진법으로 저장하기 때문에 최근 수십 년 동안 매우 중요해졌다. 2진수로 89를 1011001로 쓸 수 있는데, 0, 3, 4, 6번째 자리에 1이 있고(오른쪽부터 계산) 이는 절반 열의 홀수 행과 동일하며 방정식의 지수와도 동일하다. 우리는 이진 표현에서 1과 0을 2의 제곱 합의 계수로 해석할 수 있다. 예를 들어, 100을 쓴다면 이진법으로 다음과 같이 해석한다.

$$1 \times 2^2 + 0 \times 2^1 + 0 \times 2^0$$

또는 일반적으로 4라고 쓸 수도 있다. 1001을 작성하는 경우 이진수로 해석하면 다음과 같다.

$$1 \times 2^3 + 0 \times 2^2 + 0 \times 2^1 + 1 \times 2^0$$

또는 일반적으로 9라고 쓴다. 89의 이항 전개를 얻기 위해 이 미니 알고리듬을 실행하고 나면, 전체 알고리듬을 쉽게 실행하고 곱셈 프로세스를 완료할 준비가 된다.

파이썬으로 RPM 구현하기

파이썬에서 RPM을 구현하는 방법은 비교적 간단하다. n_1과 n_2라는 두 수를 곱하고 싶다고 해보자. 먼저 파이썬 스크립트를 열고 다음 변수를 정의해보자.

```
n1 = 89
n2 = 18
```

다음으로 절반 열을 시작하자. 설명한 대로 절반 열은 곱하려는 숫자 중 하나로 시작한다.

```
halving = [n1]
```

다음 항목은 halving[0]/2이고 나머지는 무시한다. 파이썬에서는 이를 수행하기 위해 math.floor() 함수를 사용할 수 있다. 이 함수는 주어진 숫자보다 작은 가장 가까운 정수를 계산한다. 예를 들어, 절반 열의 두 번째 행은 다음과 같이 계산할 수 있다.

```
import math
print(math.floor(halving[0]/2))
```

이것을 파이썬에서 실행하면 답이 44임을 알 수 있다.

절반 열의 각 행을 반복할 수 있으며, 루프를 반복할 때마다 같은 방식으로 절반 열에서 다음 항목을 찾고 1에 도달하면 중지한다.

```
while(min(halving) > 1):
    halving.append(math.floor(min(halving)/2))
```

이 루프는 연결을 위해 append() 메서드를 사용한다. while 루프를 반복할 때마다 math.floor() 함수를 사용해 나머지를 무시하고 halving 벡터를 마지막 값의 절반과 연결한다.

2배 열의 경우에도 동일한 작업을 수행할 수 있다. 18부터 시작해 루프를 계속 진행한다. 루프를 반복할 때마다 이전 항목의 두 배를 2배 열에 추가하고 이 열이 절반 열과 길이가 같으면 중지한다.

```
doubling = [n2]
while(len(doubling) < len(halving)):
    doubling.append(max(doubling) * 2)
```

마지막으로, half_double이라는 데이터프레임^{dataframe}에 두 열을 함께 넣는다.

```
import pandas as pd
half_double = pd.DataFrame(zip(halving,doubling))
```

여기서는 pandas라는 파이썬 모듈을 불러왔다. 이 모듈을 사용하면 테이블을 쉽게 사용할 수 있다. 이 경우 우리는 zip 명령을 사용했는데, 이름에서 알 수 있듯이 지퍼가 옷의 양면을 함께 연결하는 것처럼 halving과 doubling을 함께 연결한다. 2개의 숫자 집합인 halving과 doubling은 독립적인 리스트로 시작해 함께 묶여 pandas 데이터프레임으로 변환된 후 표 2-5와 같이 2개의 정렬된 열로 테이블에 저장된다. 그것들이 함께 정렬되고 묶여 있기 때문에 세 번째 행과 같이 표 2-5의 모든 행을 참조할 수 있으며, halving과 doubling(22와 72)의 요소를 포함하여 전체 행을 얻을 수 있다. 이렇게 행 단위로 참조하고 작업할 수 있으면 표 2-5를 표 2-6으로 변환했던 것처럼 원하지 않는 행을 쉽게 제거할 수 있다.

이제 절반 열의 항목이 짝수인 행을 제거해야 한다. 파이썬에서는 나누기 후에 나머지를 반환하는 %(모듈로) 연산자를 사용해 균등성을 테스트할 수 있다. 숫자 x가 홀수이면 x%2는 1이 된다. 다음 코드는 절반 열의 항목이 홀수인 테이블의 행만 유지한다.

```
half_double = half_double.loc[half_double[0]%2 == 1,:]
```

이 경우 pandas 모듈의 loc 기능을 사용해 원하는 행만 선택한다. loc을 사용할 때 뒤에 오는 대괄호([])에 선택하려는 행과 열을 지정한다. 대괄호 안에 원하는 행과 열을 쉼표로 구분해 순서대로 지정한다. 형식은 [행, 열]이다. 예를 들어, 인덱스 4의 행과 인덱스 1의 열을 원하면 half_double.loc[4,1]이라고 작성할 수 있다. 이 경우 인덱스를 지정하는 것 이상의 작업을 수행한다. 어떤 행을 원하는지 논리적 패턴을 표현할 것이다. 여기서는 반감기가 홀수인 모든 행을 원한다. 인덱스가 0이기 때문에 로직에서 half_double[0]으로 halving 열을 지정한다. %2 == 1로 홀수를 명시한다. 마지막으로, 콜론을 추가해 쉼표 뒤에 모든 열을 원한다는 것을 명시한다. 콜론은 모든 열을 원한다는 것을 나타내는 단축키다.

마지막으로, 나머지 2배 항목의 합계를 계산한다.

```
answer = sum(half_double.loc[:,1])
```

여기서는 loc을 다시 사용한다. 대괄호 안에 콜론 단축키를 사용해 모든 행을 원한다는 것을 지정한다. 쉼표 뒤에 인덱스가 1인 2배 열을 지정한다. 우리가 다뤘던 89 × 18 예제는 18 × 89를 대신 계산하면 더 빠르고 쉽게 수행할 수 있음을 주목하자. 즉, 절반 열에 18을 넣고, 2배 열에 89를 넣는다. 개선된 것을 보려면 이걸 시도해보길 권한다. 일반적으로 더 작은 피승수가 절반 열에 배치되고 더 큰 피승수가 2배 열에 배치되면 RPM은 더 빨라진다.

구구단을 이미 외운 사람에게는 RPM이 무의미해 보일 수 있다. 그러나 역사적 매력 외에도 RPM은 몇 가지 이유로 배울 가치가 있다. 첫째, 숫자를 곱하는 것처럼 따분한 일도 여러 가지 방법으로 수행할 수 있으며 창의적인 방법으로 수정할 수 있음을 보여준다. 어떤 것에 대해 알고리듬 하나를 배웠다고 해서 그것이 목적에 맞는 유일한 혹은 최고의 알고리듬이라는 뜻은 아니다. 새롭고 잠재적으로 더 나은 방법이 언제든 나올 수 있다고 마음을 열어두자.

RPM은 느릴지 모르지만, 구구단에 대한 대부분의 지식이 필요하지 않기 때문에 미리 암기해야 하는 것이 적다. 때로는 낮은 메모리 요구사항을 위해 약간의 속도를 희생하는 것이 매우 유용할 수 있으며, 이러한 속도/메모리 트레이드오프tradeoff는 알고리듬을 설계하고 구현하는 많은 상황에서 중요한 고려사항이다.

최고의 알고리듬이 대부분 그렇듯이, RPM은 명백히 서로 다른 아이디어 간의 관계에도 초점을 맞춘다. 이항 전개는 트랜지스터 엔지니어에게는 흥미로워 보일지 몰라도 비전문가 혹은 전문 프로그래머에게조차 유용하지 않다. 하지만 RPM은 숫자의 이항 전개와 최소한의 구구단 지식만으로 곱셈을 하는 편리한 방법 사이에 깊은 연관성을 보여준다. 이것이 항상 학습을 계속해야 하는 또 다른 이유다. 즉, 겉보기에 쓸모없어 보이는 흥밋거리가 언제 강력한 알고리듬의 기초를 형성하게 될지 알 수 없다.

유클리드 알고리듬

고대 그리스인들은 인류에게 많은 선물을 주었다. 가장 위대한 것이 이론 기하학이었는데, 이는 위대한 유클리드^{Euclid}가 『Elements』라는 13권의 책에서 엄밀히 편집했다. 유클리드의 수학적 저술은 대부분 정리와 증명 스타일로, 명제는 더 단순한 가정에서 논리적으로 추론된다. 그의 작업 중 일부는 **건설적**^{constructive}이기도 하다. 즉, 간단한 도구를 사용해 특정한 면적의 정사각형이나 곡선의 탄젠트 같은 유용한 그림을 그리거나 창조하는 방법을 제공한다. 아직 단어가 만들어지지는 않았었지만 유클리드의 건설적인 방법은 알고리듬이었고 그의 알고리듬 이면의 아이디어 중 일부는 오늘날에도 여전히 유용하다.

손으로 유클리드 알고리듬 수행하기

그가 작성한 많은 알고리듬 중 하나일 뿐이지만, 유클리드의 가장 유명한 알고리듬은 일반적으로 **유클리드 알고리듬**$^{Euclid's\ algorithm}$으로 알려져 있다. 유클리드 알고리듬은 두 수의 최대공약수를 구하는 방법이다. 간단하고 우아하며 파이썬에서 구현하는 데 몇 줄밖에 들지 않는다.

a와 b라는 2개의 자연수(정수)로 시작하고, a가 b보다 크다고 가정해보자(그렇지 않다면 a의 이름을 b로 바꾸고 b의 이름을 a로 바꾸면 a가 더 커질 것이다). a/b를 나누면 정수 몫과 정수 나머지를 구할 수 있다. 몫을 q_1, 나머지를 c라고 하자. 이것을 다음과 같이 작성할 수 있다.

$$a = q_1 \times b + c$$

예를 들어, $a = 105$이고 $b = 33$이라고 하면 105/33은 3이고 나머지는 6이다. 나머지 c는 항상 a와 b보다 작다. 이것이 나머지가 작동하는 방식이다. 다음 단계는 a는 잊어버리고 b와 c에 집중하는 것이다. 이전과 마찬가지로 b가 c보다 크다. 그런 다음 b/c를 나눌 때 몫과 나머지를 찾는다. b/c가 q_2이고 나머지가 d라고 하면 결과를 다음과 같이 작성할 수 있다.

$$b = q_2 \times c + d$$

다시 말하지만, d는 나머지이므로 b와 c보다 작다. 여기서 두 방정식을 보면 패턴이 보이기 시작할 것이다. 우리는 알파벳을 통해 작업하고 있으며 매번 용어를 왼쪽으로 이동시킨다. a, b, c로 시작해서 그다음에는 b, c, d가 있었다. 이 패턴이 다음 단계에서 계속되는 것을 볼 수 있고, 여기서 c/d를 나누고 몫을 q_3로 하고 나머지를 e라고 하자.

$$c = q_3 \times d + e$$

나머지가 0이 될 때까지 알파벳을 통해 필요한 만큼 계속 진행하면서 이 프로세스를 계속할 수 있다. 나머지는 항상 나눈 숫자보다 작으므로 c는 b와 c보다 작고, d는 b와 c보다 작고, e는 c와 d보다 작은 식이다. 이것은 매 단계에서 점점 더 작은 정수로 작업하기 때문에 결국 0에 도달함을 의미한다. 나머지가 0이 됐을 때 프로세스를 중지하고 마지막 0이 아닌 나머지가 최대공약수임을 알고 있다. 예를 들어, e가 0이면 d는 원래 두 숫자의 최대공약수다.

파이썬으로 유클리드 알고리듬 구현하기

리스트 2–1과 같이 파이썬으로 아주 쉽게 이 알고리듬을 구현할 수 있다.

```python
def gcd(x,y):
    larger = max(x,y)
    smaller = min(x,y)

    remainder = larger % smaller

    if(remainder == 0):
        return(smaller)

    if(remainder != 0):
        return(gcd(smaller,remainder))    ❶
```

리스트 2–1 재귀를 사용한 유클리드 알고리듬 구현

가장 먼저 주목해야 할 것은 q_1, q_2, q_3, ... 중 어느 것도 필요하지 않다는 점이다. 알파벳의 연속 문자인 나머지만 필요하다. 나머지는 파이썬에서 쉽게 구할 수 있다. 이전 절에서 % 연산자를 사용할 수 있었다. 두 숫자에 대해 나눗셈을 한 후 나머지를 구하는 함수를 작성할 수 있다. 나머지가 0이면 최대공약수는 두 입력 중 작은 값이다. 나머지가 0이 아니면 두 입력 중 더 작은 것을 사용하고 나머지를 동일한 함수에 대한 입력으로 사용한다.

나머지가 0이 아닌 경우 이 함수는 자신을 호출한다❶. 자신을 호출하는 함수의 동작을 **재귀** recursion라고 한다. 재귀를 처음 접하게 되면 겁이 나거나 혼란스러울 수 있다. 스스로를 호출하는 함수는 스스로를 먹을 수 있는 뱀이나 혼자 힘으로 날려고 하는 사람처럼 역설적으로 보일 수 있다. 그러나 두려워하지 말자. 재귀에 익숙하지 않은 경우 가장 좋은 방법은 105와 33의 최대공약수를 구하는 것과 같은 구체적인 예에서 시작해 여러분이 컴퓨터가 된 것처럼 코드의 각 단계를 따라가는 것이다. 이 예에서 재귀는 52페이지의 '손으로 유클리드 알고리듬 수행하기' 절에 나열된 단계를 표현하는 간결한 방법일 뿐이다. 재귀는 항상 무한 재귀를 생성할 위험이 있다. 즉, 함수가 자신을 호출하고, 자신을 호출하는 동안 다시 자신을 호출하고, 아무것도 함수를 종료하지 않아서 끝없이 자신을 호출하려고 시도하는 것이다. 이는 최종 응답을 얻으려면 프로그램을 종료해야 하기 때문에 문제가 된다. 위의 예에서는 각 단계에서 나머지가 점점 작아지고 결국 0으로 줄어들어 함수를 종료할 수 있게 해주기 때문에 안심할 수 있다.

유클리드의 알고리듬은 짧고 달콤하며 유용하다. 파이썬으로 좀 더 간결하게 구현해볼 것을 권장한다.

일본 마방진

일본 수학의 역사는 특히 흥미롭다. 1914년 출간된 『A History of Japanese Mathematics』에서 역사가 데이비드 유진 스미스 David Eugene Smith와 요시오 미카미 Yoshio Mikami는 일본 수학이 역사적으로 "무한한 고통을 감수하는 천재"와 "미세한 수천 개의 매듭을 푸는 독창성"을 갖고 있었다고 적었다. 한편으로 수학은 시대와 문화에 따라 변하지 않는 절대적 진리를 밝혀낸다. 다른 한편으로 서로 다른 그룹이 집중하는 문제 유형과 그들의 특이한 접근 방법, 그리고 표기와 소통의 차이로 인해 수학만큼 엄격한 분야에서도 문화적인 차이를 볼 수 있다.

파이썬으로 낙서 마방진 생성하기

일본 수학자들은 기하학을 좋아했고 고대 원고 중 많은 부분이 타원과 일본 손부채 안에 새겨진 원과 같은 이국적인 모양의 면적을 찾는 것과 관련된 문제를 제기하고 해결한다. 수 세기 동안 일본 수학자들이 꾸준히 관심을 기울였던 또 다른 분야는 마방진에 대한 연구였다.

마방진^{magic square}은 모든 행, 모든 열 및 주 대각선의 합이 동일한 고유하고 연속적인 자연수의 배열이다. 마방진은 어떤 크기라도 될 수 있다. 표 2-9는 3×3 마방진의 예를 보여준다.

표 2-9 낙서 마방진

4	9	2
3	5	7
8	1	6

이 정사각형에서 각 행, 각 열 및 2개의 주 대각선의 합은 15다. 단순한 임의의 예제 이상인 이것이 바로 유명한 **낙서 마방진**^{Luo Shu square}이다. 고대 중국의 전설에 따르면, 이 마방진은 고통받는 사람들의 기도와 희생에 대한 응답으로 강에서 나온 마법 거북의 등 뒤에 새겨져 처음으로 나타났다. 각 행, 열 및 대각선의 합이 15라는 명확한 패턴 외에도 몇 가지 패턴이 더 있다. 예를 들어 숫자의 바깥쪽 고리는 짝수와 홀수가 번갈아 나오며, 연속된 숫자 4, 5, 6은 주 대각선에 나타난다.

이 단순하지만 매혹적인 정사각형이 신의 선물로 갑자기 나타났다는 전설은 알고리듬 연구에 적합하다. 알고리듬은 입증하고 사용하기 쉬운 경우가 많지만, 맨 처음부터 설계하기는 어려울 수 있다. 특히 우아한 알고리듬은 (발명할 수 있는 행운이 따라준다면) 마법 거북의 등에 새겨져 있는 신의 선물처럼 어디선가 갑자기 드러나는 것 같다. 의심스럽다면 11×11 마방진을 처음부터 만들어보거나 새로운 마방진을 생성하기 위한 범용 알고리듬을 찾아보자.

마방진에 대한 지식은 적어도 1673년에 중국에서 일본으로 전해졌다. 그 당시 수학자 사네

노부^{Sanenobu}는 일본에서 20×20 마방진을 발표했다. 다음 명령을 사용해 파이썬으로 낙서 마방진을 만들 수 있다.

```
luoshu = [[4,9,2],[3,5,7],[8,1,6]]
```

주어진 행렬이 마방진인지 여부를 확인하는 함수가 있으면 편리할 것이다. 다음 함수는 모든 행, 열 및 대각선의 합계를 확인한 다음 모두 동일한지 확인해 이를 수행한다.

```python
def verifysquare(square):
    sums = []
    rowsums = [sum(square[i]) for i in range(0,len(square))]
    sums.append(rowsums)
    colsums = [sum([row[i] for row in square]) for i in range(0,len(square))]
    sums.append(colsums)
    maindiag = sum([square[i][i] for i in range(0,len(square))])
    sums.append([maindiag])
    antidiag = sum([square[i][len(square) - 1 - i] for i in \
range(0,len(square))])
    sums.append([antidiag])
    flattened = [j for i in sums for j in i]
    return(len(list(set(flattened))) == 1)
```

파이썬으로 쿠루시마 알고리듬 구현하기

이전 절에서는 코드 구현에 대한 세부 정보를 제공하기 전에 관심 있는 알고리듬을 '손으로' 수행하는 방법을 논의했다. 쿠루시마 알고리듬의 경우에는 단계를 대략 설명하면서 동시에 코드를 소개한다. 이렇게 변경한 이유는 알고리듬의 상대적 복잡성과 특히 이를 구현하는 데 필요한 코드의 길이 때문이다.

마방진을 생성하는 가장 우아한 알고리듬 중 하나인 **쿠루시마 알고리듬**$^{Kurushima's\ algorithm}$은 에도 시대에 살았던 쿠루시마 요시타$^{Kurushima\ Yoshita}$의 이름을 따서 붙였다. 쿠루시마 알고리듭은 **홀수 차원**의 마방진에만 작동한다. 즉, n이 홀수인 경우 모든 $n \times n$ 정사각형에 대해 작동한다는 뜻이다. 낙서 마방진과 일치하는 방식으로 정사각형의 중심을 채우는 것으로 시작한다. 특히, 중앙의 5개 정사각형은 다음 식으로 주어지며, 여기서 n은 정사각형의 크기를 나타낸다(표 2–10).

표 2–10 쿠루시마 정사각형의 중심

	n^2	
n	$(n^2 + 1)/2$	$n^2 + 1 - n$
	1	

홀수 n에 대해 $n \times n$ 마방진을 생성하는 쿠루시마 알고리듬을 간단히 다음과 같이 설명할 수 있다.

1. 표 2–10에 따라 5개의 중앙 정사각형을 채우자.
2. 값이 알려진 항목으로 시작해 (다음에 설명할) 세 가지 규칙 중 하나에 따라 알려지지 않은 인접 항목의 값을 결정한다.
3. 전체 마방진의 모든 항목이 채워질 때까지 2단계를 반복한다.

중앙 정사각형 채우기

우리가 채울 빈 정사각형 행렬을 생성해 마방진을 만드는 프로세스를 시작할 수 있다. 예를 들어, 7×7 행렬을 생성하려면 n=7을 정의한 다음 n개의 행과 n개의 열이 있는 행렬을 생성할 수 있다.

```
n = 7
square = [[float('nan') for i in range(0,n)] for j in range(0,n)]
```

이 경우 정사각형에 어떤 숫자를 넣을지 모르기 때문에 float('nan')과 같은 항목으로 완전히 채운다. 여기서 nan은 '숫자가 아님not a number'을 나타내고, 파이썬에서 어떤 숫자를 사용할지 알기 전에 리스트를 채우고 싶을 때 플레이스홀더placeholder로 사용할 수 있다.

print(square)를 실행하면 기본적으로 이 행렬이 nan 항목으로 채워져 있음을 알 수 있다.

```
[[nan, nan, nan, nan, nan, nan, nan], [nan, nan, nan, nan, nan, nan, nan],
[nan, nan, nan, nan, nan, nan, nan], [nan, nan, nan, nan, nan, nan, nan],
[nan, nan, nan, nan, nan, nan, nan], [nan, nan, nan, nan, nan, nan, nan],
[nan, nan, nan, nan, nan, nan, nan]]
```

이 정사각형은 파이썬 콘솔에 출력할 때 그리 예쁘지 않으므로 더 읽기 쉬운 방식으로 출력하는 함수를 작성할 수 있다.

```python
def printsquare(square):
    labels = ['['+str(x)+']' for x in range(0,len(square))]
    format_row = "{:>6}" * (len(labels) + 1)
    print(format_row.format("", *labels))
    for label, row in zip(labels, square):
        print(format_row.format(label, *row))
```

printsquare( ) 함수는 단지 예쁘게 출력하기 위한 것일 뿐 알고리듬의 일부가 아니므로 세부 사항에 대해서는 걱정하지 말자. 간단한 명령으로 중앙의 5개 사각형을 채울 수 있다. 먼저 중앙 항목의 인덱스를 다음과 같이 얻을 수 있다.

```python
import math
center_i = math.floor(n/2)
center_j = math.floor(n/2)
```

중앙의 5개 사각형은 다음과 같이 표 2-10의 표현식에 따라 채울 수 있다.

```python
square[center_i][center_j] = int((n**2 +1)/2)
square[center_i + 1][center_j] = 1
square[center_i - 1][center_j] = n**2
square[center_i][center_j + 1] = n**2 + 1 - n
square[center_i][center_j - 1] = n
```

56

세 가지 규칙 지정하기

쿠루시마 알고리듬의 목적은 간단한 규칙에 따라 나머지 nan 항목을 채우는 것이다. 마방진의 크기에 관계없이 다른 모든 항목을 채울 수 있는 세 가지 간단한 규칙을 지정할 수 있다. 첫 번째 규칙은 그림 2-1에 나와 있다.

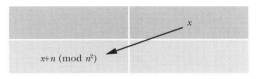

그림 2-1 쿠루시마 알고리듬 규칙 1

마방진에 있는 임의의 x에 대해 n을 더하고 그 결과에 mod n^2을 계산해서 x와 대각선 관계에 있는 항목을 결정할 수 있다('mod'는 모듈로 연산을 나타냄). 물론, 연산을 역으로 하여 반대 방향으로 갈 수도 있다. 즉, n을 빼고 결과에 mod n^2을 계산한다.

두 번째 규칙은 훨씬 더 간단하며 그림 2-2에 나와 있다.

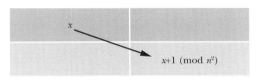

그림 2-2 쿠루시마 알고리듬 규칙 2

마방진의 임의의 x에 대해 x의 오른쪽 아래에 있는 항목은 x보다 1 더 큰 값에 mod n^2 한 것이다. 이것은 간단한 규칙이지만 다음과 같은 한 가지 중요한 예외가 있다. 마방진의 왼쪽 위 절반에서 오른쪽 아래 절반으로 가로지를 때는 이 규칙을 따르지 않는다. 달리 말하면, 그림 2-3과 같이 왼쪽 아래에서 오른쪽 위로의 선인 마방진의 **역방향 대각선**antidiagonal을 가로지르는 경우 두 번째 규칙을 따르지 않는다는 뜻이다.

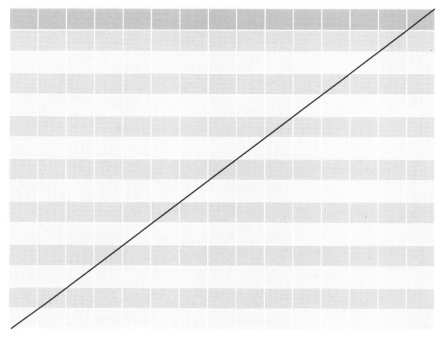

그림 2-3 정사각행렬의 역방향 대각선

그림에서 역방향 대각선상에 있는 셀을 볼 수 있는데, 역방향 대각선이 완전히 셀을 통과한다. 이러한 셀을 다룰 때는 일반적인 두 가지 규칙을 따를 수 있으며, 완전히 역방향 대각선 위에 있는 셀에서 시작해 완전히 아래에 있는 셀로 가로지를 때 또는 그 반대의 경우에만 예외적인 세 번째 규칙이 필요하다. 그 최종 규칙은 그림 2-4에 표현되어 있다. 그림 2-4는 가로지를 때 이 규칙을 따라야 하는 역방향 대각선과 2개의 셀을 보여준다.

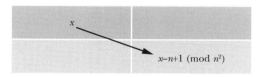

그림 2-4 쿠루시마 알고리듬 규칙 3

이 규칙은 역방향 대각선을 가로지를 때 따른다. 오른쪽 하단에서 왼쪽 상단으로 가로지르는 경우에는 x를 $x + n - 1$, mod n^2으로 변환해서 이 규칙을 역으로 따를 수 있다.

58

x와 n을 인수로 사용하고 (x+n)%n**2를 반환하는 함수를 정의해 파이썬에서 규칙 1을 간단히 구현할 수 있다.

```
def rule1(x,n):
    return((x + n)%n**2)
```

낙서 마방진의 중앙에서 이것을 시험해볼 수 있다. 낙서 마방진은 3×3 정사각행렬이므로 $n = 3$이다. 낙서 마방진의 중앙 항목은 5다. 이 항목의 아래와 왼쪽 항목은 8이며, rule1( )을 정확히 구현했다면 다음 코드를 실행했을 때 8을 얻을 수 있다.

```
print(rule1(5,3))
```

파이썬 콘솔에서 8을 볼 수 있을 것이다. rule1( ) 함수가 의도한 대로 작동하는 것 같다. 그러나 주어진 항목의 왼쪽 하단에 있는 항목뿐만 아니라 오른쪽 상단에 있는 항목으로 '역으로' 이동해(즉, 5에서 8로 가는 것에 더해 8에서 5로 이동할 수 있다) 개선할 수 있다. 함수에 인수를 하나 더 추가하면 개선할 수 있다. 새로운 인수를 upright로 부를 것이고, 이것은 x의 오른쪽 위의 항목을 찾고 있는지 여부에 대한 True/False 지표가 될 것이다. 그렇지 않은 경우에는 기본적으로 x의 왼쪽 하단에 있는 항목을 찾는다.

```
ef rule1(x,n,upright):
    return((x + ((-1)**upright) * n)%n**2)
```

수학 표현식에서 파이썬은 True를 1로, False를 0으로 해석한다. 만약 upright가 False이면 함수는 $(-1)^0 = 1$이기 때문에 이전과 같은 값을 반환할 것이다. 만약 upright가 True이면 n을 더하는 대신 n을 빼서 다른 방향으로 가게 된다. 낙서 마방진에서 1의 오른쪽 위에 있는 항목을 결정할 수 있는지 확인하자.

```
print(rule1(1,3,True))
```

낙서 마방진에서 올바른 값인 7이 출력될 것이다.

규칙 2도 유사한 함수를 만들 수 있다. 규칙 2 함수는 규칙 1과 마찬가지로 x와 n을 인수로 갖는다. 그러나 규칙 2는 기본적으로 x의 오른쪽 아래에 있는 항목을 찾는다. 그래서 upright 인수를 추가해서 규칙을 반대로 적용하고 싶은 경우 True를 설정한다. 최종 규칙은 다음과 같다.

```
def rule2(x,n,upleft):
    return((x + ((-1)**upleft))%n**2)
```

규칙 2에 대한 예외로 실행되지 않는 항목이 오직 두 쌍 있긴 하지만, 낙서 마방진에서 이것을 테스트할 수 있다. 이 예외에 대해 다음 함수를 작성할 수 있다.

```
def rule3(x,n,upleft):
    return((x + ((-1)**upleft * (-n + 1)))%n**2)
```

이 규칙은 마방진의 역방향 대각선을 가로지르는 경우에만 따라야 한다. 역방향 대각선을 가로지르는지 여부를 결정하는 방법을 나중에 살펴볼 것이다.

이제 5개의 중앙 사각형을 채우는 방법을 알았고 그 중앙 사각형에 대한 지식을 기반으로 나머지 사각형을 채우는 규칙이 있으니 나머지 사각형을 채울 수 있다.

마방진의 나머지 채우기

마방진의 나머지 부분을 채우는 한 가지 방법은 임의로 진행하면서 알려진 항목을 사용해 알 수 없는 항목을 채우는 것이다. 먼저 중앙 항목의 인덱스를 다음과 같이 결정한다.

```
center_i = math.floor(n/2)
center_j = math.floor(n/2)
```

그런 다음, 진행 방향을 다음과 같이 임의로 선택할 수 있다.

```
import random
entry_i = center_i
entry_j = center_j
where_we_can_go = ['up_left','up_right','down_left','down_right']
where_to_go = random.choice(where_we_can_go)
```

여기서는 리스트에서 임의로 선택하는 파이썬의 random.choice( ) 함수를 사용했다. 지정한 집합(where_we_can_go)에서 요소를 정하지만 임의로(또는 가능한 한 임의에 가깝게) 선택한다.

진행 방향을 결정한 후에는 진행 방향에 해당하는 규칙을 따를 수 있다. down_left나 up_right로 이동하기로 선택한 경우 규칙 1을 따르고, 다음과 같이 올바른 인수와 인덱스를 선택한다.

```
if(where_to_go == 'up_right'):
    new_entry_i = entry_i - 1
    new_entry_j = entry_j + 1
    square[new_entry_i][new_entry_j] = rule1(square[entry_i][entry_j],n,True)

if(where_to_go == 'down_left'):
    new_entry_i = entry_i + 1
    new_entry_j = entry_j - 1
    square[new_entry_i][new_entry_j] = rule1(square[entry_i][entry_j],n,False)
```

마찬가지로, up_left나 down_right로 이동하기로 선택한 경우에는 규칙 2를 따른다.

```
if(where_to_go == 'up_left'):
    new_entry_i = entry_i - 1
    new_entry_j = entry_j - 1
    square[new_entry_i][new_entry_j] = rule2(square[entry_i][entry_j],n,True)

if(where_to_go == 'down_right'):
    new_entry_i = entry_i + 1
    new_entry_j = entry_j + 1
    square[new_entry_i][new_entry_j] = rule2(square[entry_i][entry_j],n,False)
```

이 코드는 왼쪽 위와 오른쪽 아래로 이동하기 위한 코드이지만, 역방향 대각선을 가로지르지 않는 경우에만 따라야 한다. 역방향 대각선을 가로지르는 경우에는 규칙 3을 따라야 한다. 역방향 대각선 근처의 항목에 있는지 여부를 알 수 있는 간단한 방법이 있다. 역방향 대각선 바로 위에 있는 항목의 인덱스는 합계가 n-2이고, 역방향 대각선 바로 아래에 있는 항목의 인덱스는 합계가 n이다. 이런 예외적인 경우 규칙 3을 구현하고 싶을 것이다.

```python
if(where_to_go == 'up_left' and (entry_i + entry_j) == (n)):
    new_entry_i = entry_i - 1
    new_entry_j = entry_j - 1
    square[new_entry_i][new_entry_j] = rule3(square[entry_i][entry_j],n,True)

if(where_to_go == 'down_right' and (entry_i + entry_j) == (n-2)):
    new_entry_i = entry_i + 1
    new_entry_j = entry_j + 1
    square[new_entry_i][new_entry_j] = rule3(square[entry_i][entry_j],n,False)
```

마방진은 유한하므로, 예를 들어 맨 위 행이나 맨 왼쪽 열에서 위/왼쪽으로 이동할 수 없다. 현재 위치를 기반으로 이동할 수 있는 위치 리스트를 생성해 허용된 방향으로만 이동하게 하는 간단한 로직을 추가할 수 있다.

```python
where_we_can_go = []

if(entry_i < (n - 1) and entry_j < (n - 1)):
    where_we_can_go.append('down_right')

if(entry_i < (n - 1) and entry_j > 0):
    where_we_can_go.append('down_left')

if(entry_i > 0 and entry_j < (n - 1)):
    where_we_can_go.append('up_right')

if(entry_i > 0 and entry_j > 0):
    where_we_can_go.append('up_left')
```

이제 쿠루시마 알고리듬을 구현하는 파이썬 코드를 작성하는 데 필요한 모든 요소가 갖춰졌다.

모두 함께 모으기

시작하는 정사각형에서 일부 nan 항목을 가지고 이동하면서 세 가지 규칙을 사용해 이것들을 채우는 함수에 모든 것을 함께 넣을 수 있다. 전체 함수가 리스트 2-2에 있다.

```python
import random
def fillsquare(square,entry_i,entry_j,howfull):
    while(sum(math.isnan(i) for row in square for i in row) > howfull):
        where_we_can_go = []

        if(entry_i < (n - 1) and entry_j < (n - 1)):
            where_we_can_go.append('down_right')
        if(entry_i < (n - 1) and entry_j > 0):
            where_we_can_go.append('down_left')
        if(entry_i > 0 and entry_j < (n - 1)):
            where_we_can_go.append('up_right')
        if(entry_i > 0 and entry_j > 0):
            where_we_can_go.append('up_left')

        where_to_go = random.choice(where_we_can_go)
        if(where_to_go == 'up_right'):
            new_entry_i = entry_i - 1
            new_entry_j = entry_j + 1
            square[new_entry_i][new_entry_j] = rule1(square[entry_i][entry_j],n,True)

        if(where_to_go == 'down_left'):
            new_entry_i = entry_i + 1
            new_entry_j = entry_j - 1
            square[new_entry_i][new_entry_j] = rule1(square[entry_i][entry_j],n,False)

        if(where_to_go == 'up_left' and (entry_i + entry_j) != (n)):
            new_entry_i = entry_i - 1
```

```
            new_entry_j = entry_j - 1
            square[new_entry_i][new_entry_j] = rule2(square[entry_i][entry_j],n,True)

        if(where_to_go == 'down_right' and (entry_i + entry_j) != (n-2)):
            new_entry_i = entry_i + 1
            new_entry_j = entry_j + 1
            square[new_entry_i][new_entry_j] = rule2(square[entry_i][entry_j],n,False)

        if(where_to_go == 'up_left' and (entry_i + entry_j) == (n)):
            new_entry_i = entry_i - 1
            new_entry_j = entry_j - 1
            square[new_entry_i][new_entry_j] = rule3(square[entry_i][entry_j],n,True)

        if(where_to_go == 'down_right' and (entry_i + entry_j) == (n-2)):
            new_entry_i = entry_i + 1
            new_entry_j = entry_j + 1
            square[new_entry_i][new_entry_j] = rule3(square[entry_i][entry_j],n,False)

        entry_i = new_entry_i   ❶
        entry_j = new_entry_j

return(square)
```

리스트 2-2 쿠루시마 알고리듬을 구현하는 함수

이 함수는 4개의 인수를 갖는다. 첫 번째는 일부 nan 항목이 있는 시작 사각형이다. 두 번째
와 세 번째는 시작하려는 항목의 인덱스다. 네 번째 인수로는 사각형을 얼마나 채우고 싶은
지 설정한다(허용할 수 있는 nan 항목의 수로 측정). 이 함수는 세 가지 규칙 중 하나에 따라 반복
할 때마다 사각형의 항목에 숫자를 쓰는 while 루프로 구성된다. 함수의 네 번째 인수에서
지정한 만큼의 nan 항목이 남을 때까지 계속한다. 특정 항목에 쓴 후 인덱스를 변경하여❶
해당 항목으로 이동한 다음 다시 반복한다.

이제 이 함수를 얻었으므로 남은 것은 올바른 방법으로 호출하는 것이다.

올바른 인수 사용하기

중앙에서 시작해 마방진을 채우자. howfull 인수의 경우 (n**2)/2-4를 지정한다. 이 값을 howfull에 사용하는 이유는 결과를 보고 나면 명확해질 것이다.

```
entry_i = math.floor(n/2)
entry_j = math.floor(n/2)

square = fillsquare(square,entry_i,entry_j,(n**2)/2 - 4)
```

이 경우 이전에 정의한 기존 square 변수를 사용해 fillsquare() 함수를 호출한다. 지정한 5개의 중앙 요소를 제외하고 nan 항목으로 채우도록 정의했던 것을 기억하자. 입력으로 square를 사용해 fillsquare() 함수를 실행한 후, fillsquare() 함수는 많은 나머지 항목을 채운다. 결과 사각형을 출력하고 나중에 어떻게 보이는지 보자.

```
printsquare(square)
```

결과는 다음과 같다.

	[0]	[1]	[2]	[3]	[4]	[5]	[6]
[0]	22	nan	16	nan	10	nan	4
[1]	nan	23	nan	17	nan	11	nan
[2]	30	nan	24	49	18	nan	12
[3]	nan	31	7	25	43	19	nan
[4]	38	nan	32	1	26	nan	20
[5]	nan	39	nan	33	nan	27	nan
[6]	46	nan	40	nan	34	nan	28

체커판처럼 nan이 번갈아 가며 차지하는 것을 알 수 있다. 그 이유는 대각선으로 이동하는 규칙으로는 어디에서 시작하는지에 따라 전체 항목의 약 절반에만 접근할 수 있기 때문이다. 유효한 이동은 체커와 동일하다. 어두운 사각형에서 시작하는 조각은 대각선으로 다른 어두

운 사각형으로 이동할 수 있지만 대각선 이동 패턴은 밝은 사각형으로 이동하는 것을 허용하지 않는다. 중앙 항목에서 시작하면 우리가 보는 nan 항목에 접근할 수 없다. 우리는 함수를 한 번만 호출해 행렬을 완전히 채울 수 없다는 사실을 알고 있기 때문에 howfull 인수에 대해 0 대신 (n**2)/2 - 4를 지정했다. 그러나 중앙 항목의 이웃 중 하나에서 다시 시작하면 '체커보드'의 나머지 nan 항목에 접근할 수 있다. 이번에는 다른 항목에서 시작하고 네 번째 인수를 0으로 지정해 사각형을 완전히 채우고자 함을 나타내면서 fillsquare() 함수를 다시 호출해보자.

```
entry_i = math.floor(n/2) + 1
entry_j = math.floor(n/2)

square = fillsquare(square,entry_i,entry_j,0)
```

이제 마방진을 다시 출력해보면, 완전히 채워진 것을 볼 수 있다.

```
>>> printsquare(square)
        [0]   [1]   [2]   [3]   [4]   [5]   [6]
  [0]    22    47    16    41    10    35     4
  [1]     5    23    48    17    42    11    29
  [2]    30     6    24     0    18    36    12
  [3]    13    31     7    25    43    19    37
  [4]    38    14    32     1    26    44    20
  [5]    21    39     8    33     2    27    45
  [6]    46    15    40     9    34     3    28
```

마지막으로 한 가지 변경해야 할 사항이 있다. % 연산자의 규칙 때문에 정사각형에는 0에서 48 사이의 연속적인 정수가 포함되지만 쿠루시마의 알고리듬은 정사각형을 1에서 49 사이의 정수로 채우도록 되어 있다. 정사각형에서 0을 49로 바꾸는 한 라인을 추가할 수 있다.

```
square=[[n**2 if x == 0 else x for x in row] for row in square]
```

마방진이 완성됐다. 이제 이전에 작성했던 verifysquare( ) 함수를 사용해 정말 마방진인지 확인할 수 있다.

```
verifysquare(square)
```

성공했음을 의미하는 True를 반환할 것이다.

쿠루시마 알고리듬을 따라 7×7 마방진을 생성했다. 코드를 테스트하고 더 큰 마방진을 생성할 수 있는지 알아보자. n을 11이나 다른 홀수로 변경하면, 정확히 동일한 코드를 실행하고 모든 크기의 마방진을 얻을 수 있다.

```
n = 11
square=[[float('nan') for i in range(0,n)] for j in range(0,n)]

center_i = math.floor(n/2)
center_j = math.floor(n/2)

square[center_i][center_j] = int((n**2 + 1)/2)
square[center_i + 1][center_j] = 1
square[center_i - 1][center_j] = n**2
square[center_i][center_j + 1] = n**2 + 1 - n
square[center_i][center_j - 1] = n

entry_i = center_i
entry_j = center_j

square = fillsquare(square,entry_i,entry_j,(n**2)/2 - 4)

entry_i = math.floor(n/2) + 1
entry_j = math.floor(n/2)

square = fillsquare(square,entry_i,entry_j,0)

square = [[n**2 if x == 0 else x for x in row] for row in square]
```

11×11 마방진은 다음과 같다.

```
>>> printsquare(square)
            [0]   [1]   [2]   [3]   [4]   [5]   [6]   [7]   [8]   [9]  [10]
     [0]     56   117    46   107    36    97    26    87    16    77     6
     [1]      7    57   118    47   108    37    98    27    88    17    67
     [2]     68     8    58   119    48   109    38    99    28    78    18
     [3]     19    69     9    59   120    49   110    39    89    29    79
     [4]     80    20    70    10    60   121    50   100    40    90    30
     [5]     31    81    21    71    11    61   111    51   101    41    91
     [6]     92    32    82    22    72     1    62   112    52   102    42
     [7]     43    93    33    83    12    73     2    63   113    53   103
     [8]    104    44    94    23    84    13    74     3    64   114    54
     [9]     55   105    34    95    24    85    14    75     4    65   115
    [10]    116    45   106    35    96    25    86    15    76     5    66
```

수동으로 혹은 verifysquare( ) 함수를 사용해 이것이 실제로 마방진인지 확인할 수 있다. 어떤 홀수 n에 대해서든 동일한 작업을 수행할 수 있고 결과에 감탄하게 될 것이다.

마방진은 실용성이 별로 없지만 그래도 패턴을 관찰하는 재미가 있다. 관심이 있다면 시간을 내서 다음 질문에 대해 생각해볼 수 있다.

- 우리가 만든 더 큰 마방진은 낙서 마방진의 바깥쪽 가장자리에서 볼 수 있는 홀수/ 짝수 교대 패턴을 따르는가? 가능한 모든 마방진이 이 패턴을 따른다고 생각하는 가? 만약 그렇다면 이러한 패턴이 있는 이유는 무엇일까?
- 우리가 만든 마방진에 아직 언급되지 않은 패턴이 있는가?
- 쿠루시마 정사각형을 만드는 또 다른 규칙을 찾을 수 있는가? 예를 들어, 쿠루시마 정사각형을 대각선이 아닌 위아래로 이동시킬 수 있는 규칙이 있는가?
- 마방진의 정의를 충족시키지만 쿠루시마의 규칙을 전혀 따르지 않는 다른 유형의 마방진이 있는가?
- 쿠루시마 알고리듬을 구현하기 위해 코드를 작성하는 더 효율적인 방법이 있는가?

마방진은 수 세기 동안 위대한 일본 수학자들의 관심을 사로잡았고 전 세계 문화에서 중요한 위치를 차지했다. 과거의 위대한 수학자들이 오늘날의 강력한 컴퓨터에서 쉽게 구현할 수 있는 마방진을 생성하고 분석하는 알고리듬을 우리에게 제공해준 것은 행운이었다. 펜, 종이, 그리고 그들을 안내하는 지혜(가끔은 마법 거북)만으로 마방진을 연구했던 인내심과 통찰력에 경의를 보낸다.

요약

2장에서는 몇 세기에서 수천 년 전의 역사적 알고리듬에 대해 논의했다. 역사적 알고리듬에 관심이 있는 독자는 더 많은 것을 연구할 수 있다. 이러한 알고리듬은 오늘날 그다지 실용적이지 않을 수 있지만 연구할 가치가 있다. 역사 감각을 키울 수 있을 뿐만 아니라, 지평을 넓히는 데 도움이 되며 혁신적인 알고리듬을 작성하는 데 영감을 줄 수 있기 때문이다.

다음 장의 알고리듬을 사용하면 수학 함수(최대화 및 최소화)로 일반적으로 필요하고 유용한 작업을 수행할 수 있다. 이제 일반적인 알고리듬과 역사 속의 알고리듬에 대해 논의했으므로 알고리듬이 무엇이며 어떻게 작동하는지에 익숙해졌을 테니, 오늘날 개발 중인 최첨단 소프트웨어에 사용되는 만만찮은 알고리듬에 뛰어들 준비가 됐을 것이다.

CHAPTER 3

최대화와 최소화

골디락스^{Goldilocks}는 중간을 선호했지만 알고리듬의 세계에서는 일반적으로 극한의 최고점과 최저점에 더 관심이 있다. 일부 강력한 알고리듬을 통해 **최대**(예: 최대 수입, 최대 수익, 최대 효율성, 최대 생산성) 및 **최소**(예: 최소 비용, 최소 오류, 최소 불편, 최소 손실)에 도달할 수 있다. 3장에서는 함수의 최댓값과 최솟값을 효율적으로 찾는 간단하지만 효과적인 두 가지 방법인 경사 상승 및 경사 하강을 다룬다. 또한 최대화 및 최소화 문제와 함께 발생하는 몇 가지 문제와 이를 처리하는 방법을 논의한다. 마지막으로, 특정 알고리듬이 주어진 상황에서 사용하기에 적절한지 여부를 아는 방법에 대해 논의한다. 정부의 수입을 극대화하기 위해 최적의 세율을 설정하려고 시도하는 가상 시나리오로 시작해서 알고리듬을 사용해 올바른 해결책을 찾는 방법을 알아볼 것이다.

세율 설정

당신이 작은 나라의 총리로 선출됐다고 상상해보자. 당신에겐 야심 찬 목표가 있지만 그것을 달성할 예산이 없다고 생각한다. 따라서 취임 후 가장 먼저 해야 할 일은 정부의 세입을 극대화하는 것이다.

세입을 극대화하기 위해 어떤 세율을 선택해야 하는지는 명확하지 않다. 세율이 0%이면 세입이 0이 된다. 100%라면 납세자들이 생산적인 활동을 피하고 세입이 거의 0에 가까울 정도로 탈세 방법을 열심히 찾을 것 같다. 세입을 최적화하려면 너무 높아서 생산적인 활동을 꺼리는 세율과 너무 낮아서 충분히 거두지 못하는 세율 사이에서 적절한 균형을 찾아야 한다. 그 균형을 이루기 위해서는 세율과 세입이 관련되는 방식에 대해 더 많이 알아야 한다.

올바른 방향으로 가는 단계

경제 전문가 팀과 이 문제를 논의한다고 가정해보자. 그들은 당신의 요구사항을 파악하고 연구 사무소로 돌아가 세율과 세입 사이의 정확한 관계를 결정하기 위해 어디에서나 최고 수준의 연구 경제학자들이 사용하는 장치(주로 시험관, 쳇바퀴를 도는 햄스터, 아스트롤라베 astrolabe, 다우징dowsing 막대)를 참고한다.

이렇게 얼마 동안 격려된 후 팀은 세율을 수집된 세입과 관련짓는 함수를 구했으며 친절하게 파이썬으로 작성했다고 한다. 함수는 아마도 다음과 같을 것이다.

```
import math
def revenue(tax):
    return(100 * (math.log(tax+1) - (tax - 0.2)**2 + 0.04))
```

이것은 tax를 인수로 취하고 숫자 출력을 반환하는 파이썬 함수다. 함수 자체는 revenue라는 변수에 저장된다. 파이썬을 실행해 이 곡선의 간단한 그래프를 생성하고 콘솔에 다음을 입력한다. 1장에서와 마찬가지로 플로팅plotting 기능을 위해 matplotlib 모듈을 사용할 것이다.

```
import matplotlib.pyplot as plt
xs = [x/1000 for x in range(1001)]
ys = [revenue(x) for x in xs]
plt.plot(xs,ys)
plt.title('세율과 세입')
plt.xlabel('세율')
plt.ylabel('세입')
plt.show()
```

이 도표는 0에서 1(100% 세율을 나타냄) 사이의 각 세율에 대해 경제 전문가 팀이 기대하는 세입(귀국 통화의 수조 원)을 보여준다. 당신의 국가가 현재 모든 소득에 대해 일률적으로 70%의 세금을 부과하는 경우 코드에 두 라인을 추가해 다음과 같이 곡선에 해당 지점을 표시할 수 있다.

```
import matplotlib.pyplot as plt
xs = [x/1000 for x in range(1001)]
ys = [revenue(x) for x in xs]
plt.plot(xs,ys)
current_rate = 0.7
plt.plot(current_rate,revenue(current_rate),'ro')
plt.title('세율과 세입')
plt.xlabel('세율')
plt.ylabel('세입')
plt.show()
```

최종 출력은 그림 3-1과 같이 단순한 그래프다.

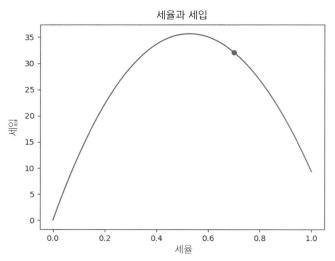

그림 3-1 세율과 세입 간의 관계, 그리고 국가의 현재 상황을 나타내는 점

경제 전문가들의 공식에 따르면 당신 나라의 현재 세율은 정부 세입을 충분히 극대화하지 못하고 있다. 그래프를 간단히 육안으로 검사하면 최대 수익에 해당하는 수준이 대략적으로 표시되지만 느슨한 근사치에 만족하지 않고 최적의 세율에 대한 좀 더 정확한 수치를 찾고자 한다. 그래프의 곡선에서 현재의 70% 비율에서 올리면 총 세입이 감소할 것이고 현재의 70% 세율에서 어느 정도 줄이면 총 세입이 증가할 것이므로 이 상황에서 세입을 최대화하려면 전체적인 세율을 줄일 필요가 있다.

경제 전문가들의 세입 공식의 도함수를 계산해서 이것이 사실인지 좀 더 공식적으로 검증할수 있다. **도함수**^{derivative}는 접선의 기울기를 측정한 것으로, 큰 값은 급경사를 나타내고 음숫값은 아래쪽 움직임을 의미한다. 그림 3-2에서 도함수의 그림을 볼 수 있다. 이는 함수가 얼마나 빨리 커지거나 줄어드는지 측정하는 방법일 뿐이다.

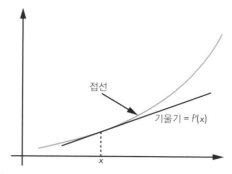

그림 3-2 도함수를 계산하기 위해 한 점에서 곡선의 접선을 가져와서 기울기를 계산한다.

다음과 같이 이 도함수를 지정하는 함수를 파이썬에서 생성할 수 있다.

```
def revenue_derivative(tax):
    return(100 * (1/(tax + 1) - 2 * (tax - 0.2)))
```

이 함수를 도출하기 위해 네 가지 미적분 규칙을 사용했다. 먼저 $\log(x)$의 도함수가 $1/x$라는 규칙을 사용했다. 이것이 $\log(tax + 1)$의 미분이 $1/(tax + 1)$인 이유다. 또 다른 규칙은 x^2의 도함수가 $2x$라는 것이다. 이것이 $(tax - 0.2)^2$의 미분이 $2(tax - 0.2)$인 이유다. 두 가지 규칙이 더 있는데, 상수의 도함수는 항상 0이고 $100f(x)$의 도함수는 $f(x)$의 도함수의 100배다. 이 모든 규칙을 결합하면 파이썬에서 설명한 대로 세금 세입 함수 $100(\log(tax + 1) - (tax - 0.2)^2 + 0.04)$가 다음과 같은 도함수를 갖고 있음을 알 수 있다.

$$100((\frac{1}{tax + 1}) - 2(tax - 0.2))$$

도함수가 해당 국가의 현재 세율에서 실제로 음수임을 확인할 수 있다.

```
print(revenue_derivative(0.7))
```

이렇게 하면 **-41.17647**이 출력된다.

음의 도함수는 세율이 상승하면 세입이 감소한다는 것을 의미한다. 마찬가지로, 세율이 낮아지면 세입이 증가할 것이다. 곡선의 최댓값에 해당하는 정확한 세율은 아직 확실하지 않지만, 최소한 세율을 줄이는 방향으로 약간의 조치를 취하면 세입이 증가할 것이라는 점은 확신할 수 있다.

최대 수익을 향한 조치를 취하려면 먼저 단계 크기를 지정해야 한다. 다음과 같이 파이썬 변수에 신중하게 작은 단계 크기를 저장할 수 있다.

```
step_size = 0.001
```

다음으로 최댓값 방향으로 현재 비율에서 한 단계에 비례하는 새로운 비율을 찾아 최댓값 방향으로 한 단계 움직일 수 있다.

```
current_rate = current_rate + step_size * revenue_derivative(current_rate)
```

지금까지의 프로세스는 현재 세율에서 시작해 크기가 우리가 선택한 step_size에 비례하고 방향이 현재 세율에서 세금 세입 함수의 도함수에 의해 결정되는 최댓값을 향해 단계를 움직이는 것이다.

이 단계 후에 새로운 current_rate가 0.6588235(약 66% 세율)이고 이 새로운 세율에 해당하는 세입이 33.55896임을 확인할 수 있다. 그러나 우리가 최대치를 향해 한 단계 움직이고 세입을 늘렸지만 본질적으로 이전과 같은 상황에 처해 있음을 알게 된다. 우리는 아직 최대치에 도달하지 않았지만 세입 함수의 도함수와 도달하기 위해 이동해야 하는 일반적인 방향을 알고 있다. 따라서 이전과 동일하지만 새로운 비율을 나타내는 값을 사용해 또 다른 단계로 이동하기만 하면 된다. 다시 한번 다음을 설정한다.

```
current_rate = current_rate + step_size * revenue_derivative(current_rate)
```

76

이것을 다시 실행하면 새로운 current_rate가 0.6273425이고 이 새로운 세율에 해당하는 세입이 34.43267임을 알 수 있다. 우리는 올바른 방향으로 또 한 단계를 이동했다. 하지만 여전히 최대 수익률에 도달하지 않았고 더 가까이 다가가기 위해 단계를 더 이동해야 할 것이다.

단계를 알고리듬으로 전환하기

패턴이 드러나는 것을 알 수 있을 것이다. 다음 단계를 반복적으로 따르고 있다.

1. current_rate와 step_size로 시작한다.
2. current_rate에서 최대화하려는 함수의 도함수를 계산한다.
3. 새로운 current_rate를 얻기 위해 현재 세율에 step_size * revenue_derivative (current_rate)를 더한다.
4. 2단계와 3단계를 반복한다.

유일하게 누락된 것은 정지 시점에 대한 규칙, 즉 최댓값에 도달했을 때 트리거되는 규칙이다. 실제로는 최댓값에 **점근적으로**asymptotically 접근할 가능성이 매우 높다. 즉, 최댓값에 점점 더 가까워지지만 항상 미세하게 거리가 유지된다. 따라서 결코 최댓값에 도달하지는 못하더라도 소수점 3, 4, 혹은 20자리까지 일치시킬 만큼 충분히 근접할 수 있다. 파이썬에서 이에 대한 임곗값threshold을 지정할 수 있다.

```
threshold = 0.0001
```

우리의 계획은 프로세스를 반복할 때 이 양보다 적게 비율을 변경하면 프로세스를 중지하는 것이다. 단계를 움직이는 프로세스가 우리가 추구하는 최댓값에 결코 수렴하지 않을 가능성이 있어서 루프를 설정하면 무한 루프에 빠지게 될 것이다. 이 가능성에 대비하기 위해 '최대 반복' 횟수를 지정하고 이 최댓값과 동일한 단계를 수행하면 단순히 포기하고 중지한다.

이제 이 모든 단계를 모아보자(리스트 3-1).

```
threshold = 0.0001
maximum_iterations = 100000

keep_going = True
iterations = 0
while(keep_going):
    rate_change = step_size * revenue_derivative(current_rate)
    current_rate = current_rate + rate_change

    if(abs(rate_change) < threshold):
        keep_going = False

    if(iterations >= maximum_iterations):
        keep_going = False

    iterations = iterations+1
```

리스트 3–1 경사 상승 구현

이 코드를 실행하면 세입을 극대화하는 세율이 약 **0.528**임을 알 수 있다. 리스트 3–1에서 한 것은 **경사 상승**^{gradient ascent}이라고 불리는 것이다. 최대로 올라갈 때 사용하고 경사를 계산해서 이동 방향을 결정하기 때문에 그렇게 부른다(우리와 같이 2차원인 경우 경사는 단순히 도함수라고 한다). 정지 기준에 대한 설명을 포함하여 여기서 수행한 단계의 전체 목록을 자세히 작성할 수 있다.

1. current_rate와 step_size로 시작한다.
2. current_rate에서 최대화하려는 함수의 도함수를 계산한다.
3. 새로운 current_rate를 얻기 위해 현재 세율에 step_size * revenue_derivative(current_rate)를 더한다.
4. 현재 세율이 각 단계에서 매우 작은 임곗값 미만으로 변경될 정도로 최댓값에 가까워지거나 충분히 높은 반복 횟수에 도달할 때까지 2단계와 3단계를 반복한다.

우리의 프로세스는 단 4단계로 간단하게 작성할 수 있다. 모양이 보잘 것 없고 개념이 단순하지만 경사 상승은 이전 장에서 설명한 다른 알고리즘과 마찬가지로 하나의 알고리즘이다. 그러나 대부분의 이전 알고리즘과 달리 경사 상승은 오늘날 일반적으로 사용되며 전문가가 매일 사용하는 많은 고급 머신러닝 방법의 핵심 부분이다.

경사 상승에 대한 반대 의견

지금까지 가상 정부의 세입을 극대화하기 위해 경사 상승을 수행했다. 경사 상승을 배우는 많은 사람은 그것에 대해 도덕적으로까지는 아니라 하더라도 실용적으로 반대한다. 다음은 경사 상승에 대해 사람들이 제기하는 주장이다.

- 최댓값을 찾기 위해 육안 검사를 할 수 있기 때문에 불필요하다.
- 최댓값을 찾기 위해 반복적인 추측, 추측 후 확인 전략을 수행할 수 있기 때문에 불필요하다.
- 1차 조건을 풀 수 있기 때문에 불필요하다.

이러한 반대 의견을 차례로 살펴보자. 이전에 육안 검사에 대해 논의했다. 과세/세입 곡선의 경우 육안 검사를 통해 최댓값의 위치에 대한 대략적인 아이디어를 쉽게 얻을 수 있다. 그러나 그래프의 육안 검사로는 아주 정확한 결과를 얻을 수 없다. 더 중요한 것은 곡선이 매우 간단하다는 점이다. 즉, 2차원으로 표시할 수 있으며 관심 있는 범위에서 최댓값이 하나만 있다. 더 복잡한 함수를 생각해보면 육안 검사가 함수의 최댓값을 찾는 만족스러운 방법이 아닌 이유를 알 수 있다.

예를 들어, 다차원인 경우를 고려해보자. 우리의 경제 전문가들이 세입이 세율뿐만 아니라 관세율에도 의존한다고 결론지었다면 곡선은 3차원으로 그려져야 하고 복잡한 함수라면 최댓값이 어디에 있는지 보기가 더 어려울 수 있다. 경제 전문가들이 10개, 20개 또는 100개의 예측 변수를 기대 세입과 연관시키는 함수를 만들었다면 우리의 세계, 눈, 두뇌의 한계를 감안할 때 모든 예측 변수를 동시에 그리는 것은 불가능할 것이다. 세금/세입 곡선도 그릴 수 없다면 육안 검사로 최댓값을 찾을 수 있는 방법은 없다. 육안 검사는 세금/세입 곡선과 같은 간단한 모의 예제에는 작동하지만, 매우 복잡한 다차원 문제에는 작동하지 않는다. 그 외에도 곡선을 그리려면 모든 관심 지점마다 함수의 값을 계산해야 하므로 잘 작성된 알고리듬보다 항상 시간이 오래 걸린다.

경사 상승이 문제를 지나치게 복잡하게 만들고 추측 후 확인 전략이 최댓값을 찾는 데 충분해 보일 수 있다. 추측 후 확인 전략은 잠재적 최댓값을 추측하고 최댓값을 찾았다고 확신할 때까지 이전에 추측한 모든 후보 최댓값보다 높은지 여부를 확인하는 것으로 구성된다. 이에 대한 한 가지 잠재적인 답변은 육안 검사와 마찬가지로 복잡한 다차원 함수의 경우 추측 후 확인하는 것이 실제로 성공적으로 구현하기가 엄청나게 어려울 수 있다는 점을 지적하는 것이다. 그러나 최댓값을 찾기 위해 추측하고 확인하는 아이디어에 대한 가장 좋은 답변은 이것이 정확히 경사 상승이 이미 수행하고 있는 작업이라는 것이다. 경사 상승은 이미 추측 후 확인 전략이지만, 무작위로 추측하기보다는 경사 방향으로 추측을 이동시켜 안내하는 전략이다. 경사 상승은 추측 후 확인의 더 효율적인 버전일 뿐이다.

마지막으로, 최댓값을 찾기 위해 1차 조건을 푸는 아이디어를 생각해보자. 이것은 전 세계의 미적분학 수업에서 가르치는 방법이다. 이것은 알고리듬이라고 할 수 있으며, 단계는 다음과 같다.

1. 최대화하려는 함수의 도함수를 찾는다.
2. 그 도함수를 0으로 설정한다.
3. 도함수가 0인 지점을 푼다.
4. 그 지점이 최솟값이 아닌 최댓값인지 확인한다.

(다차원에서는 도함수 대신에 경사로 작업하고 유사한 프로세스를 수행할 수 있다.) 이 최적화 알고리듬은 어느 정도는 괜찮지만 도함수가 0인 폐쇄형 해결책을 찾는 것이 어렵거나 불가능할 수 있고(2단계), 단순히 경사 상승을 수행하는 것보다 해결책을 찾는 게 더 어려울 수 있다. 그 외에도 공간, 프로세싱 파워 또는 시간을 포함한 엄청난 컴퓨팅 자원이 필요할 수 있으며 모든 소프트웨어에 기호 대수 기능이 있는 것은 아니다. 그런 의미에서 경사 상승은 이 알고리듬보다 더 강력하다.

로컬 극값 문제

최댓값 또는 최솟값을 찾으려는 모든 알고리듬은 로컬 극값^{local extrema}(로컬 최댓값 및 최솟값)과 관련된 매우 심각한 잠재적 문제에 직면한다. 경사 상승을 완벽하게 수행했지만 마지막에 도달한 정점이 '로컬' 정점일 뿐임을 알게 될 수 있다. 이는 주변의 모든 지점보다 높지만 멀리 떨어진 전역 최댓값보다 높지는 않다. 이것은 실생활에서도 일어날 수 있다. 산을 오르려고 하면 주변보다 더 높은 정상에 도달하지만, 현재는 산기슭에 있을 뿐이며 실제 정상은 훨씬 더 멀고 더 높다는 사실을 깨닫게 된다. 역설적으로 더 높은 정상에 도달하기 위해서는 조금 걸어 내려가야 할 수도 있는 것이다. 따라서 경사 상승이 따르는 '단순한' 전략은 항상 가까운 이웃에서 약간 더 높은 지점으로 발을 내딛기 때문에 글로벌 최댓값에 도달하지 못한다.

교육과 평생 소득

로컬 극값은 경사 상승에서 매우 심각한 문제다. 예를 들어, 최적의 교육 수준을 선택해 평생 소득을 극대화하려는 경우를 생각해보자. 이 경우 평생 소득은 다음 공식에 따라 교육 기간과 관련이 있다고 가정할 수 있다.

```python
import math
def income(edu_yrs):
    return(math.sin((edu_yrs - 10.6) * (2 * math.pi/4)) + (edu_yrs - 11)/2)
```

여기서 edu_yrs는 교육을 받은 연수를 나타내는 변수이고, income은 평생 소득을 나타낸다. 12.5년의 정규 교육을 받은 사람, 즉 고등학교를 졸업하고(12년의 정규 교육) 반년 동안 학사 학위 프로그램에 들어간 사람에 대한 점을 포함해 이 곡선을 다음과 같이 그릴 수 있다.

```python
import matplotlib.pyplot as plt
xs = [11 + x/100 for x in list(range(901))]
ys = [income(x) for x in xs]
plt.plot(xs,ys)
current_edu = 12.5
plt.plot(current_edu,income(current_edu),'ro')
```

```
plt.title('교육과 소득')
plt.xlabel('교육 연수')
plt.ylabel('평생 소득')
plt.show()
```

그림 3-3에 그래프가 있다.

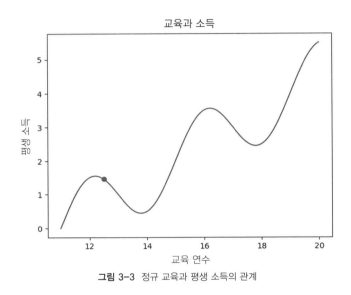

그림 3-3 정규 교육과 평생 소득의 관계

이 그래프와 이를 생성하는 데 사용한 소득 함수는 실증적 연구를 기반으로 하지 않으며 이해를 돕기 위해 순전히 가상적인 예시로만 사용된다. 교육과 소득 사이의 직관적인 관계가 무엇인지 보여줄 수 있다. 평생 소득은 고등학교를 졸업하지 않은 사람(정규 교육 12년 미만)의 경우 낮을 가능성이 높다. 고등학교 졸업(12년)은 중요한 이정표이며 중퇴자보다 더 높은 수입에 해당해야 한다. 즉, 최댓값이지만 중요한 것은 로컬 최댓값일 뿐이라는 점이다. 12년 이상의 교육을 받는 것이 도움이 되지만 처음에는 그렇지 않다. 단 몇 개월의 대학 교육을 마친 사람은 고등학교 졸업생과 다른 직업을 가질 가능성이 낮지만 몇 달 동안 학교에 다니면서 그달에 벌 기회를 놓쳤다. 따라서 그들의 평생 수입은 실제로 고등학교 졸업 후 바로 직장에 들어가 계속 일하는 사람들의 수입보다 적다.

몇 년 동안 대학 교육을 받은 후에야 우리가 학교에서 보낸 몇 년 동안의 손실된 수입 잠재력을 고려한 후에 누군가가 고등학교 졸업생보다 평생 동안 더 많은 수입을 올릴 수 있는 기술을 습득하게 된다. 그런 다음, 대학 졸업자(16년 교육)는 로컬 고등학교 최고점보다 높은 또 다른 소득 최고점에 있다. 다시 한번 말하지만, 그것은 단지 로컬일 뿐이다. 학사 학위를 취득한 후 교육을 조금 더 받는 것은 고등학교 졸업 후 교육을 조금 더 받는 것과 같은 상황이 된다. 즉, 벌지 못한 시간을 보상하기 위한 충분한 기술을 즉시 습득할 수는 없다. 결국, 그것은 역전되어 대학원 학위를 취득한 후 또 다른 정점처럼 보이는 지점에 도달한다. 그 이상으로 추측하기는 어렵지만 교육과 수입에 대한 이 단순한 관점은 우리의 목적에 충분할 것이다.

교육 언덕 등반 - 올바른 길

그래프에서 우리가 생각하고 그렸던 12.5년 교육을 받은 개인의 경우 이전에 설명한 대로 정확히 경사 상승을 수행할 수 있다. 리스트 3-2는 리스트 3-1에서 소개한 경사 상승 코드를 약간 변경한 버전이다.

```python
def income_derivative(edu_yrs):
    return(math.cos((edu_yrs - 10.6) * (2 * math.pi/4)) + 1/2)


threshold = 0.0001
maximum_iterations = 100000


current_education = 12.5
step_size = 0.001


keep_going = True
iterations = 0
while(keep_going):
    education_change = step_size * income_derivative(current_education)
    current_education = current_education + education_change
    if(abs(education_change) < threshold):
        keep_going = False
```

```
    if(iterations >= maximum_iterations):
        keep_going=False
    iterations = iterations + 1
```

리스트 3-2 세입 언덕 대신 소득 언덕을 오르는 경사 상승의 구현

리스트 3-2의 코드는 이전에 구현한 세입 최대화 프로세스와 정확히 동일한 경사 상승 알고리듬을 따른다. 유일한 차이점은 우리가 작업하는 곡선이다. 우리의 과세/세입 곡선에는 유일한 지역 최댓값이기도 한 하나의 글로벌 최댓값이 있었다. 이와 대조적으로 우리의 교육/소득 곡선은 더 복잡하다. 여기에는 전역 최댓값이 있지만 전역 최댓값보다 낮은 여러 로컬 최댓값(로컬 피크 또는 최댓값)도 있다. 이 교육/소득 곡선의 도함수를 지정해야 하고(리스트 3-2의 첫 번째 라인), 초깃값이 다르며(70% 세금 대신 12.5년 교육), 변수에 다른 이름을 사용한다 (current_rate 대신 current_education). 그러나 이러한 차이는 표면적이다. 기본적으로 우리는 동일한 작업을 수행하고 있다. 적절한 정지 지점에 도달할 때까지 최댓값을 향한 경사 방향으로 작은 단계를 수행한다.

이 경사 상승 프로세스의 결과는 이 사람이 과교육을 받았고 실제로 약 12년이 소득을 극대화하는 교육 연수라고 결론을 내리는 것이다. 우리가 순진하게 경사 상승 알고리듬을 너무 신뢰한다면, 대학 신입생에게 이 로컬 최댓값에서 수입을 최대화하기 위해 중퇴하고 즉시 일을 시작하라고 권장할 수 있다. 이것은 불확실한 미래를 위해 노력하면서 자신보다 더 많은 돈을 버는 고졸 친구들을 보고 일부 대학생들이 과거에 내린 결론이다. 분명히 이것은 옳지 않다. 우리의 경사 상승 프로세스는 로컬 언덕의 꼭대기를 찾았지만 전역 최댓값은 찾지 못했다. 경사 상승 프로세스는 우울할 정도로 국지적이다. 자신이 있는 언덕만 오르고, 결국 더 높은 봉우리가 있는 다른 언덕에 도달하기 위해 일시적으로 아래로 내려갈 수 없다. 가까운 시일 내에 돈을 벌 수 없기 때문에 대학 학위를 마치지 못하는 사람들과 같이 실생활에서 이와 유사한 상황이 있다. 그들은 지역 최저점에서 올라야 할 다른 언덕(더 가치 있는 다음 학위)까지 밀어붙이면 장기적으로 수입이 향상될 것이라고 생각하지 못한다.

로컬 극값 문제는 심각한 문제이며 이를 해결하기 위한 묘책은 없다. 문제를 공략하는 한 가

지 방법은 초기 추측을 여러 번 시도하고 각각에 대해 경사 상승을 수행하는 것이다. 예를 들어 12.5년, 15.5년, 18.5년 교육에 대해 경사 상승을 수행하면 매번 다른 결과를 얻을 수 있으며 이러한 결과를 비교해 실제로 글로벌 최댓값이 교육 연수를 최대화하는지 볼 수 있다 (최소한 이 규모에서).

이것은 로컬 극값 문제를 처리하는 합리적인 방법이지만 올바른 최댓값을 얻기에 충분한 시간 동안 경사 상승을 수행하는 데 너무 오래 걸릴 수 있으며, 수백 번의 시도 후에도 올바른 답을 얻었다고 보장할 수 없다. 문제를 피하는 더 나은 방법은 프로세스에 어느 정도의 임의성을 도입하는 것이다. 때때로 국소적으로 더 나쁜 해결책으로 이어지는 방식으로 단계를 밟을 수 있지만 장기적으로는 더 나은 최댓값으로 이끌 수 있다. **확률적 경사 상승** stochastic gradient ascent이라고 하는 경사 상승의 고급 버전은 이러한 이유로 임의성을 통합하고 모의 담금질 simulated annealing과 같은 알고리듬도 동일한 작업을 수행한다. 모의 담금질 및 고급 최적화와 관련된 문제는 6장에서 논의할 것이다. 지금은 경사 상승만큼 강력하지만 항상 로컬 극값 문제로 어려움을 겪을 것이라는 정도만 명심하자.

최대화에서 최소화로

지금까지 우리는 세입을 극대화하기 위해 노력했다. 즉, 언덕을 올라 상승하는 것이다. 우리가 언덕을 내려가서, (비용이나 오류 같은) 무언가를 낮춰서 최소화하길 원한 적이 있는지 의심하는 것은 합리적이다. 최소화를 위해 완전히 새로운 기술 세트가 필요하거나 기존 기술을 거꾸로 뒤집거나 안팎을 뒤바꾸거나 반대로 실행해야 한다고 생각할 수도 있다.

사실, 최대화에서 최소화로 이동하는 것은 매우 간단하다. 이를 수행하는 한 가지 방법은 함수를 '뒤집기'하거나 더 정확하게는 음수를 취하는 것이다. 세금/세입 곡선 예제로 돌아가서 다음과 같이 새로운 뒤집기 함수를 정의하는 것만큼 간단하다.

```
def revenue_flipped(tax):
    return(0 - revenue(tax))
```

그런 다음 뒤집힌 곡선을 다음과 같이 그릴 수 있다.

```
import matplotlib.pyplot as plt
xs = [x/1000 for x in range(1001)]
ys = [revenue_flipped(x) for x in xs]
plt.plot(xs,ys)
plt.title('(뒤집힌) 세금/세입 곡선')
plt.xlabel('현세율')
plt.ylabel('(뒤집힌) 세입')
plt.show()
```

그림 3-4는 뒤집힌 곡선을 보여준다.

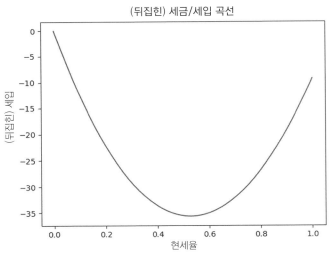

그림 3-4 세금/세입 곡선의 음수 혹은 '뒤집힌' 버전

따라서 세금/세입 곡선을 최대화하려는 경우 한 가지 옵션은 뒤집힌 세금/세입 곡선을 최소화하는 것이다. 뒤집힌 세금/세입 곡선을 최소화하려면 한 가지 옵션은 되뒤집은 곡선, 즉원래 곡선을 최대화하는 것이다. 모든 최소화 문제는 뒤집은 함수의 최대화 문제이고, 모든최대화 문제는 뒤집은 함수의 최소화 문제다. 하나를 할 수 있다면 (뒤집기 후에) 다른 것도할 수 있다. 함수를 최소화하는 방법을 배우는 대신 함수를 최대화하는 방법을 배우면 되고,

함수를 최소화하라는 요청을 받을 때마다 뒤집은 함수를 대신 최대화하면 정답을 얻을 수 있다.

뒤집기가 유일한 해결책인 것은 아니다. 실제 최소화 프로세스는 최대화 프로세스와 매우 유사하다. 즉, 경사 상승 대신 **경사 하강**^{gradient descent}을 사용할 수 있다. 유일한 차이점은 각 단계의 이동 방향이다. 경사 하강법에서는 위쪽 대신 아래로 이동한다. 세금/세입 곡선의 최댓값을 찾기 위해 경사 방향으로 이동한다는 것을 기억하자. 최소화하기 위해 경사의 반대 방향으로 이동한다. 이것은 리스트 3-3과 같이 원래의 경사 상승 코드를 변경할 수 있음을 의미한다.

```
threshold = 0.0001
maximum_iterations = 10000

def revenue_derivative_flipped(tax):
    return(0-revenue_derivative(tax))

current_rate = 0.7

keep_going = True
iterations = 0
while(keep_going):
    rate_change = step_size * revenue_derivative_flipped(current_rate)
    current_rate = current_rate - rate_change
    if(abs(rate_change) < threshold):
        keep_going = False
    if(iterations >= maximum_iterations):
        keep_going = False
    iterations = iterations + 1
```

리스트 3-3 경사 하강 구현

current_rate를 변경할 때 +를 -로 변경한 것을 제외하고는 모든 것이 동일하다. 이 아주 작은 변경을 통해 경사 상승 코드를 경사 하강 코드로 변환했다. 어떤 면에서는 본질적으로 같은 것이다. 즉, 방향을 결정하기 위해 경사를 사용하고 그 방향으로 분명한 목표를 향해 이동한다. 사실 오늘날 가장 흔한 관례는 경사 하강법에 대해 말하고, 경사 상승법을 이 장에서 소개한 것과 반대로 약간 변경된 경사 하강법으로 언급하는 것이다.

일반적인 언덕 등반

총리로 선출되는 것은 드문 일이며, 정부 세입을 극대화하기 위해 세율을 설정하는 것은 총리에게도 일상적인 일이 아니다(이 장의 시작 부분에 있는 세금/세입 논의의 실제 버전을 보려면 래퍼 곡선Laffer Curve을 찾아볼 것을 권장한다). 그러나 무언가를 최대화하거나 최소화하는 아이디어는 매우 일반적이다. 기업은 이윤을 극대화하는 가격을 선택하려고 한다. 제조업체는 효율성을 최대화하고 결함을 최소화하는 방법을 선택하려고 한다. 엔지니어는 성능을 최대화하거나 장애나 비용을 최소화하는 설계 특성을 선택하려고 한다. 경제학은 대체로 최대화와 최소화 문제를 중심으로 구성된다. 특히 효용을 최대화하고 GDP와 수익 같은 달러 금액을 최대화하고 추정 오류를 최소화한다. 머신러닝과 통계는 대부분의 방법에서 최소화에 의존한다. 그들은 '손실 함수loss function' 또는 오차 지표error metric를 최소화한다. 이들 각각에 대해 최적의 해결책에 도달하기 위해 경사 상승이나 하강 같은 언덕 등반 해결책을 사용할 가능성이 있다.

우리는 일상생활에서도 재정 목표 달성을 극대화하기 위해 지출할 돈을 선택한다. 행복과 기쁨과 평화와 사랑을 최대화하고 고통과 불편함과 슬픔을 최소화하고자 노력한다.

생생하고 공감할 수 있는 예를 들면, 뷔페에서 모두가 그렇듯이 만족을 최대화하면서 적절한 양을 먹으려고 한다고 생각해보자. 너무 적게 먹으면 배가 고픈 채로 나가게 될 것이고, 음식을 적게 먹고 전체 뷔페 가격을 지불했으니 돈 가치를 못 했다고 느낄 수 있다. 하지만 너무 많이 먹으면 불편함을 느끼고 심지어 아플 수도 있으며, 어쩌면 자신이 정한 식단을 어길 수도 있다. 세금/세입 곡선의 정점과 같은 스위트 스폿sweet spot이 있는데, 이는 만족도를 극대화하는 정확한 뷔페 소비량이다.

인간은 배고픈지 배부른지 알려주는 위장의 감각 입력을 느끼고 해석할 수 있는데, 이것은 곡선의 경사를 계산하는 것과 물리적으로 같은 것이다. 너무 배가 고프면 한 입 베어 물듯이 정해진 크기로 만족을 위한 스위트 스폿을 향해 단계를 진행한다. 너무 배부르면 식사를 중단한다. 이미 먹은 것은 뱉을 수 없다. 우리의 단계 크기가 충분히 작다면 스위트 스폿을 크게 넘지 않을 것이라고 확신할 수 있다. 뷔페에서 얼마를 먹을지 결정할 때 우리가 거치는 프로세스는 반복적인 방향 확인과 방향을 조정할 수 있는 작은 단계를 포함하는 반복적인 프로세스다. 즉, 이 장에서 공부한 경사 상승 알고리듬과 본질적으로 동일하다.

공을 잡는 예와 마찬가지로 이 뷔페 예에서 경사 상승과 같은 알고리듬이 인간의 삶과 의사결정에 자연스러운 것임을 알 수 있다. 수학 수업을 듣지 않았거나 코드를 작성한 적이 없더라도 그것들은 우리에게 자연스러운 것이다. 이 장의 도구는 이미 갖고 있는 직관을 공식화하고 정확하게 만들도록 의도한 것에 불과하다.

알고리듬을 사용하지 말아야 할 경우

종종 알고리듬을 배우면 힘이 생기는 느낌으로 벅차게 된다. 최대화 또는 최소화가 필요한 상황이 생기면 즉시 경사 상승이나 하강을 적용하고 암묵적으로 우리가 찾은 결과가 무엇이든 신뢰해야 한다고 생각한다. 그러나 때로는 알고리듬을 아는 것보다, 알고리듬을 사용하지 말아야 하는 경우와 당면한 작업에 부적절하거나 불충분한 경우 또는 대신 시도해야 할 더 나은 것이 있는 경우를 아는 것이 더 중요하다.

경사 상승(그리고 하강)을 언제 사용해야 하고 언제 사용하지 않아야 할까? 올바른 구성 요소로 시작하면 경사 상승이 잘 동작한다.

- 최대화하는 수학 함수
- 우리가 현재 어디에 있는지에 대한 지식
- 함수를 최대화하기 위한 분명한 목표
- 우리가 있는 곳을 바꾸는 능력

이러한 구성 요소 중 하나 이상이 누락된 상황이 많이 있다. 세율을 설정하는 경우 세율을 세입에 연결하는 가상 함수를 사용했다. 그러나 그 관계가 무엇이며 어떤 기능적 형태를 취하는지에 대해서는 경제 전문가들 사이에 합의가 없다. 따라서 우리는 원하는 대로 경사 상승과 하강을 수행할 수 있지만 최대화해야 하는 함수에 대해 모두 동의할 수 있을 때까지는 찾은 결과에 의존할 수 없다.

다른 상황에서는 상황을 최적화하기 위한 조치를 취할 능력이 없기 때문에 경사 상승이 그다지 유용하지 않다는 사실을 알 수 있다. 예를 들어, 사람의 키와 행복도를 연결하는 방정식을 도출했다고 가정해보자. 이 함수는 키가 너무 큰 사람은 비행기가 편하지 않아서 고생하고, 키가 작은 사람은 농구 경기를 잘 못해서 고생하며, 너무 큰 것과 너무 작은 것의 중간에 있는 스위트 스폿이 행복을 최대화하는 경향이 있음을 나타낸다. 이 함수를 완벽하게 나타낼 수 있고 최댓값을 찾기 위해 경사 상승을 적용할 수 있다 하더라도 우리는 키를 제어할 수 없기 때문에 유용하지 않다.

더 축소하면 경사 상승(또는 다른 알고리듬)에 필요한 모든 구성 요소를 가질 수 있지만 더 깊은 철학적 이유로 삼가고 싶을 수 있다. 예를 들어, 세금 세입 함수를 정확하게 결정할 수 있고 해당 국가의 세율을 완전히 통제할 수 있는 총리로 선출됐다고 가정해보자. 경사 상승을 적용하고 세입을 최대화하는 최고점에 오르기 전에 먼저 세금 세입을 극대화하는 것이 올바른 목표인지 스스로 묻고 싶을 수 있다. 당신은 국가 세입보다 자유, 경제적 역동성, 재분배 정의 또는 여론 조사에 더 관심이 있을 수 있다. 세입 극대화를 결정했다고 해도 단기적인(즉, 올해) 세입 극대화가 장기적인 세입 극대화로 이어질지는 미지수다.

알고리듬은 실용적인 목적으로 강력해서 야구공을 잡고 세입을 극대화하는 세율을 찾는 것과 같은 목표를 달성할 수 있다. 그러나 알고리듬은 목표를 효과적으로 달성할 수는 있지만 애초에 추구할 가치가 있는 목표가 어떤 것인지를 결정하는 좀 더 철학적인 작업에는 적합하지 않다. 알고리듬은 우리를 영리하게 만들 수 있지만 현명하게 만들 수는 없다. 알고리듬의 위대한 힘은 잘못된 목적에 사용된다면 무용지물이거나 심지어 해롭다는 점을 기억하는 것이 중요하다.

요약

3장에서는 함수의 최댓값과 최솟값을 각각 찾는 데 사용하는 간단하고 강력한 알고리듬으로 경사 상승과 경사 하강을 소개했다. 또한 로컬 극값의 심각한 잠재적 문제를 비롯해, 알고리듬을 사용해야 할 때와 기품 있게 삼가야 할 때에 대한 철학적 고려사항에 대해서도 이야기했다.

다음 장에서는 다양한 검색 및 정렬 알고리듬에 대해 논의할 것이므로 기대하길 바란다. 검색과 정렬은 알고리듬 세계에서 기본적이고 중요하다. 또한 '빅 오$^{big\ O}$' 표기법과 알고리듬 성능을 평가하는 표준 방법도 살펴볼 것이다.

CHAPTER 4

정렬과 검색

거의 모든 종류의 프로그램에서 사용하는 몇 가지 핵심 알고리듬이 있다. 때때로 이러한 알고리듬은 너무 기본적이어서 당연하게 여기거나 코드가 알고리듬에 의존하고 있다는 사실조차 깨닫지 못한다.

정렬 및 검색을 위한 몇 가지 알고리듬이 이런 기본 알고리듬으로, 알고리듬 애호가(그리고 코딩 인터뷰를 제공하는 사디스트)가 일반적으로 사용하고 사랑하기 때문에 알아둘 가치가 있다. 이러한 알고리듬의 구현은 짧고 간단할 수 있지만 모든 문자가 중요하며, 일반적으로 필수적이기 때문에 컴퓨터 과학자들은 이들이 놀라운 속도로 정렬하고 검색할 수 있도록 노력했다. 따라서 4장에서는 알고리듬의 효율성을 비교하는 데 사용하는 특별한 표기법과 알고리듬의 속도에 대해 논의할 것이다.

간단하고 직관적인 정렬 알고리듬인 삽입 정렬을 소개하는 것으로 시작한다. 삽입 정렬의 속도와 효율성, 그리고 일반적으로 알고리듬 효율성을 측정하는 방법을 논의한다. 다음으로, 검색을 위한 최신 기술이자 더 빠른 알고리듬인 병합 정렬을 살펴본다. 또한 실제로 많이 사용되지는 않지만 흥미롭고 범상치 않은 알고리듬인 수면 정렬을 살펴본다. 마지막으로, 이진 검색에 대해 논의하고 역함수를 포함하여 검색의 몇 가지 흥미로운 응용을 보여줄 것이다.

삽입 정렬

파일 캐비닛에 있는 모든 파일을 정렬하라는 요청을 받았다고 상상해보자. 각 파일에는 번호가 할당되어 있으며, 파일을 재배열하여 번호가 가장 낮은 파일은 캐비닛의 제일 앞에, 번호가 가장 높은 파일은 마지막에, 그리고 그 중간에는 파일들이 번호 순서대로 놓여야 한다.

파일 캐비닛을 정렬할 때 어떤 방법을 따르든지 이를 '정렬 알고리듬'으로 설명할 수 있다. 그러나 이에 대한 알고리듬을 코딩하기 위해 파이썬을 열기 전에 잠시 시간을 내어 실제 생활에서 이러한 파일 캐비닛을 정렬하는 방법을 생각해보자. 재미없는 작업처럼 보일지도 모르지만, 당신 안에 있는 모험가가 창의적으로 광범위한 가능성을 고려할 수 있게 해보자.

이 절에서는 **삽입 정렬**^{insertion sort}이라고 하는 매우 간단한 정렬 알고리듬을 제시한다. 이 방법은 리스트의 각 항목을 한 번에 하나씩 보면서 새로운 리스트에 삽입하면 결국 올바로 정렬된다고 믿는다. 우리 알고리듬의 코드에는 2개의 섹션이 있다. 리스트에 파일을 삽입하는 간단한 작업을 수행하는 삽입 섹션과 정렬 작업을 완료할 때까지 반복적으로 삽입을 수행하는 정렬 섹션이다.

삽입 정렬에 삽입 기능 넣기

우선 삽입 작업 자체를 고려해보자. 파일이 이미 완벽하게 정렬된 파일 캐비닛이 있다고 상상해보자. 누군가가 새 파일 하나를 건네고 파일 캐비닛의 올바른(정렬된) 위치에 삽입하라고 요청하면 어떻게 할까? 이 작업은 너무 간단해서 설명이 필요하지 않거나 설명할 수 있을지조차 확실하지 않다. 그러나 알고리듬의 세계에서는 아무리 사소한 작업이라도 모든 작업을 완전히 설명해야 한다.

다음 방법은 정렬된 파일 캐비닛에 파일 하나를 삽입하기 위한 합리적인 알고리듬을 설명한다. 삽입해야 할 파일을 '삽입할 파일'이라고 부를 것이다. 두 파일을 비교할 수 있고 한 파일을 다른 파일'보다 높다'고 묘사할 수 있다고 할 것이다. 이것은 한 파일에 할당된 번호가 다른 파일에 할당된 번호보다 높다는 것을 의미하거나, 알파벳순이나 다른 순서로 더 높다는 것을 의미할 수 있다.

1. 파일 캐비닛에서 가장 높은 파일을 선택한다(캐비닛 뒤쪽에서 시작해 앞쪽으로 작업한다).

2. 선택한 파일과 삽입할 파일을 비교한다.

3. 선택한 파일이 삽입할 파일보다 낮은 경우 해당 파일 뒤에 삽입할 파일을 배치한다.

4. 선택한 파일이 삽입할 파일보다 높은 경우 파일 캐비닛에서 다음으로 높은 파일을 선택한다.

5. 파일을 삽입했거나 기존의 모든 파일과 비교할 때까지 2~4단계를 반복한다. 기존의 모든 파일과 비교한 후에도 아직 파일을 삽입하지 않은 경우 파일 캐비닛의 시작 부분에 삽입한다.

이 방법은 정렬된 리스트에 레코드를 삽입하는 방법에 대한 직관과 거의 일치한다. 원하는 경우 끝이 아닌 리스트의 시작 부분에서 시작하여 유사한 프로세스를 수행해 동일한 결과를 얻을 수도 있다. 레코드를 막 삽입한 것이 아니고, '올바른 위치에' 레코드를 삽입했으므로 삽입 후에도 여전히 리스트가 정렬되어 있다. 이 삽입 알고리듬을 실행하는 스크립트를 파이썬으로 작성할 수 있다. 먼저 정렬된 파일 캐비닛을 정의할 수 있다. 이 경우 파일 캐비닛은 파이썬 리스트가 되고 파일은 단순히 숫자가 될 것이다.

```
cabinet = [1,2,3,3,4,6,8,12]
```

그런 다음 캐비닛에 삽입할 '파일'(이 경우 그냥 숫자)을 정의할 수 있다.

```
to_insert = 5
```

리스트의 모든 번호(캐비닛의 모든 파일)를 한 번에 하나씩 진행한다. `check_location`이라는 변수를 정의할 것이다. 이름대로 확인하려는 캐비닛의 위치를 저장한다. 캐비닛 뒤에서 시작한다.

```
check_location = len(cabinet) - 1
```

또한 insert_location이라는 변수를 정의할 것이다. 우리 알고리듬의 목표는 insert_location의 적절한 값을 결정하는 것이며, 그러고 나면 insert_location에 파일을 삽입하기만 하면 된다. insert_location이 0이라고 가정하고 시작할 것이다.

```
insert_location = 0
```

그런 다음 간단한 if 문을 사용해 삽입할 파일이 check_location에 있는 파일보다 높은지 확인할 수 있다. 삽입할 숫자보다 낮은 숫자를 만나면 해당 위치를 사용해 새 숫자를 삽입할 위치를 결정한다. 우리가 찾은 더 낮은 숫자 바로 뒤에 삽입하기 때문에 1을 더한다.

```
if to_insert > cabinet[check_location]:
    insert_location = check_location + 1
```

올바른 insert_location을 알고 나면 파일을 캐비닛에 넣기 위해 insert라고 하는 리스트 조작용 내장 파이썬 메서드를 사용할 수 있다.

```
cabinet.insert(insert_location,to_insert)
```

그러나 이 코드를 실행하면 아직 파일을 제대로 삽입할 수 없다. 이러한 단계를 하나의 일관된 삽입 함수에 통합해야 한다. 이 함수는 이전 코드를 모두 결합하고 while 루프도 추가한다. while 루프는 마지막 파일부터 시작해 올바른 insert_location을 찾거나 모든 파일을 검사할 때까지 캐비닛의 파일을 반복하는 데 사용한다. 캐비닛 삽입을 위한 최종 코드는 리스트 4-1에 있다.

```
def insert_cabinet(cabinet,to_insert):
    check_location = len(cabinet) - 1
    insert_location = 0
    while(check_location >= 0):
        if to_insert > cabinet[check_location]:
            insert_location = check_location + 1
            check_location = - 1
        check_location = check_location - 1
    cabinet.insert(insert_location,to_insert)
    return(cabinet)

cabinet = [1,2,3,3,4,6,8,12]
newcabinet = insert_cabinet(cabinet,5)
print(newcabinet)
```

리스트 4-1 캐비닛에 번호가 매겨진 파일 삽입

리스트 4-1의 코드를 실행하면 newcabinet이 출력된다. 새 '파일' 5가 포함되어 있으며 캐비닛의 올바른 위치(4와 6 사이)에 삽입되어 있음을 볼 수 있다.

삽입의 극단적인 경우, 즉 빈 리스트에 삽입하는 경우를 잠시 생각해보자. 우리의 삽입 알고리듬은 '파일 캐비닛의 모든 파일을 순차적으로 진행'한다고 했다. 파일 캐비닛에 파일이 없으면 순차적으로 처리할 파일이 없다. 이 경우 캐비닛의 시작 부분에 새 파일을 삽입하라는 마지막 문장만 주의하면 된다. 물론 이것은 빈 캐비닛의 시작이 캐비닛의 끝이자 중간이기 때문에 말보다 실행하기 쉽다. 따라서 이 경우에 우리가 해야 할 일은 위치에 관계없이 파일을 캐비닛에 삽입하는 것뿐이다. 파이썬에서 insert( ) 함수를 사용해 위치 0에 삽입하여 이를 수행할 수 있다.

삽입을 통한 정렬

삽입을 엄격하게 정의하고 수행 방법을 알았으므로 이제 삽입 정렬을 수행할 수 있는 지점에 거의 도달했다. 삽입 정렬은 간단하다. 정렬되지 않은 리스트의 각 요소를 한 번에 하나씩 가져와 삽입 알고리듬을 사용해 정렬된 새 리스트에 올바르게 삽입한다. 파일 캐비닛 용

어로, '이전 캐비닛'으로 부를 정렬되지 않은 파일 캐비닛과 '새 캐비닛'으로 부를 빈 캐비닛으로 시작한다. 정렬되지 않은 이전 캐비닛의 첫 번째 요소를 제거하고 삽입 알고리듬을 사용해 비어 있는 새 캐비닛에 추가한다. 이전 캐비닛의 두 번째 요소에 동일한 작업을 수행한 다음 세 번째, 그리고 그 이후 이전 캐비닛의 모든 요소를 새 캐비닛에 삽입할 때까지 계속한다. 그런 다음 이전 캐비닛은 잊어버리고 정렬된 새로운 캐비닛만 사용한다. 삽입 알고리듬을 사용해 삽입하고 있고 항상 정렬된 리스트를 반환하기 때문에 새 캐비닛이 프로세스가 끝날 때 정렬된다는 사실을 알고 있다.

파이썬에서는 정렬되지 않은 캐비닛과 비어 있는 newcabinet으로 시작한다.

```
cabinet = [8,4,6,1,2,5,3,7]
newcabinet = []
```

리스트 4-1에서 insert_cabinet( ) 함수를 반복적으로 호출해 삽입 정렬을 구현한다. 이를 호출하려면 파일이 있어야 하며, 정렬되지 않은 캐비닛에서 파일을 꺼내서 수행한다.

```
to_insert = cabinet.pop(0)
newcabinet = insert_cabinet(newcabinet, to_insert)
```

이 코드 조각에서는 pop( )이라는 메서드를 사용했다. 이 메서드는 지정된 인덱스에서 리스트 요소를 제거한다. 이 경우 인덱스 0에서 cabinet의 요소를 제거했다. pop( )을 사용한 후 cabinet은 더 이상 해당 요소를 포함하지 않아서 to_insert 변수에 저장 후 newcabinet에 넣을 수 있다.

이 모든 것을 리스트 4-2에 통합해서 정렬되지 않은 캐비닛의 모든 요소를 반복하는 insert_sort( ) 함수를 정의하고 요소를 하나씩 newcabinet에 삽입한다. 마지막으로, sortedcabinet이라는 정렬된 캐비닛을 결과로 출력한다.

```
cabinet = [8,4,6,1,2,5,3,7]
def insertion_sort(cabinet):
    newcabinet = []
    while len(cabinet) > 0:
        to_insert = cabinet.pop(0)
        newcabinet = insert_cabinet(newcabinet, to_insert)
    return(newcabinet)

sortedcabinet = insertion_sort(cabinet)
print(sortedcabinet)
```

리스트 4-2 삽입 정렬 구현

이제 삽입 정렬을 수행할 수 있으므로 접하는 모든 리스트를 정렬할 수 있다. 이로써 우리에게 필요한 모든 정렬 지식을 알게 됐다고 생각하고 싶을 수 있다. 그러나 정렬은 매우 기본적이고 중요하므로 가능한 한 최선의 방법으로 정렬할 수 있길 원한다. 삽입 정렬의 대안을 논의하기 전에 한 알고리듬이 다른 알고리듬보다 낫다는 것이 무엇을 의미하는지, 그리고 훨씬 더 기본적인 수준에서 알고리듬이 좋다는 것이 무엇을 의미하는지 살펴보자.

알고리듬 효율성 측정

삽입 정렬이 좋은 알고리듬일까? 이 질문은 '좋은'의 의미에 대해 확신이 없다면 대답하기 어렵다. 삽입 정렬은 리스트를 정렬하므로 동작한다. 그러니 목적을 달성한다는 의미에서 좋다. 또한 많은 사람이 잘 알고 있는 물리적인 작업을 참고해 쉽게 이해하고 설명할 수 있으며, 표현하는 데 너무 많은 코드가 필요하지 않다는 장점이 있다. 지금까지는 삽입 정렬이 좋은 알고리듬인 것 같다.

그러나 삽입 정렬에는 결정적인 문제가 한 가지 있다. 수행하는 데 시간이 오래 걸린다. 리스트 4-2의 코드는 컴퓨터에서 1초도 안 되어 확실히 실행되므로 삽입 정렬에 걸리는 '오랜 시간'은 작은 씨앗이 거대한 삼나무가 되는 데 걸리는 시간이나 DMV에서 줄을 서서 기다리는 데 걸리는 시간에 비하면 긴 시간도 아니다. 모기가 날개를 한 번 퍼덕이는 데 걸리는 시간과 비교해서 긴 시간이다.

모기의 날갯짓에 대해 '오랜 시간'으로 조바심 내는 것은 다소 극단적으로 보일 수 있다. 그러나 알고리듬의 실행 시간을 가능한 한 0초에 가깝게 밀어붙여야 하는 몇 가지 이유가 있다.

효율성을 목표로 하는 이유

알고리듬 효율성을 끊임없이 추구하는 첫 번째 이유는 우리의 원초적인 능력을 향상할 수 있기 때문이다. 비효율적인 알고리듬이 8개의 항목이 있는 리스트를 정렬하는 데 1분이 걸린다면 문제가 아닌 것처럼 보일 수 있다. 그러나 이러한 비효율적인 알고리듬이 천 개의 항목이 있는 리스트를 정렬하는 데 한 시간이 걸리고 백만 개의 항목이 있는 리스트를 정렬하는 데 일주일이 걸릴 수 있다는 점을 고려해보자. 10억 개 항목의 리스트를 정렬하는 데는 1년 또는 100년이 걸리거나 아예 정렬하지 못할 수도 있다. 알고리듬이 8개 항목의 리스트를 더 잘 정렬할 수 있게 하면(단 1분을 절약할 수 있기 때문에 사소해 보이는 것), 100억 개 항목의 리스트를 100년이 아니라 1시간 만에 정렬할 수 있는 차이를 만들 수 있다. 이는 많은 가능성을 열 수 있다. k 평균 클러스터링과 k-NN 지도 학습 같은 고급 머신러닝 방법은 긴 리스트의 배열에 의존하며, 정렬과 같은 기본 알고리듬의 성능을 개선하면 다른 방법으로는 우리가 이해할 수 없는 큰 데이터 세트에서 이러한 방법을 수행할 수 있다.

많이 해야 하는 일이라면 짧은 리스트를 정렬하는 것조차 빨리 하는 것이 중요하다. 예를 들어, 세계의 검색 엔진은 몇 개월마다 총 1조 건의 검색을 요청받고 사용자에게 결과를 제공하기 전에 가장 관련성이 높은 각 결과 집합을 순서대로 정렬해야 한다. 간단한 정렬에 필요한 시간을 1초에서 0.5초로 줄일 수 있다면 필요한 처리 시간을 1조 초에서 0.5조 초로 단축할 수 있다. 이는 사용자의 시간을 절약하고(5억 인구의 1,000초를 절약하면 정말로 크다!) 데이터 처리 비용을 줄이며, 효율적인 알고리듬은 에너지를 덜 소비하기 때문에 환경 친화적이기도 하다.

더 빠른 알고리듬을 만드는 마지막 이유는 사람들이 어떤 것을 추구하든 더 잘하려고 하는 것과 같은 이유다. 꼭 필요한 것은 아니지만 사람들은 100미터 달리기를 더 빨리 달리고, 체스를 더 잘하고, 누구보다 맛있는 피자를 요리하려고 한다. 그들은 조지 말로리$^{George\ Mallory}$가 에베레스트 산이 '거기 있기 때문에' 오르고 싶다고 말한 것과 같은 이유로 이러한 일을 한다. 가능성의 한계를 뛰어넘고 누구보다 더 낮고, 더 빠르고, 더 강하고, 더 똑똑하기 위해 노력하는 것은 인간의 본성이다. 알고리듬 연구자들은 실제로 유용한지 여부와 관계없이 무엇보다도 놀라운 일을 하길 원하기 때문에 더 나은 일을 하려고 노력하고 있다.

정확한 시간 측정

알고리듬을 실행하는 데 걸리는 시간은 매우 중요하기 때문에 삽입 정렬이 '오랜 시간' 또는 '1초 미만'이 걸린다고 말하는 것보다 더 정확하게 말해야 한다. 정확히 얼마나 걸리는가? 문자 그대로의 답을 얻으려면 파이썬의 timeit 모듈을 사용할 수 있다. timeit를 사용하면 정렬 코드를 실행하기 직전에 시작하고 직후에 끝나는 타이머를 만들 수 있다. 시작 시간과 종료 시간의 차이를 확인하면 코드를 실행하는 데 걸린 시간을 알 수 있다.

```python
from timeit import default_timer as timer

start = timer()
cabinet = [8,4,6,1,2,5,3,7]
sortedcabinet = insertion_sort(cabinet)
end = timer()
print(end - start)
```

소비자 등급 랩톱에서 이 코드를 실행했을 때 약 0.0017초 만에 실행됐다. 이것은 삽입 정렬이 얼마나 좋은지를 표현하는 합리적인 방법이다. 0.0017초 안에 8개의 항목이 있는 리스트를 완전히 정렬할 수 있다. 삽입 정렬을 다른 정렬 알고리듬과 비교하려면 이 timeit 타이밍의 결과를 비교해 어느 것이 더 빠른지 확인하고 더 빠른 것이 더 좋다고 말할 수 있다.

그러나 이러한 타이밍을 사용해 알고리듬 성능을 비교하는 데는 몇 가지 문제가 있다. 예를 들어, 랩톱에서 타이밍 코드를 두 번째로 실행했을 때 0.0008초 안에 실행되는 걸 알게 됐다. 세 번째로 다른 컴퓨터에서 0.03초 만에 실행되는 것을 알게 됐다. 정확한 타이밍은 하드웨어의 속도와 아키텍처, 운영체제^{OS, operating system}의 현재 부하, 실행 중인 파이썬 버전, OS의 내부 작업 스케줄러, 코드의 효율성 그리고 아마도 임의성과 전자 운동, 달의 위상 같은 그 밖의 혼돈 상태의 변동에 따라 다르다. 시간을 측정할 때마다 매우 다른 결과를 얻을 수 있으므로 알고리듬의 효율성을 비교할 때 시간 측정에 의존하기는 어렵다. 어떤 프로그래머는 Y초 만에 리스트를 정렬할 수 있다고 자랑할 수 있고, 또 어떤 프로그래머는 웃으며 Z초 안에 알고리듬이 더 나은 성능을 얻는다고 말할 수 있다. 우리는 그들이 정확히 같은 코드를 실행하고 있지만 다른 하드웨어에서 다른 시간에 실행하고 있음을 알게 될 수 있다. 따라서 이런 경우의 비교는 알고리듬의 효율성이 아니라 하드웨어의 속도와 운에 따른다.

단계 계산

초 단위의 타이밍을 사용하는 대신 알고리듬 성능을 좀 더 안정적으로 측정하는 기준은 알고리듬을 실행하는 데 필요한 단계 수다. 알고리듬이 계산하는 단계 수는 알고리듬 자체의 특징이며 하드웨어 아키텍처나 프로그래밍 언어에도 의존하지 않는다. 리스트 4-3은 리스트 4-1과 리스트 4-2의 삽입 정렬 코드로, stepcounter+=1을 명시했던 위치에 몇 줄을 추가했다. 이전 캐비닛에서 삽입할 새 파일을 선택할 때마다, 해당 파일을 새 캐비닛의 다른 파일과 비교할 때마다, 새 캐비닛에 파일을 삽입할 때마다 단계 수를 증가시킨다.

```python
def insert_cabinet(cabinet,to_insert):
    check_location = len(cabinet) - 1
    insert_location = 0
    global stepcounter
    while(check_location >= 0):
        stepcounter += 1
        if to_insert > cabinet[check_location]:
            insert_location = check_location + 1
            check_location = - 1
        check_location = check_location - 1
    stepcounter += 1
    cabinet.insert(insert_location,to_insert)
    return(cabinet)
```

```
def insertion_sort(cabinet):
    newcabinet = []
    global stepcounter
    while len(cabinet) > 0:
        stepcounter += 1
        to_insert = cabinet.pop(0)
        newcabinet = insert_cabinet(newcabinet,to_insert)
    return(newcabinet)

cabinet = [8,4,6,1,2,5,3,7]
stepcounter = 0
sortedcabinet = insertion_sort(cabinet)
print(stepcounter)
```

리스트 4-3 단계 카운터를 추가한 삽입 정렬 코드

이 경우 이 코드를 실행하고 길이가 8인 리스트에 대한 삽입 정렬을 수행하기 위해 36단계를 수행하는 것을 알 수 있다. 다른 길이의 리스트에 삽입 정렬을 수행하고 몇 단계를 수행하는 지 살펴보자.

이를 위해 길이가 다른 정렬되지 않은 리스트에 대해 삽입 정렬에 필요한 단계 수를 확인할 수 있는 함수를 작성해보자. 정렬되지 않은 각 리스트를 수동으로 작성하는 대신 파이썬에서 간단한 리스트 컴프리헨션^{list comprehension}을 사용해 지정된 길이의 임의 리스트를 생성할 수 있다. 리스트의 무작위 생성을 더 쉽게 하기 위해 파이썬의 random 모듈을 가져올 수 있다. 다음은 길이가 10인 정렬되지 않은 임의의 캐비닛을 만드는 방법이다.

```
import random
size_of_cabinet = 10
cabinet = [int(1000 * random.random()) for i in range(size_of_cabinet)]
```

이 함수는 단순히 주어진 길이의 리스트를 생성하고 삽입 정렬 코드를 실행하고 stepcounter 의 최종값을 반환한다.

```
def check_steps(size_of_cabinet):
    cabinet = [int(1000 * random.random()) for i in range(size_of_cabinet)]
    global stepcounter
    stepcounter = 0
    sortedcabinet = insertion_sort(cabinet)
    return(stepcounter)
```

1에서 100 사이의 모든 숫자 리스트를 만들고 각 길이의 리스트를 정렬하는 데 필요한 단계 수를 확인하자.

```
random.seed(5040)
xs = list(range(1,100))
ys = [check_steps(x) for x in xs]
print(ys)
```

이 코드에서는 random.seed() 함수를 호출하는 것으로 시작한다. 이것은 필수는 아니지만 동일한 코드를 실행했을 때 여기에 인쇄된 것과 동일한 결과를 볼 수 있도록 보장한다. xs에 저장된 x에 대한 값 세트와 ys에 저장된 y에 대한 값 세트를 정의한 것을 볼 수 있다. x 값은 단순히 1에서 100 사이의 숫자이고, y 값은 각 x에 해당하는 각 크기의 무작위로 생성된 리스트를 정렬하는 데 필요한 단계 수다. 출력 결과를 보면 무작위로 생성된 길이가 1, 2, 3부터 99인 리스트까지 정렬하는 데 삽입 정렬이 얼마나 많은 단계를 거쳤는지 알 수 있다.

다음과 같이 리스트 길이와 정렬 단계 사이의 관계를 그릴 수 있다. 그래프를 그리기 위해 matplotlib.pyplot을 가져올 것이다.

```
import matplotlib.pyplot as plt
plt.plot(xs,ys)
plt.title('임의의 캐비닛에 대해 삽입 정렬에 필요한 단계')
plt.xlabel('임의의 캐비닛의 파일 수')
plt.ylabel('삽입 정렬로 캐비닛을 정렬하는 데 필요한 단계')
plt.show()
```

그림 4-1은 출력 결과를 보여준다. 출력 곡선이 약간 들쭉날쭉한 것을 볼 수 있다. 때로는 더 긴 리스트가 더 짧은 리스트보다 더 적은 단계로 정렬된다. 그 이유는 모든 리스트를 무작위로 생성했기 때문이다. 때때로 무작위 리스트로 생성된 코드는 삽입 정렬이 신속하게 처리하기 쉬운 리스트를 생성하고(이미 부분적으로 정렬되어 있기 때문에) 때로는 우연히 빠르고 정확하게 처리하기 어려운 리스트를 생성한다. 같은 이유로, 동일한 임의의 시드seed를 사용하지 않으면 화면의 출력이 여기에 인쇄된 출력과 정확히 일치하지 않을 수 있지만 일반적인 형태는 같다.

그림 4-1 삽입 정렬 단계

잘 알려진 함수와의 비교

그림 4-1의 표면적인 들쭉날쭉함을 넘어서, 그 곡선의 일반적인 모양을 살펴보고 곡선의 성장률에 대해 생각해볼 수 있다. 필요한 단계 수는 $x = 1$과 약 $x = 10$ 사이에서 매우 느리게 증가하는 것으로 보인다. 그 후에 약 $x = 90$과 $x = 100$에서 성장률은 실제로 매우 가파르게 나타난다.

리스트 길이가 증가함에 따라 플롯이 점차 가팔라진다고 말하는 것은 여전히 우리가 원하는 만큼 정확하지 않다. 때때로 우리는 이러한 종류의 가속화되는 성장에 대해 '기하급수적'

이라고 일상적으로 이야기한다. 여기서 기하급수적 성장을 다루고 있는가? 엄밀히 말하면 e^x으로 정의하는 **지수함수**^{exponential function}가 있다. 여기서 e는 오일러 수^{Euler's number}, 즉 약 2.71828이다. 그렇다면 삽입 정렬에 필요한 단계의 수는 지수 성장의 가능한 가장 좁은 정의에 부합한다고 말할 수 있는 이 지수함수를 따르는가? 다음과 같이 지수 성장 곡선과 함께 단계 곡선을 그려서 답에 대한 단서를 얻을 수 있다. 또한 최대 및 최소 단계 값을 계산하기 위해 numpy 모듈을 가져올 것이다.

```python
import math
import numpy as np
random.seed(5040)
xs = list(range(1,100))
ys = [check_steps(x) for x in xs]
ys_exp = [math.exp(x) for x in xs]
plt.plot(xs,ys)
axes = plt.gca()
axes.set_ylim([np.min(ys),np.max(ys) + 140])
plt.plot(xs,ys_exp)
plt.title('지수함수와 삽입 정렬 비교')
plt.xlabel('임의의 캐비닛의 파일 수')
plt.ylabel('캐비닛을 정렬하는 데 필요한 단계')
plt.show()
```

이전과 마찬가지로 xs를 1에서 100 사이의 모든 숫자로 정의하고, ys를 각 x에 해당하는 각 크기의 무작위로 생성된 리스트를 정렬하는 데 필요한 단계 수로 정의한다. 또한 xs에 저장된 각 값에 대해 e^x인 ys_exp라는 변수를 정의한다. 그런 다음 동일한 그래프에 ys와 ys_exp를 모두 표시한다. 결과를 통해 리스트를 정렬하는 데 필요한 단계 수의 증가가 실제 지수 증가와 어떤 관련이 있는지 알 수 있다.

이 코드를 실행하면 그림 4-2와 같은 그래프가 생성된다.

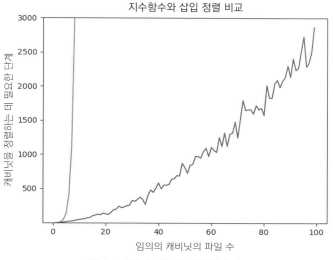

그림 4-2 지수함수와 삽입 정렬 단계 비교

그래프의 왼쪽에서 무한대를 향해 치솟는 진정한 지수 성장 곡선을 볼 수 있다. 삽입 정렬 단계 곡선이 가속화된 속도로 성장하지만 그 가속도는 진정한 지수 성장과 일치하지 않는 것 같다. 2^x이나 10^x처럼 성장률이 지수인 다른 곡선을 그리면 이러한 모든 유형의 곡선도 삽입 정렬 단계 카운터 곡선보다 훨씬 빠르게 성장한다는 것을 알 수 있다. 삽입 정렬 단계 곡선이 지수 성장과 일치하지 않으면 어떤 종류의 성장과 일치할까? 같은 그래프에 몇 가지 함수를 더 그려보자. 여기서 삽입 정렬 단계 곡선과 함께 $y = x$, $y = x^{1.5}$, $y = x^2$, $y = x^3$을 그려볼 것이다.

```
random.seed(5040)
xs = list(range(1,100))
ys = [check_steps(x) for x in xs]
xs_exp = [math.exp(x) for x in xs]
xs_squared = [x**2 for x in xs]
xs_threehalves = [x**1.5 for x in xs]
xs_cubed = [x**3 for x in xs]
plt.plot(xs,ys)
axes = plt.gca()
```

```
axes.set_ylim([np.min(ys),np.max(ys) + 140])
plt.plot(xs,xs_exp)
plt.plot(xs,xs)
plt.plot(xs,xs_squared)
plt.plot(xs,xs_cubed)
plt.plot(xs,xs_threehalves)
plt.title('다른 성장 비율과 삽입 정렬 단계 비교')
plt.xlabel('임의의 캐비닛의 파일 수')
plt.ylabel('캐비닛을 정렬하는 데 필요한 단계')
plt.show()
```

결과는 그림 4-3과 같다.

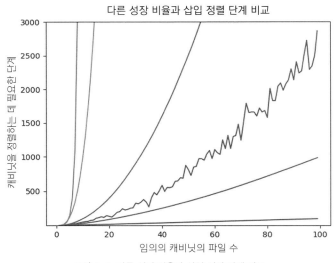

그림 4-3 다른 성장 비율과 삽입 정렬 단계 비교

삽입 정렬에 필요한 단계를 계산하는 들쭉날쭉한 곡선 외에도 그림 4-3에 5개의 성장률을 그렸다. 지수 곡선이 가장 빠르게 성장하는 것을 볼 수 있으며, 그 옆에 있는 3차 곡선도 너무 빠르게 성장하기 때문에 그래프에 거의 나타나지 않는다. $y = x$ 곡선은 다른 곡선에 비해 매우 느리게 성장한다. 그래프의 맨 아래에서 볼 수 있다.

삽입 정렬 곡선에 가장 가까운 곡선은 $y = x^2$과 $y = x^{1.5}$이다. 어떤 곡선이 삽입 정렬 곡선과 가장 유사할지 명확하지 않으므로 삽입 정렬의 정확한 성장률에 대해 확신할 수 없다. 그러나 그래프를 그린 후에 'n개의 요소가 있는 리스트를 정렬하는 경우 삽입 정렬은 $n^{1.5}$과 n^2단계 사이에서 수행한다.'와 같은 진술을 할 수 있다. 이것은 '모기가 날개를 한 번 펄럭이는 만큼'이나 '오늘 아침 내 노트북에서 거의 0.002초'보다 더 정확하고 확실한 진술이다.

좀 더 이론적인 정밀도 추가

좀 더 정확하게 하려면 삽입 정렬에 필요한 단계에 대해 신중하게 생각해봐야 한다. 다시 한 번 n개의 요소가 있는 정렬되지 않은 새로운 리스트가 있다고 상상해보자. 표 4-1에서는 삽입 정렬의 각 단계를 개별적으로 진행하고 단계를 계산한다.

표 4-1 삽입 정렬의 단계 계산

액션 설명	이전 캐비닛에서 파일을 꺼내는 데 필요한 단계 수	다른 파일과 비교하는 데 필요한 최대 단계 수	새 캐비닛에 파일을 추가하는 데 필요한 단계
1개의 이전 캐비닛에서 첫 번째 파일을 가져와서 (빈) 새 캐비닛에 넣는다.	1	0(비교할 파일이 없다.)	1
이전 캐비닛에서 두 번째 파일을 가져와서 (이제 1개의 파일이 있는) 새 캐비닛에 넣는다.	1	1(비교할 파일이 하나 있고 그것과 비교해야 한다.)	1
이전 캐비닛에서 세 번째 파일을 가져와서 (이제 2개의 파일이 있는) 새 캐비닛에 넣는다.	1	2개 이하(2개의 파일이 있고 그중 하나와 모두를 비교해야 한다.)	1
이전 캐비닛에서 네 번째 파일을 가져와서 (이제 3개의 파일이 있는) 새 캐비닛에 넣는다.	1	3개 이하(3개의 파일이 있고 그중 하나와 모두를 비교해야 한다.)	1
...	...	...	...
이전 캐비닛에서 n번째 파일을 가져와서 (이제 $n - 1$개의 파일이 있는) 새 캐비닛에 넣는다.	1	$n - 1$개 이하($n - 1$개의 파일이 있고 그중 하나와 모두를 비교해야 한다.)	1

이 표에서 설명한 모든 단계를 더하면 최대 총 단계$^{maximum\ total\ steps}$는 다음과 같다.

- 파일 가져오기에 필요한 단계: n(n개의 파일 각각을 가져오기 위한 1단계)
- 비교에 필요한 단계: 최대 $1 + 2 + \ldots + (n - 1)$
- 파일 삽입에 필요한 단계: n(n개의 파일 각각을 삽입하기 위한 1단계)

이것들을 더하면 다음과 같은 표현식을 얻을 수 있다.

$$maximum\_total\_steps = n + (1 + 2 + \ldots + n)$$

편리한 ID를 사용해 이 표현식을 단순화할 수 있다.

$$1 + 2 + \ldots + n = \frac{n \times (n + 1)}{2}$$

이 ID를 사용하고 모든 것을 함께 추가하고 단순화하면 필요한 총 단계 수는 다음과 같다.

$$maximum\_total\_steps = \frac{n^2}{2} + \frac{3n}{2}$$

마침내 삽입 정렬을 수행하는 데 필요한 최대 총 단계에 대한 매우 정확한 표현식을 얻었다. 그러나 믿거나 말거나, 이 표현은 여러 가지 이유로 너무 정확할 수도 있다. 그중 하나는 필요한 최대 단계 수이지만 최솟값과 평균은 훨씬 더 낮을 수 있으며 정렬하려는 거의 모든 가능한 리스트는 더 적은 단계가 필요할 수 있다는 점이다. 그림 4-1에서 그린 곡선의 들쭉날쭉함을 기억하자. 입력의 선택에 따라 알고리듬을 수행하는 데 걸리는 시간이 항상 다르다.

최대 단계에 대한 표현식이 너무 정확하다고 할 수 있는 또 다른 이유는 알고리듬의 단계 수를 아는 것은 n의 값이 클 때 가장 중요하지만, n이 매우 커질수록 표현의 작은 부분이 지배하기 시작하기 한다는 점이다. 서로 다른 함수의 성장률이 급격하게 벗어나기 때문이다.

표현식 $n^2 + n$을 고려해보자. n^2 항과 n 항이라는 두 항의 합이다. $n = 10$일 때 $n^2 + n$은 110으로 n^2보다 10% 높다. $n = 100$일 때 $n^2 + n$은 10,100으로 n^2보다 1%만 높다. n이 커짐에 따라 2차 함수가 선형 함수보다 훨씬 빠르게 성장하기 때문에 표현식의 n^2 항이 n 항보다 더 중요해진다. 따라서 수행하는 데 $n^2 + n$단계가 필요한 알고리듬과 수행하는 데 n^2단계가 필요한 알고리듬이 있는 경우 n이 매우 커지면 두 알고리듬 간의 차이가 점점 줄어들 것이다. 둘 다 거의 n^2단계로 실행된다.

빅 오 표기법 사용

알고리듬이 거의 n^2단계로 실행된다고 말하는 것은 우리가 원하는 정밀도와 간결함(그리고 우리가 가진 임의성) 사이의 합리적인 균형이다. 이러한 유형의 '거의' 관계를 공식적으로 표현하는 방법은 빅 오$^{big\ O}$ 표기법('O'는 'order'의 약자다)을 사용하는 것이다. 최악의 경우 큰 n에 대해 n^2단계 이상으로 실행되는 특정 알고리듬은 '빅 오 n^2' 또는 $O(n^2)$이라고 말할 수 있다. 기술적인 정의에 따르면 충분히 큰 x 값에 대해 $f(x)$의 절댓값이 항상 M과 $g(x)$의 곱보다 작은 상수 M이 있는 경우 함수 $f(x)$는 함수 $g(x)$의 빅 오다.

삽입 정렬의 경우 알고리듬을 수행하는 데 필요한 최대 단계 수에 대한 표현식을 보면 두 항의 합임을 알 수 있다. 하나는 n^2의 배수이고 다른 하나는 n의 배수다. 방금 논의한 바와 같이 n의 배수인 항은 n이 증가함에 따라 점점 덜 중요할 것이며, n^2 항만이 우리가 관심을 갖는 유일한 항이 될 것이다. 따라서 삽입 정렬의 최악의 경우는 $O(n^2)$('빅 오 n^2') 알고리듬이다.

알고리듬 효율성에 대한 탐구는 런타임이 더 작은 함수의 빅 오인 알고리듬을 찾는 것으로 구성된다. $O(n^2)$ 대신 $O(n^{1.5})$이 되도록 삽입 정렬을 변경할 수 있는 방법을 찾을 수 있다면, 이는 n 값이 큰 경우의 런타임에 중대한 차이를 만드는 중요한 돌파구가 될 것이다. 빅 오 표기법을 사용해 시간뿐만 아니라 공간에 대해서도 이야기할 수 있다. 일부 알고리듬은 메모리에 큰 데이터 세트를 저장해 속도를 높일 수 있다. 런타임은 작은 함수의 빅 오일 수 있지만 메모리 요구사항은 큰 함수의 빅 오일 수 있다. 상황에 따라 메모리를 소모해 속도를 높이거나 속도를 희생해 메모리를 확보하는 것이 현명할 수 있다. 이 장에서는 메모리 요구사항에 관계없이 가능한 가장 작은 함수의 빅 오인 런타임을 갖도록 속도를 높이고 알고리듬을 설계하는 데 중점을 둘 것이다.

삽입 정렬을 배우고 런타임 성능이 $O(n^2)$임을 확인한 후 합리적으로 기대할 수 있는 개선 수준이 어떤지 당연히 궁금할 것이다. 가능한 리스트를 10단계 미만으로 정렬할 수 있는 궁극의 알고리듬을 찾을 수 있을까? 아니다. 모든 정렬 알고리듬은 n개의 요소 각각에 대해 리스트의 각 요소를 차례로 고려해야 하기 때문에 최소한 n개의 단계가 필요하다. 따라서 모든 정렬 알고리듬은 최소한 O(n)이다. O(n)보다 더 잘할 수는 없지만 삽입 정렬의 O(n^2)보다 더 잘할 수는 있을까? 할 수 있다. 다음으로, 삽입 정렬에 비해 크게 개선된 O($n \log(n)$)으로 알려진 알고리듬을 고려할 것이다.

병합 정렬

병합 정렬^{merge sort}은 삽입 정렬보다 훨씬 빠른 알고리듬이다. 삽입 정렬과 마찬가지로 병합 정렬에는 두 부분이 있다. 하나는 2개의 리스트를 병합하는 부분이고, 다른 하나는 병합을 반복적으로 사용해 실제 정렬을 수행하는 부분이다. 정렬을 고려하기 전에 병합 자체를 고려해보자.

개별적으로는 정렬됐지만 서로 비교한 적이 없는 2개의 파일 캐비닛이 있다고 가정하자. 그둘을 완전히 정렬된 하나의 최종 파일 캐비닛으로 결합하고자 한다. 이 작업을 2개의 정렬된 파일 캐비닛의 **병합**^{merge}이라고 부를 것이다. 이 문제를 어떻게 접근해야 할까?

다시 한번, 파이썬을 열고 코드 작성을 시작하기 전에 실제 파일 캐비닛으로 이 작업을 수행하는 방법을 생각해볼 가치가 있다. 이 경우 우리 앞에 3개의 파일 캐비닛이 있다고 상상할 수 있다. 병합하려는 파일이 있는 2개의 완전히 정렬된 파일 캐비닛과 파일을 삽입하고 결국에는 모든 파일을 포함할 세 번째 빈 파일 캐비닛이다. 2개의 원래 캐비닛이 왼쪽과 오른쪽에 놓여 있다고 상상하며 '왼쪽'과 '오른쪽' 캐비닛이라고 부를 수 있다.

병합

병합하기 위해 원본 캐비닛의 첫 번째 파일을 동시에 가져올 수 있다(첫 번째 왼쪽 파일은 왼손으로, 첫 번째 오른쪽 파일은 오른손으로). 어느 파일이든 더 낮은 것이 첫 번째 파일로 새 캐비닛에 삽입된다. 새 캐비닛의 두 번째 파일을 찾으려면 다시 한번 왼쪽 및 오른쪽 캐비닛의 첫 번째 파일을 가져와 비교하고 더 낮은 것을 새 캐비닛의 마지막 위치에 삽입한다. 왼쪽 캐비닛이나 오른쪽 캐비닛이 비어 있으면 비어 있지 않은 캐비닛에 남아 있는 파일을 가져와 새 캐비닛 끝에 모두 함께 놓는다. 그러고 나면 새 캐비닛은 왼쪽과 오른쪽 캐비닛의 모든 파일을 순서대로 정렬해서 포함하게 된다. 원래의 두 캐비닛을 성공적으로 병합했다.

파이썬에서는 left와 right 변수를 사용해 원래의 정렬된 캐비닛을 참조하고, 비어 있는 상태로 시작해 결국 left와 right의 모든 요소를 순서대로 포함하는 newcabinet 리스트를 정의한다.

```
newcabinet = []
```

left와 right라고 부를 예제 캐비닛을 다음과 같이 정의한다.

```
left = [1,3,4,4,5,7,8,9]
right = [2,4,6,7,8,8,10,12,13,14]
```

왼쪽과 오른쪽 캐비닛의 각각의 첫 번째 요소를 비교하기 위해 다음 if 문을 사용한다(--생략-- 섹션을 채울 때까지 실행할 준비가 되지 않음).

```
if left[0] > right[0]:
    --생략--
elif left[0] <= right[0]:
    --생략--
```

왼쪽 캐비닛의 첫 번째 요소가 오른쪽 캐비닛의 첫 번째 요소보다 낮으면 왼쪽 캐비닛에서 해당 요소를 꺼내pop newcabinet에 삽입하고, 그 반대의 경우는 오른쪽 캐비닛에서 꺼내서 삽입한다. 파이썬의 내장 pop( ) 함수를 사용해 다음과 같이 if 문에 삽입하여 이를 수행할 수 있다.

```
if left[0] > right[0]:
    to_insert = right.pop(0)
```

```
        newcabinet.append(to_insert)
elif left[0] <= right[0]:
    to_insert = left.pop(0)
    newcabinet.append(to_insert)
```

왼쪽과 오른쪽 캐비닛의 첫 번째 요소를 확인하고 적절한 항목을 새 캐비닛에 넣는 이 프로세스는 두 캐비닛에 모두 하나 이상의 파일이 있는 한 계속해야 한다. 그래서 우리는 left와 right의 최소 길이를 확인하는 while 루프 안에 이러한 if 문을 중첩시킬 것이다. left와 right 모두에 적어도 하나의 파일이 포함되어 있으면 프로세스를 계속한다.

```
while(min(len(left),len(right)) > 0):
    if left[0] > right[0]:
        to_insert = right.pop(0)
        newcabinet.append(to_insert)
    elif left[0] <= right[0]:
        to_insert = left.pop(0)
        newcabinet.append(to_insert)
```

while 루프는 left나 right에 삽입할 파일이 떨어지면 실행을 중지한다. 이 시점에서 left가 비어 있으면 새 캐비닛의 끝에 right에 있는 모든 파일을 현재 순서대로 삽입하고, 반대로 right가 빈 경우에는 left의 모든 파일을 삽입한다. 다음과 같이 최종 삽입을 수행할 수 있다.

```
if(len(left) > 0):
    for i in left:
        newcabinet.append(i)

if(len(right) > 0):
    for i in right:
        newcabinet.append(i)
```

마지막으로, 리스트 4-4와 같이 모든 코드 조각을 파이썬의 최종 병합 알고리듬으로 결합한다.

```
def merging(left,right):
    newcabinet = []
    while(min(len(left),len(right)) > 0):
        if left[0] > right[0]:
            to_insert = right.pop(0)
            newcabinet.append(to_insert)
        elif left[0] <= right[0]:
            to_insert = left.pop(0)
            newcabinet.append(to_insert)
    if(len(left) > 0):
        for i in left:
            newcabinet.append(i)
    if(len(right)>0):
        for i in right:
            newcabinet.append(i)
    return(newcabinet)

left = [1,3,4,4,5,7,8,9]
right = [2,4,6,7,8,8,10,12,13,14]

newcab=merging(left,right)
```

리스트 4-4 2개의 정렬된 리스트를 병합하는 알고리듬

리스트 4-4의 코드는 left와 right의 모든 요소를 순서대로 병합해 포함하는 단일 리스트 인 newcab을 만든다. 병합 함수가 동작하는지 확인하기 위해 print(newcab)을 실행할 수 있다.

병합에서 정렬까지

병합하는 방법을 알게 되면 병합 정렬을 이해할 수 있다. 요소가 2개 이하인 리스트에서만 작동하는 간단한 병합 정렬 함수를 만드는 것부터 시작하자. 요소가 하나인 리스트는 이미 정렬되어 있으므로 이를 병합 정렬 함수에 대한 입력으로 전달하면 변경하지 않은 상태로 반환한다. 병합 정렬 함수에 요소가 2개인 리스트를 전달하면 해당 리스트를 요소가 하나인 리

스트(따라서 이미 정렬됨) 2개로 나누고 요소가 하나인 리스트에 대해 병합 기능을 호출해 요소가 2개 있는 정렬된 최종 리스트를 얻을 수 있다. 다음 파이썬 함수는 우리가 필요로 하는 일을 수행한다.

```python
import math

def mergesort_two_elements(cabinet):
    newcabinet = []
    if(len(cabinet) == 1):
        newcabinet = cabinet
    else:
        left = cabinet[:math.floor(len(cabinet)/2)]
        right = cabinet[math.floor(len(cabinet)/2):]
        newcabinet = merging(left,right)
    return(newcabinet)
```

이 코드는 파이썬의 리스트 인덱싱 구문에 의존해 정렬하려는 어떤 캐비닛이든 왼쪽 캐비닛과 오른쪽 캐비닛으로 나눈다. left와 right를 정의하는 라인에서 전체의 첫 번째 혹은 두 번째 절반을 참조하기 위해 :math.floor(len(cabinet)/2) 및 math.floor(len(cabinet)/2): 를 각각 사용했음을 알 수 있다. 이 함수를 하나 혹은 2개의 요소를 가진 캐비닛과 함께 호출 (예: mergesort_two_elements([3,1]))해서 성공적으로 정렬된 캐비닛을 반환하는 것을 알 수 있다.

다음으로 요소가 4개인 리스트를 정렬할 수 있는 함수를 작성해보자. 요소가 4개인 리스트를 2개의 하위 리스트로 분할하면 각 하위 리스트에는 2개의 요소가 있다. 병합 알고리듬으로 이러한 리스트를 결합할 수 있다. 그러나 병합 알고리듬은 이미 정렬된 두 리스트를 결합하도록 설계됐다. 이 두 리스트는 정렬되지 않았을 수 있으므로 병합 알고리듬을 사용해 성공적으로 정렬되지 않을 것이다. 그러나 각 하위 리스트에는 2개의 요소만 있고 요소가 2개인 리스트에 대해 병합 정렬을 수행할 수 있는 함수를 방금 작성했다. 따라서 4개 요소 리스트를 2개의 하위 리스트로 분할하고, 해당 하위 리스트 각각의 2개 요소 리스트에서 작동하는 병합 정렬 기능을 호출한 다음, 2개의 정렬된 리스트를 병합해 4개 요소로 정렬된 결과를 얻을 수 있다. 이 파이썬 함수는 다음을 수행한다.

```python
def mergesort_four_elements(cabinet):
    newcabinet = []
    if(len(cabinet) == 1):
        newcabinet = cabinet
    else:
        left = mergesort_two_elements(cabinet[:math.floor(len(cabinet)/2)])
        right = mergesort_two_elements(cabinet[math.floor(len(cabinet)/2):])
        newcabinet = merging(left,right)
    return(newcabinet)


cabinet = [2,6,4,1]
newcabinet = mergesort_four_elements(cabinet)
```

계속해서 더 큰 리스트에서 작업하기 위해 이러한 함수를 계속 작성할 수 있다. 그러나 재귀를 사용해 전체 프로세스를 축소할 수 있다는 사실을 깨달으면 돌파구가 생긴다. 리스트 4-5의 함수를 고려하고 이전의 mergesort_four_elements() 함수와 비교해보자.

```python
def mergesort(cabinet):
    newcabinet = []
    if(len(cabinet) == 1):
        newcabinet = cabinet
    else:
        left = mergesort(cabinet[:math.floor(len(cabinet)/2)])      ❶
        right = mergesort(cabinet[math.floor(len(cabinet)/2):])     ❷
        newcabinet = merging(left,right)
    return(newcabinet)
```

리스트 4-5 재귀를 사용한 병합 정렬 구현

이 함수는 mergesort_four_elements( )와 거의 동일함을 알 수 있다. 결정적인 차이점은 정렬된 왼쪽과 오른쪽 캐비닛을 생성하기 위해 더 작은 리스트에서 작동하는 다른 함수를 호출하지 않는다는 것이다. 오히려 더 작은 리스트에서 자신을 호출한다❶❷. 병합 정렬은 **분할정복**divide and conquer 알고리듬이다. 우리는 정렬되지 않은 큰 리스트에서 시작한다. 그런 다음 정렬된(정복) 단일 항목 리스트로 끝날 때까지 해당 리스트를 더욱더 작은 덩어리로 반복적으로 나눈(분할) 다음, 하나의 큰 정렬된 리스트로 만들 때까지 단순하게 계속 다시 병합한다. 모든 크기의 리스트에서 이 병합 정렬 기능을 호출하고 작동하는지 확인할 수 있다.

```python
cabinet = [4,1,3,2,6,3,18,2,9,7,3,1,2.5,-9]
newcabinet = mergesort(cabinet)
print(newcabinet)
```

병합 정렬 코드를 모두 합치면 리스트 4-6이 된다.

```python
def merging(left,right):
    newcabinet = []
    while(min(len(left),len(right)) > 0):
        if left[0] > right[0]:
            to_insert = right.pop(0)
            newcabinet.append(to_insert)
        elif left[0] <= right[0]:
            to_insert = left.pop(0)
            newcabinet.append(to_insert)
    if(len(left) > 0):
        for i in left:
            newcabinet.append(i)
    if(len(right) > 0):
        for i in right:
            newcabinet.append(i)
    return(newcabinet)

import math
```

```
def mergesort(cabinet):
    newcabinet = []
    if(len(cabinet) == 1):
        newcabinet=cabinet
    else:
        left = mergesort(cabinet[:math.floor(len(cabinet)/2)])
        right = mergesort(cabinet[math.floor(len(cabinet)/2):])
        newcabinet = merging(left,right)
    return(newcabinet)

cabinet = [4,1,3,2,6,3,18,2,9,7,3,1,2.5,-9]
newcabinet=mergesort(cabinet)
```

리스트 4-6 완전한 병합 정렬 코드

병합 정렬 코드에 단계 카운터를 추가해 실행에 필요한 단계 수와 삽입 정렬과 비교하는 방법을 확인할 수 있다. 병합 정렬 프로세스는 초기 캐비닛을 하위 리스트로 연속적으로 분할한 다음 해당 하위 리스트를 다시 병합해 정렬 순서를 유지하는 것으로 구성된다. 리스트를 분할할 때마다 리스트를 반으로 줄인다. 각 하위 리스트가 하나의 요소만 갖기 전에 길이가 n인 리스트를 반으로 나눌 수 있는 횟수는 약 $\log(n)$(여기서 로그는 밑이 2임)이고 각 병합에서 수행해야 하는 비교 횟수는 최대 n이다. 따라서 각각의 $\log(n)$ 비교에 대해 n개 이하의 비교는 병합 정렬이 $O(n \log(n))$임을 의미하며, 이는 인상적이지 않은 것 같지만 실제로는 정렬에 있어서는 최첨단이다. 실제로 파이썬의 내장 정렬 함수 sorted를 다음과 같이 호출한다.

```
print(sorted(cabinet))
```

파이썬은 정렬 작업을 수행하기 위해 뒤에서 병합 정렬과 삽입 정렬의 하이브리드 버전을 사용한다. 병합 정렬과 삽입 정렬을 배움으로써 상상할 수 있는 모든 종류의 애플리케이션에서 매일 수백만 번 사용되는, 지금까지 컴퓨터 과학자가 만들 수 있었던 가장 빠른 정렬 알고리듬 속도를 갖게 됐다.

수면 정렬

인터넷이 인류에게 끼친 엄청난 부정적인 영향은 때때로 인터넷이 제공하는 작고 빛나는 보물로 상쇄된다. 때때로 인터넷의 내부는 과학 저널이나 '기관'의 범위 밖의 세계로 스며드는 과학적 발견을 낳기도 한다. 2011년에 온라인 이미지 게시판 4chan에서 익명의 게시자가 이전에 게시된 적이 없고 이후에 **수면 정렬**sleep sort이라고 불리게 된 정렬 알고리듬의 코드를 제안하고 제공했다.

수면 정렬은 파일 캐비닛에 파일을 삽입하는 것과 같은 실세계와 유사하게 설계되지 않았다. 비유를 찾아본다면 타이타닉이 침몰하기 시작할 때 구명정 자리를 할당하는 작업을 고려할 수 있다. 우리는 어린이와 젊은 사람들에게 먼저 구명보트를 탈 수 있는 기회를 주고, 나이 든 사람들이 남은 자리 중 한 곳에 탈 수 있도록 하고 싶을 수도 있다. '젊은이가 나이 든 사람보다 먼저 배를 탄다'와 같은 발표를 하면 모두가 나이를 비교해야 하기 때문에 혼돈에 빠지게 된다. 배가 가라앉는 혼란 중에 어려운 정렬 문제에 직면하게 될 것이다.

타이타닉 구명정에 대한 수면 정렬 방식은 다음과 같다. "모두 가만히 서서 1, 2, 3, … 나이를 세주세요. 여러분의 현재 나이까지 세자마자 구명보트에 올라타세요." 우리는 8세 어린이가 9세 어린이보다 약 1초 먼저 계산을 끝내고 1초 앞서 출발해 9세 어린이보다 먼저 보트에 자리를 잡을 수 있다고 상상할 수 있다. 8세와 9세 어린이도 마찬가지로 10세보다 먼저 배를 탈 수 있을 것이다. 비교를 전혀 하지 않고 정렬하려는 메트릭에 비례하는 시간 동안 개인이 일시중지한 다음 자신을 삽입할 수 있는 능력에 의존하고, 정렬은 그 후에 노력 없이 될 것이다(직접적인 대인 비교 없이).

이 타이타닉 구명정 프로세스는 수면 정렬의 아이디어를 보여준다. 각 요소가 직접 삽입되도록 허용하되, 정렬되는 메트릭에 비례해 일시중지된 후에만 가능하다. 프로그래밍 관점에서 이러한 일시중지를 **수면**sleep이라고 하며 대부분의 언어에서 구현할 수 있다.

파이썬에서는 다음과 같이 수면 정렬을 구현할 수 있다. 우리는 리스트의 각 요소가 수면 후 스스로 삽입하는 다른 컴퓨터 프로세스를 생성할 수 있도록 하는 threading 모듈을 가져올 것이다. 또한 time.sleep 모듈을 가져와서 적절한 시간 동안 다른 '스레드'thread'를 수면 상태로 만들 수 있다.

```
import threading
from time import sleep

def sleep_sort(i):
    sleep(i)
    global sortedlist
    sortedlist.append(i)
    return(i)

items = [2, 4, 5, 2, 1, 7]
sortedlist = []
ignore_result = [threading.Thread(target = sleep_sort, args = (i,)).start() \
for i in items]
```

정렬된 리스트는 sortedlist 변수에 저장되며, 우리가 생성한 ignore_result라는 리스트는 무시할 수 있다. 수면 정렬의 한 가지 장점은 파이썬으로 간결하게 작성할 수 있다는 것이다. 정렬이 완료되기 전(이 경우 약 7초 이내) sortedlist 변수를 출력하는 것도 재미있다. 정확히 언제 print 명령을 실행하느냐에 따라 다른 리스트가 보이기 때문이다. 그러나 수면 정렬에는 몇 가지 주요 단점도 있다. 그중 하나는 음수 시간 동안 잠을 잘 수 없기 때문에 수면 정렬이 음수 리스트를 정렬할 수 없다는 점이다. 또 다른 단점은 수면 정렬의 실행이 아웃라이어에 크게 의존한다는 것이다. 리스트에 1,000을 추가하면 알고리듬 실행이 완료될 때까지 최소 1,000초를 기다려야 한다. 또 다른 단점은 스레드가 완벽하게 동시에 실행되지 않으면 서로 가까운 숫자가 잘못된 순서로 삽입될 수 있다는 것이다. 마지막으로, 수면 정렬은 스레딩을 사용하기 때문에 스레딩을 (잘) 활성화하지 않는 하드웨어나 소프트웨어에서는 (잘) 실행할 수 없다.

수면 정렬의 런타임을 빅 오 표기법으로 표현해야 한다면 $O(max(list))$라고 말할 수 있다. 잘 알려진 다른 모든 정렬 알고리듬의 런타임과 달리 수면 정렬의 런타임은 리스트의 크기가 아니라 리스트의 요소 크기에 따라 다르다. 이것은 특정 리스트에 대해서만 성능에 대해 확신할 수 있기 때문에 수면 정렬에 의존하기 어렵게 만든다. 요소 중 어떤 값이 너무 크면 짧은 리스트라도 정렬하는 데 너무 오래 걸릴 수 있다.

침몰하는 배에서조차 수면 정렬은 실용화되지 않을 수 있으나, 다음과 같은 몇 가지 이유로 여기에 포함시켰다. 첫째, 현존하는 다른 모든 분류 알고리듬과 매우 다르기 때문에 가장 진부하고 정적인 연구 분야라도 창의성과 혁신의 여지가 있음을 상기시키며 좁은 분야처럼 보일 수 있는 것에 대해 신선하고 새로운 관점을 제공한다. 둘째, 익명으로 그리고 아마도 연구와 현업의 주류가 아닌 누군가에 의해 설계되고 출판됐기 때문에 위대한 사상과 천재는 멋진 대학, 기성 저널, 일류 기업뿐만 아니라 자격증이 없거나 인정받지 못한 사람들 사이에서도 발견된다는 사실을 상기시켜준다. 셋째, '컴퓨터 고유의' 매력적인 신세대 알고리듬을 대표한다. 즉, 많은 기존 알고리듬과 같이 캐비닛과 두 손으로 수행할 수 있는 작업의 변형이 아니라 기본적으로 컴퓨터에 고유한 기능에 기반을 두고 있다(이 경우에는 수면과 스레딩). 넷째, 이 알고리듬이 의존하는 컴퓨터 고유의 아이디어(수면과 스레딩)는 매우 유용하며 다른 알고리듬을 설계하는 데 사용하기 위해 알고리듬 설계자의 도구 상자에 넣을 만한 가치가 있다. 다섯째, 나는 이 알고리듬에 독특한 애착을 갖고 있다. 아마도 이상하고 창의적으로 부적합해서이거나, 순서를 자기조직화^{self-organizing}하는 방식과 침몰하는 배를 구할 책임이 생긴 경우에 사용할 수 있다는 사실 때문일지도 모르겠다.

정렬에서 검색까지

정렬과 마찬가지로 검색은 컴퓨터 과학(그리고 나머지 삶)에서의 다양한 작업에 필수적이다. 전화번호부에서 이름을 검색하거나 (2000년 이후에 살고 있으므로) 데이터베이스에 액세스하여 관련 기록을 찾아야 할 수 있다.

검색은 종종 정렬의 필연적인 결과일 뿐이다. 다시 말해, 일단 리스트를 정렬하면 검색은 매우 간단하다. 보통은 정렬이 어려운 부분이다.

이진 검색

이진 검색^{binary search}은 정렬된 리스트에서 요소를 검색하는 빠르고 효과적인 방법이다. 약간 추측 게임처럼 작동한다. 누군가가 1에서 100까지의 숫자를 생각하고 있고 당신이 그것을 추측하려 한다고 가정해보자. 첫 번째로 50을 추측할 수 있다. 당신의 친구는 50이 틀렸다고 하지만 다시 추측할 수 있게 하고 50은 너무 높다는 힌트를 제공한다. 50이 너무 높기 때문에 49를 추측한다. 또다시 틀렸고, 친구는 49가 너무 높다고 말하고 다시 추측할 기회를 준다. 정답을 얻을 때까지 48, 47 등을 추측할 수 있다. 그러나 그렇게 하면 오랜 시간이 걸릴 수 있다. 정확한 숫자가 1이라면 맞추는 데 50번의 추측이 필요하다. 처음에는 총 100개의 가능성만 있다는 점을 고려하면 너무 많은 추측처럼 보인다.

더 나은 접근 방법은 추측이 너무 높거나 낮은지 확인한 후 더 크게 점프하는 것이다. 50이 너무 높으면 다음에 49 대신 40을 추측해 무엇을 배울 수 있는지 고려하자. 40이 너무 낮으면 39까지 가능성(1~39)을 제거하고 최대 9번 내에서 추가로 추측할 수 있다. 40이 너무 높으면 최소 9개의 가능성(41~49)을 제거했으며 최대 39번(1~39)을 더 추측할 수 있다. 따라서 최악의 경우 40을 추측하면 가능성이 49(1~49)개에서 39(1~39)개로 좁혀진다. 반대로 49를 추측하면 최악의 경우 가능성이 49(1~49)개에서 48(1~48)개로 좁혀진다. 40을 추측하는 것이 49를 추측하는 것보다 명백히 더 나은 검색 전략이다.

최상의 검색 전략은 나머지 가능성의 중간 지점을 정확히 추측하는 것이다. 그렇게 하고 추측이 너무 높거나 낮은지 확인하면 항상 나머지 가능성의 절반을 제거할 수 있다. 각 추측 라운드에서 가능성의 절반을 제거하면 실제로 올바른 값을 매우 빠르게($O(log(n))$) 찾을 수 있다. 예를 들어, 1,000개의 항목이 있는 리스트는 이진 검색 전략으로 어떤 요소를 찾는 데 10번의 추측만 필요하다. 20번만 추측할 수 있다면 백만 개 이상의 항목이 있는 리스트에서 요소의 위치를 올바르게 찾을 수 있다. 부수적으로, 이것이 우리가 약 20개의 질문만으로 정확하게 '당신의 마음을 읽을' 수 있는 추측 게임 앱을 작성할 수 있는 이유다.

파이썬에서 이것을 구현하기 위해, 파일 캐비닛에서 파일이 차지할 수 있는 위치의 상한 및 하한을 정의하는 것으로 시작할 것이다. 하한은 0이고 상한은 캐비닛의 길이다.

```
sorted_cabinet = [1,2,3,4,5]
upperbound = len(sorted_cabinet)
lowerbound = 0
```

우선 파일이 캐비닛 중앙에 있다고 가정한다. 소수를 정수로 변환할 수 있는 floor() 함수를 사용하기 위해 파이썬의 math 라이브러리를 가져올 것이다. 중간 지점을 추측하면 가능한 최대의 정보를 얻을 수 있음을 기억하자.

```
import math
guess = math.floor(len(sorted_cabinet)/2)
```

다음으로 추측이 너무 낮거나 너무 높은지 확인한다. 발견한 내용에 따라 다른 조치를 취할 것이다. 찾고 있는 값에 대해 looking_for 변수를 사용한다.

```
if(sorted_cabinet[guess] > looking_for):
    --생략--
if(sorted_cabinet[guess] < looking_for):
    --생략--
```

캐비닛의 파일이 너무 높으면 캐비닛에서 더 높은 값을 볼 필요가 없으므로 새로운 상한값을 추측한다. 그러면 우리의 새로운 추측은 더 낮아질 것이다. 정확히 말하자면, 현재 추측과 하한 사이의 중간이 될 것이다.

```
looking_for = 3
if(sorted_cabinet[guess] > looking_for):
    upperbound = guess
    guess = math.floor((guess + lowerbound)/2)
```

캐비닛의 파일이 너무 낮은 경우 유사한 프로세스를 따른다.

```
if(sorted_cabinet[guess] < looking_for):
    lowerbound = guess
    guess = math.floor((guess + upperbound)/2)
```

마지막으로, 이 모든 조각을 binarysearch() 함수에 넣을 수 있다. 이 함수는 우리가 찾고 있는 캐비닛의 일부를 찾을 때까지 실행되는 while 루프를 포함한다(리스트 4-7).

```python
import math
sortedcabinet = [1,2,3,4,5,6,7,8,9,10]

def binarysearch(sorted_cabinet,looking_for):
    guess = math.floor(len(sorted_cabinet)/2)
    upperbound = len(sorted_cabinet)
    lowerbound = 0
    while(abs(sorted_cabinet[guess] - looking_for) > 0.0001):
        if(sorted_cabinet[guess] > looking_for):
            upperbound = guess
            guess = math.floor((guess + lowerbound)/2)
        if(sorted_cabinet[guess] < looking_for):
            lowerbound = guess
            guess = math.floor((guess + upperbound)/2)
    return(guess)

print(binarysearch(sortedcabinet,8))
```

리스트 4-7 이진 검색 구현

이 코드의 최종 출력은 숫자 8이 sorted_cabinet의 위치 7에 있음을 알려준다. 이것은 정확하다(파이썬 리스트의 인덱스는 0에서 시작한다는 점을 기억하자). 나머지 가능성의 절반을 제거하는 방식으로 추측하는 이 전략은 많은 영역에서 유용하다. 예를 들어, 이것은 예전에 인기 있었던 보드 게임 〈게스 후^{Guess Who}〉에서 평균적으로 가장 효율적인 전략의 기반이 된다. 또한 크고 익숙하지 않은 사전에서 단어를 찾는 (이론적으로) 가장 좋은 방법이다.

이진 검색의 응용

추측 게임과 단어 찾기 외에도 이진 검색은 여러 영역에서 사용된다. 예를 들어, 코드를 디버깅할 때 이진 검색의 아이디어를 사용할 수 있다. 작성한 코드가 작동하지 않지만 어느 부분에 결함이 있는지 확실하지 않다고 가정하자. 이진 검색 전략을 사용해 문제를 찾을 수 있다. 코드를 반으로 나누고 2개의 절반을 별도로 실행한다. 제대로 실행되지 않는 절반이 문제가 있는 절반이다. 다시 문제가 되는 부분을 반으로 나누고 문제가 되는 코드 라인을 찾을 때까지 가능성을 더 좁히기 위해 각 절반을 테스트한다. 비슷한 아이디어가 인기 있는 코드 버전 제어 소프트웨어 Git에서 git bisect로 구현된다(git bisect는 한 버전의 라인이 아니고 일시적으로 분리된 코드 버전을 반복하긴 하지만).

이진 검색의 또 다른 응용은 수학 함수를 도치시키는 것이다. 예를 들어, 주어진 숫자의 arcsin, 즉 역사인inverse sine을 계산할 수 있는 함수를 작성해야 한다고 상상해보자. 몇 줄 만에 우리의 binarysearch() 함수를 호출해 정답을 얻는 함수를 작성할 수 있다. 우선 도메인을 정의해야 한다. 이것은 특정 arcsin 값을 찾기 위해 검색할 값이다. 사인 함수는 주기적이며 $-\pi/2$와 $\pi/2$ 사이의 가능한 모든 값을 취하므로 이러한 극단 사이의 숫자가 우리 도메인을 구성한다. 다음으로 도메인의 각 값에 대한 사인값을 계산한다. binarysearch()를 호출해 사인값이 우리가 찾고 있는 숫자인 숫자의 위치를 찾고, 다음과 같이 해당 인덱스와 함께 도메인값을 반환한다.

```
def inverse_sin(number):
    domain = [x * math.pi/10000 - math.pi/2 for x in list(range(0,10000))]
    the_range = [math.sin(x) for x in domain]
    result = domain[binarysearch(the_range,number)]
    return(result)
```

inverse_sin(0.9)를 실행하고 이 함수가 정답(약 1.12)을 반환하는 것을 볼 수 있다.

이것이 함수를 도치시키는 유일한 방법은 아니다. 일부 함수는 대수적 조작을 통해 도치될 수 있다. 그러나 대수 함수 도치는 많은 함수에서 어렵거나 불가능할 수도 있다. 대조적으로, 여기에 제시된 이진 검색 방법은 어느 함수에서든 작동할 수 있으며 $O(\log(n))$ 런타임으로 번개처럼 빠르다.

126

요약

정렬과 검색은 마치 빨래를 접는 방법에 대한 세미나에 참석하기 위해 전 세계를 모험하다가 잠시 휴식을 취한 것처럼 재미없는 일로 느껴질 수 있다. 그럴 수도 있겠지만, 옷을 효율적으로 접을 수 있다면 킬리만자로 트레킹을 위해 더 많은 장비를 챙길 수 있음을 기억하자. 정렬과 검색 알고리듬은 어깨에 더 새롭고 더 큰 것을 구축하는 데 도움을 주는 조력자가 될 수 있다. 그 외에도 정렬과 검색 알고리듬은 기본적이고 공통적이며 그 안에서 보는 아이디어가 남은 지적 생활에 유용할 수 있기 때문에 자세히 연구할 가치가 있다. 4장에서는 기본적이고 흥미로운 정렬 알고리듬과 이진 검색에 대해 논의했다. 알고리듬을 비교하고 빅 오 표기법의 사용 방법도 논의했다.

다음 장에서는 순수 수학의 몇 가지 애플리케이션을 살펴볼 것이다. 알고리듬을 사용해 수학 세계를 탐구하는 방법과 수학 세계가 우리 자신의 세계를 이해하는 데 어떻게 도움이 되는지 알아보겠다.

CHAPTER 5

순수 수학

알고리듬은 그 정량적 정밀함으로 인해 자연스럽게 수학 애플리케이션에 적합하다. 5장에서는 순수 수학에서 유용한 알고리듬을 탐색하고 수학적 아이디어가 알고리듬을 개선할 수 있는 방법을 살펴본다. 무한의 아찔한 높이로 우리를 데려가고 혼돈 속에서 질서를 찾을 수 있는 힘을 줄 엄격한 주제인 연분수에 대한 논의로 시작할 것이다. 그리고 더 따분하지만 틀림없이 더 유용한 주제인 제곱근에 대해 계속 논의할 것이다. 마지막으로, 무작위성 randomness의 수학과 난수를 생성하는 중요한 알고리듬을 포함하여 무작위성에 대해 논의할 것이다.

연분수

1597년에 위대한 요하네스 케플러Johannes Kepler는 기하학의 '두 가지 위대한 보물'에 대해 썼다. 바로 피타고라스 정리Pythagorean theorem와 **황금비**golden ratio라고 불리게 된 숫자다. 종종 그리스 문자 **파이**phi(π)로 표시되는 황금비는 약 1.618이며 케플러는 그것에 매료된 수십 명의 위대한 사상가 중 한 명에 불과했다. 파이 및 지수 e와 같은 유명한 상수와 마찬가지로 파이는 예기치 않은 위치에 나타나는 경향이 있다. 사람들은 자연의 여러 곳에서 파이를 발견했으며, 그림 5-1에 표시된 거울 속의 비너스$^{Rokeby\ Venus}$ 주석 버전에서와 같이 순수 예술에서 파이가 발생하는 곳을 공들여 문서화했다.

그림 5-1에서 파이 열혈 지지자들은 b/a와 d/c 같은 이러한 길이 중 일부의 비율이 파이와 동일한 것처럼 보이는 오버레이를 추가했다. 많은 훌륭한 그림에는 이런 종류의 파이 헌팅에 적합한 구도가 있다.

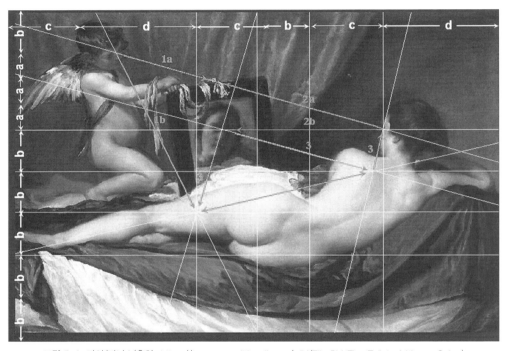

그림 5-1 파이/비너스(출처: https://commons.wikimedia.org/wiki/File:DV_The_Toilet_of_Venus_Gr.jpg)

파이의 압축과 통신

파이의 정확한 값은 놀라울 정도로 표현하기 어렵다. 나는 파이값이 1.61803399…와 같다고 말할 수 있다. 여기서 생략부호는 치팅^{cheating}의 한 방법이다. 그것은 더 많은 숫자(사실 무한한 숫자)가 뒤따른다는 것을 의미하지만, 내가 그 숫자가 무엇인지 말하지 않았기 때문에 당신은 여전히 파이의 정확한 값을 모른다.

무한 소수 전개가 있는 일부 숫자의 경우 분수로 정확하게 나타낼 수 있다. 예를 들어, 숫자 0.11111…은 1/9와 같다. 여기서 분수는 무한히 계속되는 소수의 정확한 값을 표현하는 쉬운 방법을 제공한다. 분수 표현을 모르더라도 0.1111…에서 1이 반복되는 패턴을 보고 정확한 값을 이해할 수 있다. 불행히도 황금비는 **무리수**irrational number라고 하며, 이는 파이가 x/y와 같다고 말할 수 있는 2개의 정수 x와 y가 없음을 의미한다. 게다가 아무도 그 숫자의 패턴을 식별할 수 없었다.

우리는 명확한 패턴과 분수 표현이 없는 무한 소수 전개를 갖고 있다. 파이의 정확한 값을 명확하게 표현하는 것은 불가능해 보일 수 있다. 그러나 파이에 대해 더 많이 배우면 정확하고 간결하게 표현할 수 있는 방법을 찾을 수 있다. 우리가 파이에 대해 알고 있는 것 중 하나는 다음 방정식의 해라는 것이다.

$$phi^2 - phi - 1 = 0$$

파이의 정확한 값을 표현하는 것을 상상해볼 수 있는 한 가지 방법은 '이 단락 위에 쓰인 방정식의 해'라고 쓰는 것이다. 이것은 간결하고 기술적으로 정확하다는 이점이 있지만 어떻게든 방정식을 풀어야 함을 의미한다. 이러한 설명 역시 파이 전개의 200번째 또는 500번째 숫자를 알려주지 않는다.

방정식을 파이로 나누면 다음을 얻는다.

$$phi - 1 - \frac{1}{phi} = 0$$

그리고 그 방정식을 재정렬하면 다음을 얻는다.

$$phi = 1 + \frac{1}{phi}$$

이제 이 방정식을 그 자체에 대입하는 이상한 시도를 했다고 상상해보자.

$$phi = 1 + \frac{1}{phi} = 1 + \frac{1}{1 + \frac{1}{phi}}$$

여기서는 우변의 *phi*를 1 + 1/*phi*로 다시 작성했다. 같은 대입을 다시 할 수도 있다. 왜 안되겠는가?

$$phi = 1 + \frac{1}{phi} = 1 + \frac{1}{1 + \frac{1}{phi}} = 1 + \frac{1}{1 + \frac{1}{1 + \frac{1}{phi}}}$$

이러한 대입을 원하는 만큼 끝없이 수행할 수 있다. 계속 진행하면서 파이는 점점 더 많은 레벨을 증가하는 분수의 모서리로 밀어 넣는다. 리스트 5-1은 파이가 7레벨인 파이의 표현식을 보여준다.

$$phi = 1 + \cfrac{1}{1 + \cfrac{1}{1 + \cfrac{1}{1 + \cfrac{1}{1 + \cfrac{1}{1 + \cfrac{1}{phi}}}}}}$$

리스트 5-1 파이값을 표현하는 7레벨을 갖는 연분수

이 프로세스를 계속한다고 상상하면 파이를 무한대의 레벨로 밀어 넣을 수 있다. 그러면 남은 것은 리스트 5-2와 같다.

$$phi = 1 + \cfrac{1}{1 + \cfrac{1}{1 + \cfrac{1}{1 + \cfrac{1}{1 + \cfrac{1}{1 + \cfrac{1}{1 + \dots}}}}}}$$

리스트 5-2 파이값을 표현하는 무한 연분수

이론상으로는 생략부호로 표현된 1과 + 기호, 분수 기호의 무한대 뒤에 리스트 5–1의 오른쪽 하단에 나타나는 것처럼 파이를 리스트 5–2에 삽입해야 한다. 그러나 우리는 1을 모두쓸 수는 없으므로(무한한 수가 있기 때문에) 오른쪽에 중첩돼야 하는 파이를 완전히 잊어버리는것이 정당하다.

연분수에 대한 부연 설명

방금 설명한 표현식을 연분수라고 한다. **연분수**continued fraction는 여러 레이어에 중첩된 합계와역수로 구성된다. 연분수는 리스트 5–1에서 7개 레벨 후에 끝나는 것과 같이 유한하거나 리스트 5–2에서처럼 끝없이 계속되어 무한할 수 있다. 연분수는 충분한 종이를 제조하고자 무한히 숲을 베어낼 필요 없이 파이의 정확한 값을 표현할 수 있기 때문에 우리의 목적에 특히유용하다. 사실, 수학자들은 때때로 연분수를 한 줄로 표현할 수 있게 해주는 훨씬 더 간결한 표기법을 사용한다. 연분수에 모든 분수 막대를 쓰는 대신 대괄호([ ])를 사용해 연분수로작업하고 있음을 나타내고, 세미콜론을 사용해 '단독'인 숫자를 분수와 함께 있는 숫자와 구분할 수 있다. 이 방법을 사용해 파이에 대한 연분수를 다음과 같이 쓸 수 있다.

$$phi = [1; 1,1,1,1 \ldots]$$

이 경우 파이에 대한 연분수가 명확한 패턴을 가지므로 생략부호는 더 이상 정보를 잃지 않는다. 모두 1이므로 정확한 100번째 또는 1,000번째 요소를 알고 있다. 이것은 수학이 우리에게 기적을 가져다주는 것 같은 시간 중 하나다. 즉, 패턴도 없고 형언할 수 없을 만큼 무한하다고 생각했던 숫자를 간결하게 쓰는 방법이다. 그러나 파이가 유일하게 가능한 연분수는아니다. 다음과 같이 또 다른 연분수를 작성할 수 있다.

$$mystery number = [2; 1,2,1,1,4,1,1,6,1,1,8, \ldots]$$

이 경우 처음 몇 자릿수 이후에는 2개의 1이 짝수가 증가하면서 번갈아 나타난다는 단순한패턴을 찾을 수 있다. 다음 값은 1, 1, 10, 1, 1, 12 등이다. 이 연분수의 시작 부분을 좀 더일반적인 스타일로 다음과 같이 쓸 수 있다.

$$mysterynumber = 2 + \cfrac{1}{1 + \cfrac{1}{2 + \cfrac{1}{1 + \cfrac{1}{1 + \cfrac{1}{4 + \cfrac{1}{1 + \cfrac{1}{\cdots}}}}}}}$$

사실, 이 수수께끼의 숫자는 다름 아닌 우리의 오랜 친구인 자연로그의 밑수 e다! 상수 e는 파이 및 여타 무리수와 마찬가지로 뚜렷한 패턴 없이 무한 소수 전개를 가지며 유한한 분수로 나타낼 수 없고 정확한 수치를 간결하게 표현하는 것이 불가능해 보인다. 그러나 연분수의 새로운 개념과 새로운 간결한 표기법을 사용해 이 분명히 다루기 힘든 숫자를 한 줄에 쓸 수 있다. 연분수를 사용해 파이를 나타내는 몇 가지 놀라운 방법도 있다. 이것은 데이터 압축의 승리다. 또한 질서와 혼돈 사이의 끊임없는 전투에서의 승리이기도 하다. 우리가 좋아하는 숫자를 지배하는 혼돈 외에는 아무것도 없다고 생각했지만 표면 아래에는 항상 깊은 질서가 있음을 발견했다.

파이에 대한 연분수는 파이에만 작동하는 특수 방정식에서 나왔다. 그러나 사실, 어떤 숫자든 연분수 표현을 생성하는 것이 가능하다.

연분수 생성 알고리듬

임의의 숫자에 대한 연분수 전개를 찾기 위해 알고리듬을 사용할 것이다.

이미 정수 분수인 숫자의 연분수 전개를 찾는 것이 가장 쉽다. 예를 들어, 105/33의 연분수 표현을 찾는 작업을 생각해보자. 우리의 목표는 이 숫자를 다음과 같은 형식으로 표현하는 것이다.

$$\frac{105}{33} = a + \cfrac{1}{b + \cfrac{1}{c + \cfrac{1}{d + \cfrac{1}{e + \cfrac{1}{f + \cfrac{1}{g + \cfrac{1}{\cdots}}}}}}}$$

여기서 생략부호는 무한 연속이 아닌 유한을 나타낼 수 있다. 우리의 알고리듬은 먼저 a, 그리고 b, 그리고 c를 생성하고 최종 용어에 도달하거나 중지해야 할 때까지 알파벳 용어를 순차적으로 진행한다.

예제 105/33을 분수 대신 나눗셈 문제로 해석하면 105/33은 3이고 나머지는 6이다. 105/33을 3 + 6/33으로 다시 쓸 수 있다.

$$3 + \frac{6}{33} = a + \cfrac{1}{b + \cfrac{1}{c + \cfrac{1}{d + \cfrac{1}{e + \cfrac{1}{f + \cfrac{1}{g + \cfrac{1}{\cdots}}}}}}}$$

이 방정식의 좌변과 우변은 모두 정수(3과 a)와 분수(6/33과 우변의 나머지)로 구성된다. 정수 부분은 같으므로 a = 3이라고 결론을 내린다. 그런 다음 식의 전체 분수 부분이 6/33으로 평가되도록 적합한 b, c 등을 찾아야 한다.

올바른 b, c, 그리고 나머지를 찾기 위해 a = 3이라는 결론을 내린 후 풀어야 할 것이 무엇인지 살펴보자.

$$\frac{6}{33} = \cfrac{1}{b + \cfrac{1}{c + \cfrac{1}{d + \cfrac{1}{e + \cfrac{1}{f + \cfrac{1}{g + \cfrac{1}{\cdots}}}}}}}$$

이 방정식의 양변에 역수를 취하면 다음 방정식을 얻는다.

$$\frac{33}{6} = b + \cfrac{1}{c + \cfrac{1}{d + \cfrac{1}{e + \cfrac{1}{f + \cfrac{1}{g + \cfrac{1}{h + \cfrac{1}{\cdots}}}}}}}$$

우리의 임무는 이제 b와 c를 찾는 것이다. 나눗셈을 다시 할 수 있다. 33을 6으로 나누면 5이고 나머지는 3이므로, 33/6을 5 + 3/6으로 다시 쓸 수 있다.

$$5 + \frac{3}{6} = b + \cfrac{1}{c + \cfrac{1}{d + \cfrac{1}{e + \cfrac{1}{f + \cfrac{1}{g + \cfrac{1}{h + \cfrac{1}{\cdots}}}}}}}$$

방정식의 양변에 정수(5와 b)와 분수(3/6과 우변의 나머지)가 있음을 알 수 있다. 정수 부분이 동일하므로 $b = 5$라는 결론을 내릴 수 있다. 알파벳의 또 다른 문자를 얻었고 이제 더 진행하려면 3/6을 단순화해야 한다. 3/6이 1/2와 같다고 즉시 말할 수 없다면 6/33에서 했던 것과 같은 프로세스를 따를 수 있다. 역수로 표현된 3/6은 1/(6/3)이고, 우리는 6/3이 2이고 나머지는 0임을 안다. 우리가 따르고 있는 알고리듬은 나머지가 0일 때 완료된다. 그래서 우리는 프로세스를 끝냈다는 사실을 깨달을 것이고 완전한 연분수를 리스트 5-3과 같이 쓸 수 있다.

$$\frac{105}{33} = 3 + \cfrac{1}{5 + \cfrac{1}{2}}$$

리스트 5-3 105/33의 연분수

두 정수를 반복적으로 나누어 몫과 나머지를 구하는 이 프로세스가 익숙하다면 그렇게 해도 된다. 사실 이 프로세스는 2장의 유클리드 알고리듬에서 따랐던 것과 같은 프로세스다. 우리는 같은 단계를 따르지만 다른 답을 기록한다. 유클리드 알고리듬의 경우 최종 답으로 0이 아닌 나머지를 기록하고, 연분수 생성 알고리듬에서는 모든 몫(알파벳의 모든 문자)을 과정을 진행하면서 기록했다. 수학에서 종종 그렇듯이, 우리는 예상치 못한 연결(이 경우에는 연분수의 생성과 최대공약수의 발견 사이에)을 발견했다.

다음과 같이 파이썬에서 이 연분수 생성 알고리듬을 구현할 수 있다.

x/y 형식의 분수로 시작한다고 가정한다. 먼저 x와 y 중 어느 것이 더 크고 어느 것이 더 작은지 결정한다.

```
x = 105
y = 33
big = max(x,y)
small = min(x,y)
```

다음으로, 105/33에서 했던 것처럼 더 큰 것을 둘 중 더 작은 것으로 나눈 몫을 계산한다. 결과가 3이고 나머지가 6임을 알았을 때 3이 연분수의 첫 번째 항(a)이라는 결론을 내렸다. 이 몫을 계산하고 결과를 다음과 같이 저장할 수 있다.

```
import math
output = []
quotient = math.floor(big/small)
output.append(quotient)
```

이 경우 결과의 전체 알파벳(a, b, c 등)을 얻을 준비가 됐기 때문에 output이라는 빈 리스트를 만들고 첫 번째 결과를 여기에 추가한다.

마지막으로, 33/6에서 했던 것처럼 프로세스를 반복해야 한다. 33은 이전에는 small 변수였지만 이제는 big 변수이며 나누기 프로세스의 나머지는 새로운 small 변수다. 나머지는 항상 제수보다 작기 때문에 big과 small은 언제나 올바르게 지정된다. 다음과 같이 파이썬에서 이런 변경을 수행한다.

```
new_small = big % small
big = small
small = new_small
```

이 시점에서 알고리듬의 한 라운드를 완료했으며 다음 숫자 세트(33과 6)에 대해 이를 반복해야 한다. 프로세스를 간결하게 수행하기 위해 리스트 5-4에서와 같이 루프에 모두 넣을 수 있다.

```python
import math
    def continued_fraction(x,y,length_tolerance):
    output = []
    big = max(x,y)
    small = min(x,y)
    while small > 0 and len(output) < length_tolerance:
        quotient = math.floor(big/small)
        output.append(quotient)
        new_small = big % small
        big = small
        small = new_small
    return(output)
```

리스트 5-4 연분수로 분수를 표현하는 알고리듬

여기서는 x와 y를 입력으로 사용하고 length_tolerance 변수를 정의했다. 일부 연분수는 길이가 무한하고 일부 분수는 매우 길다는 사실을 기억하자. 함수에 length_tolerance 변수를 포함해서 출력이 다루기 어려워졌을 때 프로세스를 조기에 중지할 수 있으므로 무한 루프에 빠지는 것을 피할 수 있다.

유클리드 알고리듬을 수행할 때 재귀 솔루션을 사용했음을 기억하자. 이 경우에는 대신 while 루프를 사용했다. 마지막에 하나의 최종 출력 숫자만 필요하기 때문에 재귀는 유클리드 알고리듬에 매우 적합하다. 그러나 여기서는 리스트에 일련의 숫자를 수집하려고 한다. 루프는 그런 종류의 순차 수집에 더 적합하다.

다음과 같이 새로운 continue_fraction 생성 함수를 실행할 수 있다.

```python
print(continued_fraction(105,33,10))
```

다음과 같은 간단한 출력을 얻을 수 있다.

[3,5,2]

여기서 숫자가 리스트 5-3의 오른쪽에 있는 키 정수와 동일함을 알 수 있다.

특정 연분수가 우리가 관심 있는 숫자를 올바르게 표현하는지 확인하고 싶을 수 있다. 이렇게 하려면 리스트 5-5에서와 같이 연분수를 소수로 변환하는 get_number( ) 함수를 정의해야 한다.

```python
def get_number(continued_fraction):
    index = -1
    number = continued_fraction[index]

    while abs(index) < len(continued_fraction):
        next = continued_fraction[index - 1]
        number = 1/number + next
        index -= 1
    return(number)
```

리스트 5-5 연분수를 소수로 변환

우리는 연분수를 확인하기 위해 이 함수를 사용하기 때문에 이 함수의 세부 사항에 대해서는 걱정할 필요가 없다. get_number([3,5,2])를 실행하고 3.181818…을 얻는지 보면 함수가 작동하는지 확인할 수 있다. 이는 105/33(우리가 시작한 숫자)을 쓰는 또 다른 방법이다.

소수에서 연분수로

연분수 알고리듬에 대한 입력을 x/y로 시작하는 대신 1.4142135623730951과 같은 소수로 시작하면 어떨까? 몇 가지 조정이 필요하긴 하지만 분수의 경우에 따랐던 것과 같은 프로세스를 거의 따를 수 있다. 우리의 목표는 다음 유형의 표현에서 a, b, c 및 나머지 알파벳을 찾는 것임을 기억하자.

$$1.4142135623730951 = a + \cfrac{1}{b + \cfrac{1}{c + \cfrac{1}{d + \cfrac{1}{e + \cfrac{1}{f + \cfrac{1}{g + \cfrac{1}{\cdots}}}}}}}$$

a를 찾는 것은 매우 간단하다. a는 소수점 왼쪽에 있는 소수의 일부일 뿐이다. first_term(방정식에서 a)과 나머지를 다음과 같이 정의할 수 있다.

```
x = 1.4142135623730951
output = []
first_term = int(x)
leftover = x - int(x)
output.append(first_term)
```

이전과 마찬가지로 output이라는 리스트에 연속적인 답변을 저장한다.

a에 대해 풀고 나면 나머지가 있으며 이에 대한 연분수 표현을 찾을 수 있다.

$$0.4142135623730951 = \cfrac{1}{b + \cfrac{1}{c + \cfrac{1}{d + \cfrac{1}{e + \cfrac{1}{f + \cfrac{1}{g + \cfrac{1}{\cdots}}}}}}}$$

다시, 이것의 역수를 취할 수 있다.

$$\frac{1}{0.4142135623730951} = 2.4142135623730945 = b + \cfrac{1}{c + \cfrac{1}{d + \cfrac{1}{e + \cfrac{1}{f + \cfrac{1}{g + \cfrac{1}{\cdots}}}}}}$$

다음 항인 *b*는 이 새로운 항의 소수점 왼쪽에 있는 정수 부분이 될 것이다. 이 경우에는 2다. 그런 다음 프로세스를 반복할 것이다(소수 부분의 역수를 취하여 소수 왼쪽의 정수 부분을 찾고, 등등).

파이썬에서 다음과 같이 각 라운드를 수행한다.

```python
next_term = math.floor(1/leftover)
leftover = 1/leftover - next_term
output.append(next_term)
```

리스트 5-6과 같이 전체 프로세스를 하나의 함수로 통합할 수 있다.

```python
def continued_fraction_decimal(x,error_tolerance,length_tolerance):
    output = []
    first_term = int(x)
    leftover = x - int(x)
    output.append(first_term)
    error = leftover
    while error > error_tolerance and len(output) <length_tolerance:
        next_term = math.floor(1/leftover)
        leftover = 1/leftover - next_term
        output.append(next_term)
        error = abs(get_number(output) - x)
    return(output)
```

리스트 5-6 소수에서 연분수 찾기

이 경우 이전과 마찬가지로 length_tolerance 항을 포함한다. 또한 error_tolerance 항을 추가해 정확한 답에 '충분히 가까운' 근삿값을 얻을 경우 알고리듬을 종료할 수 있다. 우리가 충분히 가까운지 알아보기 위해, 근삿값을 구하려는 숫자 x와 지금까지 계산한 연분수 항의 소숫값 사이의 차이를 계산한다. 그 소숫값을 얻기 위해 리스트 5-5에서 작성한 것과 동일한 get_number() 함수를 사용할 수 있다.

다음과 같이 새 함수를 쉽게 시도할 수 있다.

```
print(continued_fraction_decimal(1.4142135623730951,0.00001,100))
```

결과는 다음과 같다.

```
[1, 2, 2, 2, 2, 2, 2, 2]
```

이 연분수를 다음과 같이 쓸 수 있다(우리의 연분수는 작은 오차 내에서의 근삿값이고 무한한 시퀀스의 모든 요소를 계산할 시간이 없기 때문에 대략적인 등호를 사용함).

$$1.4142135623730951 \approx 1 + \cfrac{1}{2 + \cfrac{1}{2 + \cfrac{1}{2 + \cfrac{1}{2 + \cfrac{1}{2 + \cfrac{1}{2 + \cfrac{1}{2}}}}}}}$$

오른쪽 분수에서 대각선을 따라 모두 2가 있음을 주목하자. 무한 전개가 모두 2로 구성된 또 다른 무한 연분수의 처음 7개 항을 찾았다. 이 연분수 전개를 $[1,2,2,2,2,...]$로 쓸 수 있다. 이것은 정수 분수로 나타낼 수 없는 또 다른 무리수인 $\sqrt{2}$의 연분수 전개이며, 소수에 패턴이 없지만 연분수로서 편리하고 쉽게 기억할 수 있는 표현을 갖고 있다.

분수에서 거듭제곱근으로

연분수에 관심이 있다면, 짧은 생애 동안 정신적으로 무한대의 끝으로 여행을 했고 우리가 소중히 간직할 보배들을 가져온 스리니바사 라마누잔^{Srinivasa Ramanujan}에 대해 읽어보길 바란다. 연분수 외에도 라마누잔은 **연속 제곱근**^{continued square roots}(**중첩 거듭제곱근**^{nested radicals}이라고도 함)에 관심이 있었다(예를 들어, 다음 3개의 무한 중첩 거듭제곱근).

$$x = \sqrt{2 + \sqrt{2 + \sqrt{2 + \ldots}}}$$

$$y = \sqrt{1 + 2 \times \sqrt{1 + 3 \times \sqrt{1 + 4 \times \sqrt{1 + \ldots}}}}$$

$$z = \sqrt{1 + \sqrt{1 + \sqrt{1 + \ldots}}}$$

$x = 2$(오래전 누군가에 의해 밝혀진 결과), $y = 3$(라마누잔에 의해 증명됨), z는 다름 아닌 황금 비율인 파이다! 파이썬에서 중첩 거듭제곱근의 표현을 생성하는 방법을 생각해보길 바란다. 제곱근은 무한대로 가져가면 분명 흥미롭지만, 알고 보면 그것만 단독으로 생각해도 흥미롭다.

제곱근

우리는 휴대용 계산기를 대수롭지 않게 여기지만, 그것이 할 수 있는 일을 생각해보면 실은 매우 인상적이다. 예를 들어, 기하학 수업에서 사인이 삼각형 길이로 정의된다는 것을 기억할 것이다. 즉, 각도의 반대쪽 길이를 빗변의 길이로 나눈 값이다. 그러나 이것이 사인의 정의라면 계산기에 어떻게 이 계산을 즉시 수행하는 사인 버튼이 있을 수 있을까? 계산기는 내부에서 직각삼각형을 그리고 자를 꺼내어 변의 길이를 측정한 다음 나누나? 제곱근에 대해서도 비슷한 질문을 할 수 있다. 제곱근은 제곱의 역이며 계산기에서 사용할 수 있는 간단하고 닫힌 형식의 산술식이 없다. 제곱근의 빠른 계산을 위한 알고리듬이 있고 당신은 아마 답을 추측할 수 있을 것이다.

바빌론 알고리듬

숫자 x의 제곱근을 찾아야 한다고 가정하자. 여타 수학 문제와 마찬가지로 추측과 확인 전략을 시도할 수 있다. x의 제곱근에 대한 최선의 추측이 어떤 숫자 y라고 해보자. y^2을 계산할 수 있고 이 값이 x와 같으면 완료된다(한 단계로 '운 좋은 추측 알고리듬'을 드물게 완료함).

만약 우리의 추측 y가 정확히 x의 제곱근이 아니라면 다시 추측하길 원할 것이고, 다음 추측이 x의 제곱근의 실젯값에 더 가까워지길 원할 것이다. 바빌론 알고리듬[Babylonian algorithm]은 정답에 수렴할 때까지 추측을 체계적으로 개선하는 방법을 제공한다. 간단한 알고리듬이며 단지 나눗셈과 평균만 필요하다.

1. x의 제곱근값에 대해 y를 추측한다.

2. $z = x/y$를 계산한다.

3. z와 y의 평균을 구한다. 이 평균은 y의 새로운 값 또는 x의 제곱근값에 대한 새로운 추측이다.

4. $y^2 - x$가 충분히 작아질 때까지 2단계와 3단계를 반복한다.

여기서는 바빌론 알고리듬을 4단계로 설명했지만, 순수 수학자는 전체를 하나의 방정식으로 표현할지도 모른다.

$$y_{n+1} = \frac{y_n + \dfrac{x}{y_n}}{2}$$

이 경우 수학자는 $(y_1, y_2, \ldots, y_n, \ldots)$과 같이 연속된 첨자로 무한 시퀀스를 설명하는 일반적인 수학적 관행에 의존할 것이다. 이 무한 수열의 n번째 항을 안다면 위의 방정식에서 $n + 1$번째 항을 얻을 수 있다. 이 시퀀스는 $\sqrt{x}$로 수렴한다. 달리 말하면, $y_\infty = \sqrt{x}$다. 4단계 설명의 명확성을 선호하는지, 방정식의 우아한 간결함을 선호하는지 또는 우리가 작성할 코드의 실용성을 선호하는지는 취향의 문제이지만 알고리듬을 설명하는 가능한 모든 방법에 익숙해지는 데 도움이 된다.

다음 두 가지 간단한 경우를 고려하면 바빌론 알고리듬이 작동하는 이유를 이해할 수 있다.

- $y < \sqrt{x}$ 라면 $y^2 < x$이다. 그러므로 $\frac{x}{y^2} > 1$이다. 따라서 $x \times \frac{x}{y^2} > x$이다.
  그러나 $x \times \frac{x}{y^2} = \frac{x^2}{y^2} = (\frac{x}{y})^2 = z^2$임을 주목하자. 그러므로 $z^2 > x$이다. 이는 $z > \sqrt{x}$임을 의미한다.

- $y > \sqrt{x}$ 라면 $y^2 > x$이다. 그러므로 $\frac{x}{y^2} < 1$이다. 따라서 $x \times \frac{x}{y^2} < x$이다.
  그러나 $x \times \frac{x}{y^2} = \frac{x^2}{y^2} = (\frac{x}{y})^2 = z^2$임을 주목하자. 그러므로 $z^2 < x$이다. 이는 $z < \sqrt{x}$임을 의미한다.

일부 텍스트를 제거해 이러한 경우를 더 간결하게 작성할 수 있다.

- $y < \sqrt{x}$ 라면 $z > \sqrt{x}$이다.
- $y > \sqrt{x}$ 라면 $z < \sqrt{x}$이다.

y가 $\sqrt{x}$의 정확한 값에 대해 과소평가된 경우 z는 과대평가된 것이다. y가 $\sqrt{x}$의 올바른 값에 대해 과대평가된 경우 z는 과소평가된 것이다. 바빌로니아 알고리듬의 3단계는 정확한 값의 과대평갓값과 과소평갓값을 평균화한다. 과소평가와 과대평가의 평균은 과소평가보다 높고 과대평가보다 낮으므로 y나 z 중 더 나쁜 추측보다 정확한 값에 더 가까울 것이다. 결국, 많은 라운드를 통해 추측을 점진적으로 개선한 후에 $\sqrt{x}$의 정확한 값에 도달한다.

파이썬의 제곱근

바빌론 알고리듬은 파이썬으로 구현하기 어렵지 않다. x, y 및 error_tolerance 변수를 인수로 사용하는 함수를 정의할 수 있다. 오차가 충분히 작아질 때까지 반복적으로 실행하는 while 루프를 만든다. while 루프의 각 반복에서 z를 계산하고 y 값을 y와 z의 평균으로 업데이트하고(알고리듬 설명의 2, 3단계와 마찬가지로) 오차($y^2 - x$)를 업데이트한다. 리스트 5-7은 이 함수를 보여준다.

```
def square_root(x,y,error_tolerance):
    our_error = error_tolerance * 2
    while(our_error > error_tolerance):
        z = x/y
        y = (y + z)/2
        our_error = y**2 - x
    return y
```

리스트 5-7 바빌론 알고리듬을 사용해 제곱근을 계산하는 함수

바빌론 알고리듬은 경사 상승 및 외야수 알고리듬과 일부 특성을 공유한다는 사실을 알 수 있다. 모두 최종 목표에 충분히 가까워질 때까지 작고 반복적인 단계를 계산하는 것으로 구성되는데, 이는 알고리듬의 일반적인 구조다.

다음과 같이 제곱근 함수를 확인할 수 있다.

```
print(square_root(5,1,.000000000000001))
```

콘솔에 숫자 2.23606797749979가 출력된 것을 볼 수 있다. 이것이 파이썬의 표준 `math.sqrt()` 메서드에서 얻은 것과 동일한 숫자인지 확인할 수 있다.

```
print(math.sqrt(5))
```

정확히 동일한 출력인 2.23606797749979를 얻는다. 제곱근을 계산하는 자체 함수를 성공적으로 작성했다. 이제 `math` 모듈과 같은 파이썬 모듈을 다운로드할 수 없는 무인도에 발이 묶이더라도 `math.sqrt()`와 같은 함수를 스스로 작성할 수 있을 것이며, 알고리듬을 제공해 도움을 준 바빌로니아인들에게 고마움을 느끼게 될 것이다.

난수 생성기

지금까지 우리는 혼돈을 헤치고 그 안에서 질서를 찾았다. 수학은 그런 일에 탁월하지만, 이번 절에서는 정반대의 목표를 고려할 것이다. 즉, 질서 속에서 혼돈을 찾는 것이다. 달리 말하면, 알고리듬적으로 무작위성을 만드는 방법을 살펴볼 것이다.

난수는 끊임없이 필요하다. 비디오 게임은 게임 캐릭터의 위치와 움직임으로 게이머를 놀라게 하기 위해 임의로 선택된 숫자에 의존한다. 가장 강력한 머신러닝 방법(랜덤 포레스트random forest와 신경망neural network 포함) 중 일부는 제대로 작동하기 위해 임의의 선택에 크게 의존한다. 무작위성을 사용해 정적 데이터 세트를 혼란스러운 세계와 더 비슷하게 만드는 부트스트래핑 같은 강력한 통계 방법도 마찬가지다. 기업과 연구 과학자들은 대상을 조건에 임의로 할당하는 A/B 테스트를 수행해서 조건의 효과를 적절하게 비교할 수 있게 한다. 이 외에도 예제는 끊이지 않는다. 대부분의 기술 분야에서 무작위성에 대한 거대하고 지속적인 수요가 있다.

무작위성의 가능성

난수에 대한 엄청난 수요의 유일한 문제는 난수가 실제로 존재하는지 확신할 수 없다는 점이다. 어떤 사람들은 우주가 결정론적이라고 믿는다. 충돌하는 당구공처럼 무언가가 움직이면 그 움직임은 완전히 추적 가능한 다른 움직임에 의해 발생했으며, 이는 결국 다른 움직임에 의해 발생한다는 식이다. 우주가 탁자 위의 당구공처럼 움직인다면 우주의 모든 입자의 현재 상태를 알면 우주의 완전한 과거와 미래를 확실하게 결정할 수 있을 것이다. 그렇다면 복권에 당첨되거나, 지구 반대편에서 오랫동안 못 본 친구를 만나거나, 운석에 부딪히는 등의 모든 사건은 실제로 우리가 생각하고 싶은 것처럼 임의적인 것이 아니라 약 120억 년 전에 우주가 만들어진 방식으로 미리 결정된 결과다. 이것은 무작위성이 없다는 것을 의미한다. 즉, 우리는 연주자의 피아노 멜로디에 갇혀 있고, 무작위로 보이는 이유는 우리가 충분히 이해하지 못하기 때문이다.

우리가 이해하는 물리학의 수학적 규칙은 결정론적 우주와 일치하지만, 무작위성이 실제로 존재하고 누군가가 표현했듯이 신이 '주사위를 던진다'는 비결정론적 우주와도 일치한다. 또한 가능한 모든 버전의 이벤트가 발생하지만 서로 접근할 수 없는 다른 우주에서 발생하는 '다세계' 시나리오$^{many\ worlds\ scenario}$[1]와 일치한다. 물리학 법칙에 대한 이러한 모든 해석은 우주에서 자유 의지의 자리를 찾으려고 하면 더욱 복잡해진다. 우리가 수용하는 수학적 물리학의 해석은 우리의 수학적 이해가 아니라 철학적 성향에 달려 있다(어떤 입장이든 수학적으로 수용할 수 있다).

우주 자체에 무작위성이 포함되어 있든 아니든 랩톱에서는 그렇지 않거나 최소한 그렇지 않다고 믿는다. 컴퓨터는 완벽하게 복종하는 하인으로서, 우리가 정확히 언제 그리고 어떻게 하라고 명시적으로 명령한 대로만 수행한다. 컴퓨터에서 비디오 게임을 실행하거나 랜덤 포레스트를 통해 머신러닝을 수행하거나 임의의 실험을 수행하도록 요청하는 것은 결정론적이라고 생각하는 머신에게 비결정적인 것(난수)을 생성하도록 요청하는 것이다. 이것은 불가능한 요청이다.

컴퓨터는 진정한 무작위성을 제공할 수 없기 때문에 우리는 차선책인 **의사 무작위성**$^{pseudo-}$$_{randomness}$을 제공할 수 있는 알고리듬을 설계했다. 난수가 중요한 모든 이유와 마찬가지로 의사 난수 생성 알고리듬은 중요하다. 진정한 무작위성은 컴퓨터에서 불가능하기 때문에(그리고 우주에서는 대체로 불가능할 수 있음) 의사 난수 생성 알고리듬은 세심한 주의를 기울여 설계

---

1   https://ko.wikipedia.org/wiki/%EB%8B%A4%EC%84%B8%EA%B3%84_%ED%95%B4%EC%84%9D – 옮긴이

해서 출력이 가능한 한 실제 무작위성과 유사하도록 해야 한다. 의사 난수 생성 알고리듬이 진정으로 무작위성과 유사한지 여부를 판단하는 방법은 곧 살펴볼 수학적 정의와 이론에 달려 있다.

우선 간단한 의사 난수 생성 알고리듬을 살펴보고 그 출력이 무작위성과 얼마나 유사한지 조사해보자.

선형 합동 생성기

의사 난수 생성기pseudorandom number generator, 즉 PRNG의 가장 간단한 예 중 하나는 **선형 합동 생성기**LCG, Linear Congruential Generator다. 이 알고리듬을 구현하려면 n_1, n_2, n_3라고 하는 3개의 숫자를 선택해야 한다. LCG는 어떤 (1과 같은) 자연수로 시작하여 아래와 같은 방정식을 적용해 다음 수를 얻는다.

$$next = (previous \times n_2 + n_2) \bmod n_3$$

이것은 한 단계만 수행한다고 말할 수 있는 전체 알고리듬이다. 파이썬에서는 mod 대신 %를 사용해 리스트 5–8과 같이 전체 LCG 함수를 작성할 수 있다.

```
def next_random(previous,n1,n2,n3):
    the_next = (previous * n1 + n2) % n3
    return(the_next)
```

리스트 5–8 선형 합동 생성기

next_random( ) 함수는 결정론적 함수로, 같은 입력을 넣으면 항상 같은 출력을 얻을 수 있다. 다시 한번 말하지만, 컴퓨터는 항상 결정적이기 때문에 우리의 PRNG는 이렇게 구현해야 한다. LCG는 실제 난수를 생성하는 것이 아니라 난수처럼 보이거나 **의사 난수**pseudorandom number인 숫자를 생성한다.

이 알고리듬이 의사 난수를 생성하는 능력을 판단하려면 많은 출력을 함께 살펴보는 것이 도움이 될 수 있다. 임의의 숫자를 한 번에 하나씩 얻는 대신 다음과 같이 방금 만든 next_ random 함수를 반복적으로 호출하는 함수로 전체 리스트를 모을 수 있다.

```
def list_random(n1,n2,n3):
    output = [1]
    while len(output) <=n3:
        output.append(next_random(output[len(output) - 1],n1,n2,n3))
    return(output)
```

list_random(29,23,32)를 실행해서 얻은 리스트를 고려해보자.

```
[1, 20, 27, 6, 5, 8, 31, 26, 9, 28, 3, 14, 13, 16, 7, 2, 17, 4, 11, 22, 21,
24, 15, 10, 25, 12, 19, 30, 29, 0, 23, 18, 1]
```

이 리스트에서 우리가 원했던 단순한 패턴을 감지하는 것은 쉽지 않다. 우리가 알 수 있는
한 가지는 0에서 32 사이의 숫자만 포함한다는 것이다. 또한 이 리스트의 마지막 요소가 첫
번째 요소와 동일한 1임을 알 수 있다. 더 많은 난수를 원하면 마지막 요소인 1에서 next_
random( ) 함수를 호출해 이 리스트를 확장할 수 있다. 그러나 next_random( ) 함수는 결정론
적임을 기억하자. 리스트를 확장하면 리스트의 시작 부분을 반복하는 것만 얻을 수 있다.
1 다음의 '임의의' 숫자는 항상 20이고, 20 다음의 난수는 항상 27이 되는 식이기 때문이다.
계속하면 결국 다시 숫자 1을 얻고 전체 리스트를 영원히 반복할 것이다. 반복되기 전에 얻
은 고윳값의 수를 PRNG **주기**period라고 한다. 이 경우 LCG의 주기는 32다.

PRNG 판정

이 난수 생성 방법이 결국 반복되기 시작한다는 사실은 사람들이 다음에 무엇이 올지 예측할
수 있게 해주기 때문에 잠재적인 약점이다. 이는 무작위성을 추구하는 상황에서 정확히 우리
가 일어나지 않길 바라는 일이다. 32개의 슬롯이 있는 룰렛 휠에 대한 온라인 룰렛 애플리케
이션을 제어하기 위해 LCG를 사용했다고 가정하자. 룰렛을 충분히 오래 관찰한 노련한 도
박꾼은 당첨 번호가 32번의 스핀마다 반복되는 규칙적인 패턴을 따르고 있음을 알아차릴 수

있으며, 각 라운드에서 확실히 이길 것이라고 확신하는 번호에 베팅해 모든 돈을 따낼 수도 있다.

룰렛에서 이기려고 하는 노련한 도박꾼의 아이디어는 모든 PRNG를 평가하는 데 유용하다. 진정한 무작위성으로 룰렛을 통제한다면 어떤 도박꾼도 안정적으로 이길 수 없다. 그러나 룰렛 휠을 제어하는 PRNG에 약간의 약점이 있거나 진정한 무작위성에서 벗어난다면 노련한 도박꾼에 의해 충분히 악용될 수 있다. 룰렛과 관련이 없는 목적으로 PRNG를 생성하더라도 "이 PRNG를 사용해 룰렛 애플리케이션을 관리하면 모든 돈을 잃게 될까?"라고 자문해볼 수 있다. 이 직관적인 '룰렛 테스트'는 PRNG가 얼마나 좋은지 판단하는 합리적인 기준이다. 우리의 LCG는 32번 이상의 회전을 하지 않으면 룰렛 테스트를 통과할 수 있지만 그 이후에는 도박꾼이 반복되는 출력 패턴을 알아차리고 완벽한 정확도로 베팅을 시작할 수 있다. 우리의 LCG는 짧은 주기로 인해 룰렛 테스트에 실패했다.

이 때문에 PRNG가 긴 주기를 갖도록 하는 것이 도움이 된다. 그러나 슬롯이 32개뿐인 룰렛 휠과 같은 경우에는 어떤 결정론적 알고리듬도 32보다 긴 주기를 가질 수 없다. 그래서 우리는 종종 PRNG가 긴 주기가 아니라 **전체 주기**$^{full\ period}$를 갖고 있는지 여부로 PRNG를 판정한다. list_random(1,2,24)를 생성해 얻은 PRNG를 고려해보자.

```
[1, 3, 5, 7, 9, 11, 13, 15, 17, 19, 21, 23, 1, 3, 5, 7, 9, 11, 13, 15, 17, 19,
21, 23, 1]
```

이 경우 주기는 12이며, 매우 간단한 목적으로는 충분히 길다고 할 수 있지만 해당 범위의 가능한 모든 값을 포함하지 않기 때문에 전체 주기가 아니다. 다시 한번, 노련한 도박꾼은 룰렛 휠에서 짝수를 절대 선택하지 않는다는 사실을 알아차릴 수 있으므로(선택된 홀수가 따르는 단순한 패턴은 말할 것도 없음) 우리 비용으로 도박꾼의 주머니를 불려줄 수 있다.

긴 전체 주기의 개념과 관련해 **균일 분포**$^{uniform\ distribution}$라는 개념이 있다. 이는 PRNG 범위 내의 각 숫자가 출력될 가능성이 동일하다는 것을 의미한다. list_random(1,18,36)을 실행하면 다음을 얻는다.

```
[1, 19, 1, 19, 1, 19, 1, 19, 1, 19, 1, 19, 1, 19, 1, 19, 1, 19, 1, 19, 1, 19,
1, 19, 1, 19, 1, 19, 1, 19, 1, 19, 1, 19, 1, 19, 1]
```

여기서 1과 19는 각각 PRNG에 의해 출력될 가능성이 50%이고 다른 숫자는 가능성이 0%다. 룰렛 플레이어는 이 균일하지 않은 PRNG를 사용해 매우 쉽게 시간을 보낼 수 있다. 대조적으로 `list_random(29,23,32)`의 경우 모든 숫자가 출력될 가능성이 약 3.1%임을 알 수 있다.

PRNG를 판정하기 위한 이러한 수학적 기준이 서로 약간의 관련이 있음을 알 수 있다. 긴 주기 혹은 전체 주기가 부족하면 균일 분포가 부족할 수 있다. 좀 더 실용적인 관점에서 보면, 이러한 수학적 속성은 룰렛 앱의 손실을 유발하기 때문에 중요하다. 더 일반적으로 말하면 PRNG의 유일하게 중요한 테스트는 패턴이 감지되는지 여부다.

불행히도 패턴을 감지하는 기능은 수학이나 과학 언어로 간결하게 정의하기 어렵다. 따라서 우리는 패턴 감지에 대한 힌트를 제공하는 마커로 긴 전체 주기와 균일 분포를 찾는다. 그러나 물론 그것들이 패턴을 감지할 수 있는 유일한 단서는 아니다. `list_random(1,1,37)`로 표시된 LCG를 고려해보자. 이는 다음 리스트를 출력한다.

```
[1, 2, 3, 4, 5, 6, 7, 8, 9, 10, 11, 12, 13, 14, 15, 16, 17, 18, 19, 20, 21,
22, 23, 24, 25, 26, 27, 28, 29, 30, 31, 32, 33, 34, 35, 36, 0, 1]]
```

이것은 긴 주기(37), 전체 주기(37), 균일 분포(각 숫자가 출력될 가능성이 1/37)를 갖는다. 그러나 우리는 여전히 패턴을 감지할 수 있다(숫자가 36이 될 때까지 라운드마다 1씩 증가하고 0부터 다시 반복된다). 우리가 고안한 수학적 테스트는 통과했지만 룰렛 테스트는 확실히 실패했다.

무작위성에 대한 다이하드 테스트

PRNG에 악용 가능한 패턴이 있는지 여부를 보여주는 단일한 실버불릿[silver-bullet] 테스트는 없다. 연구원들은 난수 모음이 패턴 감지에 저항하는 정도(즉, 룰렛 테스트를 통과할 수 있음)를 평가하기 위해 많은 창의적인 테스트를 고안했다. 이러한 테스트의 모음 중 하나를 **다이하드**

테스트^{Diehard test}라고 한다. 12개의 다이하드 테스트가 있으며 각 테스트는 난수 모음을 다른 방식으로 평가한다. 모든 다이하드 테스트를 통과하는 숫자 모음은 진정한 무작위성과 매우 유사하다고 간주한다. **중첩 합계 테스트**^{overlapping sums test}라고 하는 다이하드 테스트 중 하나는 난수의 전체 리스트를 가져와서 리스트에서 연속한 숫자 부분들의 합을 찾는다. 이 모든 합계의 모음이 일상적으로 **종형 곡선**^{bell curve}이라고 불리는 수학적 패턴을 따라야 한다. 다음과 같이 파이썬에서 중첩 합계 리스트를 생성하는 함수를 구현할 수 있다.

```python
def overlapping_sums(the_list,sum_length):
    length_of_list = len(the_list)
    the_list.extend(the_list)
    output = []
    for n in range(0,length_of_list):
        output.append(sum(the_list[n:(n + sum_length)]))
    return(output)
```

다음과 같이 새로운 임의의 리스트에서 이 테스트를 실행할 수 있다.

```python
import matplotlib.pyplot as plt
overlap = overlapping_sums(list_random(211111,111112,300007),12)
plt.hist(overlap, 20, facecolor = 'blue', alpha = 0.5)
plt.title('중첩 합계 테스트 결과')
plt.xlabel('리스트의 중첩한 연속 부분 요소들의 합계')
plt.ylabel('합계 빈도')
plt.show()
```

list_random(211111,111112,300007)을 실행해 새로운 임의의 리스트를 만들었다. 이 새로운 임의의 리스트는 중첩 합계 테스트를 잘 수행할 수 있을 만큼 충분히 길다. 이 코드의 출력 결과는 관찰된 합계의 빈도를 기록하는 히스토그램이다. 리스트가 진정으로 임의의 모음과 유사하다면 일부 합계는 높고 일부는 낮을 것으로 예상하지만 대부분은 가능한 값 범위의 중간에 가까울 것으로 예상한다. 이는 바로 그래프 출력에서 볼 수 있는 것과 같다(그림 5-2).

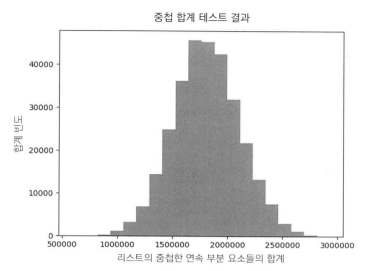

그림 5-2 LCG의 중첩 합계 테스트 결과

자세히 보면 이 그래프가 종과 비슷하다는 것을 알 수 있다. 다이하드 중첩 합계 테스트는 리스트가 수학적으로 중요한 특정 곡선인 종형 곡선과 매우 유사한 경우 통과했다고 말해준다 (그림 5–3).

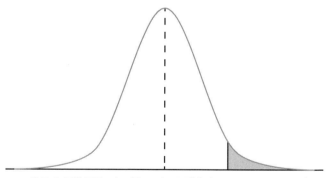

그림 5-3 종형 곡선 또는 가우스 정규 곡선(출처: Wikimedia Commons)

종형 곡선은 황금비와 마찬가지로 때때로 수학과 우주의 놀라운 곳에서 많이 나타난다. 이 경우 중첩 합계 테스트 결과와 종형 곡선 사이의 밀접한 유사성을 PRNG가 실제 무작위성과 유사하다는 증거로 해석한다.

무작위성에 대한 심층 수학을 알면 난수 생성기를 설계할 때 도움이 될 수 있다. 그러나 룰렛에서 이기는 방법에 대한 상식적인 아이디어만 잘 알고 있어도 대부분 잘할 수 있다.

선형 피드백 시프트 레지스터

LCG는 구현하기 쉽지만 PRNG의 많은 애플리케이션에 사용할 만큼 충분히 정교하지는 않다. 능숙한 룰렛 플레이어는 LCG를 순식간에 깨뜨릴 수 있다. PRNG 알고리듬의 고급 연구를 위한 도약점 역할을 할 수 있는 선형 피드백 시프트 레지스터^{LFSR, Linear Feedback Shift Register}라고 하는 좀 더 발전되고 안정적인 유형의 알고리듬을 살펴보자.

LFSR은 컴퓨터 아키텍처를 염두에 두고 설계됐다. 가장 낮은 수준에서 컴퓨터의 데이터는 **비트**^{bit}라고 하는 일련의 0과 1로 저장된다. 잠재적인 10비트 문자열을 그림 5-4와 같이 설명할 수 있다.

그림 5-4 10비트 문자열

이 비트들로 시작한 후 간단한 LFSR 알고리듬을 진행할 수 있다. 예를 들어 4번째 비트, 6번째 비트, 8번째 비트, 10번째 비트의 합(다른 부분집합도 선택할 수 있다)과 같이 비트 부분집합의 간단한 합을 계산하는 것으로 시작한다. 이 경우 합계는 3이다. 우리의 컴퓨터 아키텍처는 0과 1만 저장할 수 있으므로 '합계 mod 2'를 계산해서 최종 합은 1로 끝난다. 그런 다음 가장 오른쪽 비트를 제거하고 나머지 모든 비트를 오른쪽으로 한 자리씩 이동시킨다(그림 5-5).

그림 5-5 제거와 이동 후의 비트

비트를 제거하고 모든 것을 이동시켰기 때문에 새 비트를 삽입할 빈 공간이 있다. 여기에 삽입하는 비트는 이전에 계산한 합계다. 삽입 후에 비트의 새로운 상태를 갖게 된다(그림 5-6).

그림 5-6 선택한 비트의 합계로 교체한 후의 비트

오른쪽에서 제거한 비트를 알고리듬의 출력으로 사용하는데, 이는 이 알고리듬이 생성해야 하는 의사 난수다. 이제 10개의 정렬된 비트의 새로운 세트를 얻었으므로 알고리듬의 새 라운드를 실행하고 이전과 마찬가지로 새 의사 난수 비트를 얻을 수 있다. 원하는 만큼 이 과정을 반복할 수 있다.

파이썬에서는 비교적 간단하게 피드백 시프트 레지스터를 구현할 수 있다. 하드 드라이브의 개별 비트를 직접 덮어쓰는 대신 다음과 같이 비트 리스트를 생성하기만 할 것이다.

```
bits = [1,1,1]
```

한 라인으로 지정된 위치의 비트 합계를 정의할 수 있다. '합계 mod 2'를 계산하는 것을 **배타적 논리합**exclusive OR, 즉 **XOR 연산**XOR operation이라고도 하기 때문에 xor_result라는 변수에 저장한다. 형식 논리formal logic를 공부했다면 XOR을 본 적이 있을 것이다. 그것은 논리적 정의와 동등한 수학적 정의를 갖고 있는데, 여기서는 수학적 정의를 사용할 것이다. 우리는 짧은 비트열로 작업하고 있기 때문에 4, 6, 8, 10번째 비트를 합산하지 않고(존재하지 않기 때문에), 대신 2번째 및 3번째 비트를 합산한다.

```
xor_result = (bits[1] + bits[2]) % 2
```

그런 다음 파이썬의 편리한 pop( ) 함수를 사용해 비트의 가장 오른쪽 요소를 쉽게 제거하고 결과를 output이라는 변수에 저장할 수 있다.

```
output = bits.pop( )
```

그런 다음 리스트의 왼쪽에 있기를 원하므로 위치 0을 지정해 insert( ) 함수로 합계를 삽입할 수 있다.

```
bits.insert(0,xor_result)
```

이제 2개의 출력(하나는 의사 난수 비트이고 다른 하나는 bits 열에 대한 새 상태다)을 반환하는 하나의 함수로 모든 것을 통합해보자(리스트 5-9).

```
def feedback_shift(bits):
    xor_result = (bits[1] + bits[2]) % 2
    output = bits.pop()
    bits.insert(0,xor_result)
    return(bits,output)
```

리스트 5-9 이번 절의 목표를 완료하는 LFSR을 구현하는 함수

LCG에서 했던 것처럼 출력 비트의 전체 리스트를 생성하는 함수를 만들 수 있다.

```
def feedback_shift_list(bits_this):
    bits_output = [bits_this.copy()]
    random_output = []
    bits_next = bits_this.copy()
    while(len(bits_output) < 2**len(bits_this)):
        bits_next,next = feedback_shift(bits_next)
        bits_output.append(bits_next.copy())
        random_output.append(next)
    return(bits_output,random_output)
```

이 경우 해당 열이 반복될 것으로 예상될 때까지 while 루프를 실행한다. 비트 리스트에는 $2^3 = 8$개의 가능한 상태가 있으므로 최대 8의 주기를 예상할 수 있다. 실제로 LFSR은 통상 0의 전체 집합을 출력할 수 없으므로 실제로는 최대 $2^3 - 1 = 7$의 주기를 기대한다. 다음 코드를 실행해 가능한 모든 출력을 찾고 주기를 확인할 수 있다.

```
bitslist = feedback_shift_list([1,1,1])[0]
```

물론 우리가 bitslist에 저장한 출력은 다음과 같다.

```
[[1, 1, 1], [0, 1, 1], [0, 0, 1], [1, 0, 0], [0, 1, 0], [1, 0, 1], [1, 1, 0],
[1, 1, 1]]
```

LFSR이 모두 0이 아닌 7개의 가능한 비트 문자열을 전부 출력하는 것을 볼 수 있다. 우리는 전체 주기의 LFSR과 균일 분포의 출력을 보여주는 LFSR을 얻는다. 더 많은 입력 비트를 사용하면 가능한 최대 주기는 기하급수적으로 증가한다. 10비트의 경우 가능한 최대 기간은 $2^{10} - 1 = 1023$이고, 20비트만 사용해도 $2^{20} - 1 = 1,048,575$다.

다음과 같이 간단한 LFSR이 생성하는 의사 난수 비트 리스트를 확인할 수 있다.

```
pseudorandom_bits = feedback_shift_list([1,1,1])[1]
```

pseudorandom_bits에 저장한 출력은 LFSR과 입력이 얼마나 단순한지를 고려할 때 상당히 무작위성을 갖는 것으로 보인다.

```
[1, 1, 1, 0, 0, 1, 0]
```

LFSR은 백색 잡음을 포함한 다양한 애플리케이션에서 의사 난수를 생성하는 데 사용된다. 고급 PRNG를 맛볼 수 있도록 여기에 선보인다. 오늘날 실제로 가장 널리 사용되는 PRNG는 수정되고 일반화된 피드백 시프트 레지스터인 **메르센 트위스터**Mersenne Twister다. 본질적으로 여기에 제시된 LFSR의 훨씬 더 복잡한 버전이다. PRNG에 대한 연구를 계속 진행하면 많은 컨볼루션convolution과 고급 수학을 찾을 수 있지만 모든 것이 여기에 제공된 아이디어를 기반으로 한다(엄격한 수학적 테스트로 평가되는 무작위성과 유사할 수 있는 결정론적이고 수학적인 공식).

요약

수학과 알고리듬은 항상 긴밀한 관계를 갖는다. 한 분야에 더 깊이 빠져들수록 다른 한 분야의 고급 아이디어를 더 잘 받아들일 준비가 되어 있을 것이다. 수학은 불가사의하고 비현실적으로 보일 수 있지만 이는 긴 게임이다. 수학의 이론적 발전은 때때로 수 세기 후에 실용적인 기술로 이어진다. 5장에서는 연분수와 임의 숫자의 연분수 표현을 생성하는 알고리듬에 대해 논의했다. 또한 제곱근에 대해 논의하고 휴대용 계산기가 제곱근을 계산하는 데 사용하는 알고리듬을 살펴봤다. 마지막으로, 의사 난수를 생성하기 위한 두 가지 알고리듬을 포함한 무작위성과 무작위라고 주장하는 리스트를 평가하는 데 사용할 수 있는 수학적 원리에 대해 논의했다.

다음 장에서는 세계를 여행하거나 검을 만드는 데 사용할 수 있는 강력한 방법을 포함하여 최적화를 설명한다.

CHAPTER 6

고급 최적화

당신은 이미 최적화에 대해 알고 있다. 3장에서는 최댓값이나 최솟값을 찾기 위해 '언덕을 오르는' 경사 상승/하강을 다뤘다. 모든 최적화 문제는 언덕 오르기의 한 버전으로 생각할 수 있다. 우리는 다양한 가능성 중에서 가능한 최고의 결과를 찾고자 노력한다. 경사 상승 도구는 간단하고 우아하지만, 전역적으로 최적이 아닌 로컬에서만 최적인 피크를 찾게 할 수 있다는 아킬레스건이 있다. 언덕을 오르는 것에 비유해보자면 이는 산기슭의 정상까지 우리를 데려다줄 수 있다. 잠시 동안 내리막을 걸어가면 우리가 실제로 오르고 싶은 거대한 산을 오를 수 있는 것이다. 이 문제를 처리하는 것은 고급 최적화의 가장 어렵고 중요한 측면이다.

6장에서는 사례 연구를 통해 고급 최적화 알고리듬을 논의할 텐데, 외판원 문제를 가능한 해결책 및 단점과 함께 고려할 것이다. 마지막으로, 이러한 단점을 극복하고 로컬 최적화가 아닌 전역 최적화를 수행할 수 있는 고급 최적화 알고리듬인 모의 담금질을 소개한다.

외판원의 삶

외판원 문제^{TSP, Traveling Salesman Problem}는 컴퓨터 과학과 조합론에서 매우 유명한 문제다. 외판원이 자신의 상품을 팔기 위해 여러 도시를 방문하기를 원한다고 상상해보자. 수입 기회 상실, 자동차 기름값, 장거리 여행 후의 두통(그림 6-1) 등 여러 가지 이유로 도시 간 이동에는 비용이 많이 든다.

그림 6-1 나폴리의 외판원

TSP는 여행 비용을 최소화하도록 도시 간의 여행 순서를 결정하길 요구한다. 과학 분야의 모든 최고의 문제가 그렇듯이, 설명하기는 쉽지만 해결하기는 매우 어렵다.

문제 설정

파이썬을 실행하고 탐색을 시작하자. 먼저 외판원이 탐색할 지도를 무작위로 생성한다. 지도에서 원하는 도시의 수를 나타내는 숫자 N을 선택하는 것으로 시작한다. $N = 40$이라고 하자. 그런 다음 40개의 좌표 집합을 선택한다(각 도시별 하나의 x 값과 하나의 y 값). 무작위 선택을 수행하기 위해 numpy 모듈을 사용할 것이다.

```
import numpy as np
random_seed = 1729
np.random.seed(random_seed)
N = 40
x = np.random.rand(N)
y = np.random.rand(N)
```

이 코드 조각에서는 numpy 모듈의 random.seed() 메서드를 사용했다. 이 방법은 사용자가 전달한 임의의 숫자를 취해서 해당 숫자를 의사 난수 생성 알고리듬의 '시드seed'로 사용한다 (의사 난수 생성에 대한 자세한 내용은 5장을 참고하라). 즉, 이전 코드 조각에서 사용한 동일한 시드를 사용하는 경우 여기서 생성한 것과 동일한 난수를 생성하므로 코드를 따라가기가 더 쉽고 이와 동일한 그래프와 결과를 얻을 수 있다.

다음으로 x 값과 y 값을 함께 압축해 무작위로 생성된 40개의 도시 위치 각각에 대한 좌표 쌍을 포함하는 리스트인 cities를 생성한다.

```
points = zip(x,y)
cities = list(points)
```

파이썬 콘솔에서 print(cities)를 실행하면 무작위로 생성된 포인트가 포함된 리스트를 볼 수 있다. 이 점들 각각은 도시를 나타낸다. 우리는 어떤 도시에도 이름을 지정하려고 애쓰지 않을 것이다. 대신 첫 번째 도시는 cities[0], 두 번째 도시는 cities[1] 등으로 지칭할 수 있다.

우리는 이미 TSP의 해결책을 제안하는 데 필요한 모든 것을 갖추고 있다. 첫 번째 해결책은 모든 도시를 cities 리스트에 나타나는 순서대로 방문하는 것이다. 이 순서를 리스트에 저장할 itinerary 변수를 정의할 수 있다.

```
itinerary = list(range(0,N))
```

이것은 다음 코드를 작성하는 또 다른 방법이다.

```
itinerary = [0,1,2,3,4,5,6,7,8,9,10,11,12,13,14,15,16,17,18,19,20,21,22,23,24, \
25,26,27,28,29,30,31,32,33,34,35,36,37,38,39]
```

여정에 있는 숫자의 순서는 도시를 방문하도록 제안하는 순서다(첫 번째 도시 0, 그다음 도시 1 등).

다음으로, 이 여정을 판단하고 그것이 TSP에 대한 좋은 혹은 최소한 수용 가능한 해결책을 나타내는지 여부를 결정해야 한다. TSP의 요점은 외판원이 도시를 이동할 때 직면하는 비용을 최소화하는 것이다. 그렇다면 여행 경비는 어떤가? 원하는 비용 함수를 무엇이든 지정할 수 있다. 어떤 도로는 다른 도로보다 교통량이 많을 수 있고, 건너기 힘든 강이 있거나, 동쪽보다 북쪽으로 여행하는 것이 더 어려울 수 있고, 그 반대의 경우도 마찬가지다. 하지만 간단하게 시작해보자. 여행하는 방향과 도시에 상관없이 1의 거리를 이동하는 데 1달러가 든다고 가정해보자. 우리의 알고리듬은 마일, 킬로미터 또는 광년 단위로 여행하는 데 상관없이 동일하게 작동하기 때문에 이 장에서는 거리 단위를 지정하지 않는다. 이 경우 비용을 최소화하는 것은 이동 거리를 최소화하는 것과 같다.

특정 여정에 필요한 거리를 결정하려면 두 가지 새로운 함수를 정의해야 한다. 먼저 모든 지점을 연결하는 라인 모음을 생성하는 함수가 필요하다. 그런 다음 해당 라인이 나타내는 거리를 합산해야 한다. 라인에 대한 정보를 저장하는 데 사용할 빈 리스트를 정의하면서 시작할 수 있다.

```
lines = []
```

다음으로 여정의 모든 도시를 반복할 수 있고, 각 단계에서 현재 도시와 이후 도시를 연결하는 새로운 라인을 lines 모음에 추가한다.

```
for j in range(0,len(itinerary) - 1):
    lines.append([cities[itinerary[j]],cities[itinerary[j + 1]]])
```

print(lines)를 실행하면 파이썬에서 라인에 대한 정보를 어떻게 저장하고 있는지 볼 수 있다. 각 라인은 두 도시의 좌표를 포함하는 리스트로 저장된다. 예를 들어, print(lines[0])을 실행해 첫 번째 라인을 볼 수 있는데 다음 출력과 같이 보여준다.

```
[(0.21215859519373315, 0.1421890509660515), (0.25901824052776146,
0.4415438502354807)]
```

이러한 요소를 genlines('generate lines'의 줄임말)라는 하나의 함수에 함께 넣을 수 있다. 이 함수는 cities와 itinerary를 인수로 사용하고 여정에 지정된 순서대로 cities 리스트의 각 도시를 연결하는 라인 모음을 반환한다.

```
def genlines(cities,itinerary):
    lines = []
    for j in range(0,len(itinerary) - 1):
        lines.append([cities[itinerary[j]],cities[itinerary[j + 1]]])
    return(lines)
```

이제 여정에서 두 도시 사이의 라인 모음을 생성하는 방법이 있으므로 해당 라인을 따라 총 거리를 측정하는 함수를 만들 수 있다. 총 거리를 0으로 정의해 시작하고, lines 리스트의 모든 요소에 대해 해당 라인의 길이를 distance 변수에 추가한다. 이 라인 길이를 얻기 위해 피타고라스 정리Pythagorean theorem를 사용할 것이다.

```python
import math
def howfar(lines):
    distance = 0
    for j in range(0,len(lines)):
        distance += math.sqrt(abs(lines[j][1][0] - lines[j][0][0])**2 + \
        abs(lines[j][1][1] - lines[j][0][1])**2)
    return(distance)
```

이 함수는 라인 리스트를 입력으로 받아 모든 라인 길이의 합을 출력한다. 이제 이러한 함수가 있으므로 여정과 함께 호출해 외판원이 이동해야 하는 총 거리를 결정할 수 있다.

```python
totaldistance = howfar(genlines(cities,itinerary))
print(totaldistance)
```

이 코드를 실행했을 때 totaldistance가 약 16.81임을 알았다. 동일한 임의의 시드를 사용하면 동일한 결과를 얻을 수 있다. 다른 시드 또는 도시 집합을 사용하는 경우 결과가 약간 다를 수 있다.

이 결과가 의미하는 바를 이해하려면 여정을 그리는 것이 도움이 될 것이다. 이를 위해 plotitinerary() 함수를 생성할 수 있다.

```python
import matplotlib.collections as mc
import matplotlib.pylab as pl
def plotitinerary(cities,itin,plottitle,thename):
    lc = mc.LineCollection(genlines(cities,itin), linewidths=2)
    fig, ax = pl.subplots()
```

164

```
ax.add_collection(lc)
ax.autoscale()
ax.margins(0.1)
pl.scatter(x, y)
pl.title(plottitle)
pl.xlabel('X 좌표')
pl.ylabel('Y 좌표')
pl.savefig(str(thename) + '.png')
pl.close()
```

plotitinerary() 함수는 cities, itin, plottitle, thename을 인수로 갖는다. 여기서 cities 는 도시 리스트이고, itin은 그리려는 여정이고, plottitle은 그림 위에 표시될 제목이고, thename은 png 그림 결과에 부여할 이름이다. 이 함수는 그림을 위해 pylab 모듈을 사용하고 라인 모음을 생성하기 위해 matplotlib의 collections 모듈을 사용한다. 그런 다음 여정의 포인트와 이를 연결하는 우리가 만든 라인을 그린다.

plotitinerary(cities,itinerary,'TSP - 임의의 여정','figure2')로 일정을 그리면 그림 6-2와 같은 그림이 생성된다.

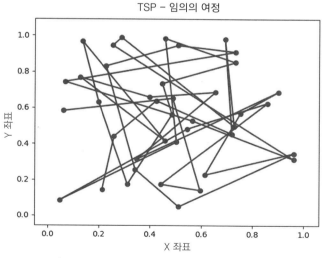

그림 6-2 무작위로 생성된 순서로 도시를 방문해 생긴 여정

그림 6-2를 보면 아직 TSP에 대한 최상의 해결책을 찾지 못했음을 알 수 있다. 길을 따라 다른 도시에 들르면 훨씬 더 잘할 수 있는 것이 명백한 상황에서, 우리는 가여운 외판원이 지도를 가로질러 아주 먼 도시까지 잽싸게 여러 번 이동하게 했다. 이 장의 나머지 부분의 목표는 알고리듬을 사용해 최소 이동 거리를 갖는 여정을 찾는 것이다.

우리가 논의할 첫 번째 잠재적 해결책은 가장 단순하나 성능이 좋지 않다. 이후에 큰 성능 향상과 약간의 복잡성을 맞바꾸는 해결책에 대해 논의할 것이다.

머리 vs. 체력

도시를 연결할 수 있는 모든 가능한 여정의 리스트를 만들고 어떤 것이 최상인지 알아보기 위해 하나씩 평가하고 싶은 생각이 들 수도 있다. 세 도시를 방문하려는 경우 방문할 수 있는 모든 순서의 완전한 리스트는 다음과 같다.

- 1, 2, 3
- 1, 3, 2
- 2, 3, 1
- 2, 1, 3
- 3, 1, 2
- 3, 2, 1

각각의 길이를 하나씩 측정하고 찾은 것을 비교해 어느 것이 가장 좋은지 평가하는 데 오랜 시간이 걸리지 않을 것이다. 이를 **브루트 포스**brute force 해결책이라고 한다. 물리적인 힘을 뜻하는 것이 아니라, 좀 더 빠른 실행 시간으로 더 우아한 접근 방식을 찾을 수 있는 알고리듬 디자이너의 두뇌가 아닌 CPU의 힘을 사용해 완전한 리스트를 확인하는 노력을 뜻한다.

때로는 브루트 포스 해결책이 정확히 올바른 접근 방식이다. 코드를 작성하기 쉽고 안정적으로 작동하는 경향이 있다. 주된 약점은 실행 시간인데, 알고리듬 해결책보다 더 좋은 경우는 절대 없으며 일반적으로 훨씬 나쁘다.

TSP에서 브루트 포스 해결책은 필요한 실행 시간이 너무 빨리 증가해 도시가 약 20개 이상인 경우 실용적이지 않다. 이를 확인하기 위해 4개 도시에서 일하고 가능한 모든 방문 순서를 확인하려 한다면 가능한 일정이 얼마나 많은지 다음과 같은 주장을 고려해보자.

1. 첫 번째 방문할 도시를 고를 때 아직 가본 적이 없는 4개의 도시가 있으므로 4개의 선택지가 있다. 따라서 첫 번째 도시를 선택하는 방법의 총수는 4다.

2. 방문할 두 번째 도시를 고를 때 총 4개의 도시가 있고 그중 하나를 이미 방문했으므로 세 가지 선택지가 있다. 따라서 처음 두 도시를 선택하는 방법의 총수는 4 × 3 = 12다.

3. 세 번째 방문할 도시를 고를 때 총 4개의 도시가 있고 그중 2개는 이미 방문했으므로 두 가지 선택지가 있다. 따라서 처음 세 도시를 선택하는 방법의 총수는 4 × 3 × 2 = 24다.

4. 네 번째 방문할 도시를 고를 때 4개의 도시가 있고 그중 3개는 이미 방문했으므로 선택지는 하나다. 따라서 4개의 도시를 모두 선택하는 방법의 총수는 4 × 3 × 2 × 1 = 24다.

이쯤에서 당신은 패턴을 알아차렸을 것이다. 방문할 도시가 N개일 때 가능한 전체 일정 수는 N × $(N - 1)$ × $(N - 2)$ × ... × 3 × 2 × 1, 즉 $N!$('N 계승factorial')이다. 계승 함수는 엄청나게 빠르게 성장한다. 3!은 6에 불과하지만(컴퓨터 없이도 쉽게 브루트 포스 실행 가능), 10!은 300만 이상이다(최신 컴퓨터에서 브루트 포스 실행 가능), 18!은 6천조 이상, 25!은 15셉틸리언septillion이 넘고 35! 이상은 현재의 기술을 감안할 때 브루트 포스 방식으로는 계산이 거의 불가능해진다. 현재 우주의 예상 수명을 고려하면 그 이상의 시간이 걸릴 수 있다.

이 현상을 **조합적 확산**combinatorial explosion이라고 한다. 조합적 확산에 대한 정확한 수학적 정의는 없지만, 다음과 같은 경우에 적용된다. 처음에는 작은 집합이지만 조합과 순열을 고려하면 원래 집합보다 훨씬 많은 선택지가 발생하고, 우리가 브루트 포스 방식으로 처리할 수 있는 크기를 넘어서는 경우다.

예를 들어, 로드아일랜드주의 우편번호 90개를 연결하는 가능한 여정의 수는 로드아일랜드가 우주보다 훨씬 작음에도 불구하고 우주의 예상 원자 수보다 훨씬 많다. 마찬가지로, 체스판은 로드아일랜드보다 훨씬 작다는 사실에도 불구하고 우주의 원자 수보다 더 많은 체스 게임을 진행할 수 있다. 브루트 포스는 가장 어려운 문제의 가능한 모든 해결책을 조사할 수는 없기 때문에 경우의 수가 제한됐다고 생각한 경우에서 거의 무한대가 나올 수 있다는 이러한 역설적인 상황은 좋은 알고리듬 설계를 더욱 중요하게 만든다. 조합적 확산은 브루트 포스 해결책을 계산할 CPU가 전 세계에 충분하지 않기 때문에 TSP에 대한 알고리듬 해결책을 고려해야 함을 의미한다.

최근접 이웃 알고리듬

다음으로 **최근접 이웃 알고리듬**^{nearest neighbor algorithm}이라고 하는 간단하고 직관적인 방법을 고려해보자. 리스트의 첫 번째 도시부터 시작한다. 그런 다음 첫 번째 도시에서 가장 가까운 방문하지 않은 도시를 단순히 찾고 그 도시를 두 번째로 방문한다. 모든 단계에서 단순히 우리가 있는 곳을 보고 가장 가까운 방문하지 않은 도시를 일정에서 다음 도시로 선택한다. 이렇게 하면 전체 이동 거리를 최소화할 수는 없지만 각 단계에서 이동 거리를 최소화한다. 브루트 포스 검색에서와 같이 가능한 모든 여정을 보는 대신 각 단계에서 가장 가까운 이웃만 찾는다는 것을 주목하자. 이렇게 하면 매우 큰 N의 경우에도 매우 빠른 실행 시간을 제공한다.

최근접 이웃 검색 구현

주어진 도시의 가장 가까운 이웃을 찾을 수 있는 함수를 작성하는 것으로 시작한다. point라고 하는 점과 cities라고 하는 도시 리스트가 있다고 하자. point와 cities의 j번째 요소 사이의 거리는 다음 피타고라스식 공식으로 주어진다.

```
point = [0.5,0.5]
j = 10
distance = math.sqrt((point[0] - cities[j][0])**2 + (point[1] - cities[j][1])**2)
```

point에 가장 가까운 cities 요소(point의 가장 가까운 이웃)를 찾으려면 리스트 6-1과 같이 cities의 모든 요소를 반복하면서 point와 모든 도시 사이의 거리를 확인해야 한다.

```python
def findnearest(cities,idx,nnitinerary):
    point = cities[idx]
    mindistance = float('inf')
    minidx = - 1
    for j in range(0,len(cities)):
        distance = math.sqrt((point[0] - cities[j][0])**2 + (point[1] - cities[j][1])**2)
        if distance < mindistance and distance > 0 and j not in nnitinerary:
            mindistance = distance
            minidx = j
    return(minidx)
```

리스트 6-1 주어진 도시에서 가장 가까운 도시를 찾는 findnearest() 함수

findnearest( ) 함수를 구현하고 나면 최근접 이웃 알고리듬을 구현할 준비가 된 것이다. 우리의 목표는 nnitinerary라는 일정을 만드는 것이다. cities의 첫 번째 도시가 외판원이 시작하는 곳이라고 말하면서 시작할 것이다.

```python
nnitinerary = [0]
```

여행 일정에 N개의 도시가 있어야 한다면 우리의 목표는 0과 N − 1 사이의 모든 숫자를 반복하고 해당 숫자 각각에 대해 우리가 방문한 가장 최근 도시에 가장 가까운 이웃을 찾고 해당 도시를 여행 일정에 추가하는 것이다. 리스트 6-2의 함수 donn( )('do nearest neighbor'의 줄임말)으로 이를 수행할 것이다. cities의 첫 번째 도시부터 시작해 모든 도시가 여정에 추가될 때까지 모든 단계에서 가장 최근에 추가된 도시에 가장 가까운 도시를 추가한다.

```python
def donn(cities,N):
    nnitinerary = [0]
    for j in range(0,N - 1):
```

```
            next = findnearest(cities,nnitinerary[len(nnitinerary) - 1],nnitinerary)
            nnitinerary.append(next)
        return(nnitinerary)
```

리스트 6-2 각 도시에서 최근접 이웃을 연속적으로 찾아 완전한 여정을 반환하는 함수

우리는 최근접 이웃 알고리듬의 성능을 확인하는 데 필요한 모든 것을 이미 갖고 있다. 먼저 최근접 이웃의 여정을 그릴 수 있다.

```
plotitinerary(cities,donn(cities,N),'TSP - 최근접 이웃','figure3')
```

그림 6-3은 우리가 얻은 결과를 보여준다.

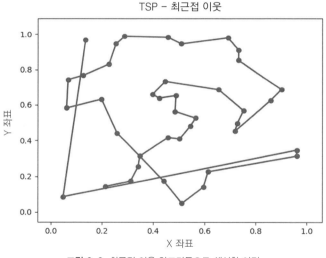

그림 6-3 최근접 이웃 알고리듬으로 생성한 여정

이 새로운 일정을 사용해 외판원이 이동해야 하는 거리도 확인할 수 있다.

```
print(howfar(genlines(cities,donn(cities,N))))
```

이 경우 외판원은 임의의 경로를 따를 경우 16.81의 거리를 이동하는 반면 우리의 알고리듬은 이동 거리를 6.29로 줄였음을 알 수 있다. 단위를 사용하지 않았으므로, 이것을 6.29마일(또는 킬로미터 또는 파섹parsec[1])로 해석할 수 있음을 유념하자. 중요한 것은 임의의 여정에서 찾은 16.81마일 또는 킬로미터 또는 파섹 미만이라는 점이다. 이것은 모두 매우 간단하고 직관적인 알고리듬을 사용해 크게 개선한 것이다. 그림 6-3에서 성능 향상이 분명히 나타난다. 즉, 지도의 반대쪽 끝으로 가는 이동이 줄어들고 서로 가까운 도시 사이의 짧은 이동이 더 많아진다.

추가 개선사항 확인

그림 6-2나 그림 6-3을 자세히 살펴보면 분명하게 개선할 수 있는 부분들을 상상할 수 있다. 이러한 개선사항을 직접 시도해보고 howfar( ) 함수를 사용해 효과가 있는지 확인할 수도 있다. 예를 들어, 초기의 임의의 여정을 볼 수 있다.

```
initial_itinerary = [0,1,2,3,4,5,6,7,8,9,10,11,12,13,14,15,16,17,18,19,20,21, \
22,23,24,25,26,27,28,29,30,31,32,33,34,35,36,37,38,39]
```

그리고 6번 도시와 30번 도시의 외판원 방문 순서를 서로 바꿔서 여정을 개선할 수 있다고 생각할 수 있다. 문제의 번호로 전환해 이 새 일정을 정의함으로써 바꿀 수 있다(굵은 글씨로 표시).

```
new_itinerary = [0,1,2,3,4,5,30,7,8,9,10,11,12,13,14,15,16,17,18,19,20,21, \
22,23,24,25,26,27,28,29,6,31,32,33,34,35,36,37,38,39]
```

그런 다음 전환한 것이 총 거리를 감소시켰는지 여부를 확인하기 위해 간단히 비교할 수 있다.

```
print(howfar(genlines(cities,initial_itinerary)))
print(howfar(genlines(cities,new_itinerary)))
```

---

1   천체의 거리를 나타내는 단위로, 3.259광년(출처: 네이버 사전) – 옮긴이

new_itinerary가 initial_itinerary보다 낫다면 initial_itinerary를 버리고 새 일정을 유지하는 것이 좋다. 이 경우 새 여정의 총 거리는 약 16.79로 초기 여정에서 약간 개선됐음을 알게 된다. 작은 개선점 하나를 찾은 후 동일한 프로세스를 다시 실행할 수 있다. 두 도시를 선택하고 여정에서 위치를 교환하고 거리가 감소했는지 확인한다. 우리는 이 프로세스를 무한정 계속할 수 있으며, 각 단계에서 이동 거리를 줄이는 방법을 찾을 수 있는 적당한 기회를 기대한다. 이 프로세스를 여러 번 반복하고 나면 (바라건대) 총 거리가 매우 짧은 여정을 얻을 수 있다.

이 전환과 확인switch-and-check 프로세스를 자동으로 수행할 수 있는 함수를 작성하는 것은 꽤 간단하다(리스트 6-3).

```
def perturb(cities,itinerary):
    neighborids1 = math.floor(np.random.rand() * (len(itinerary)))
    neighborids2 = math.floor(np.random.rand() * (len(itinerary)))

    itinerary2 = itinerary.copy()

    itinerary2[neighborids1] = itinerary[neighborids2]
    itinerary2[neighborids2] = itinerary[neighborids1]

    distance1 = howfar(genlines(cities,itinerary))
    distance2 = howfar(genlines(cities,itinerary2))

    itinerarytoreturn = itinerary.copy()

    if(distance1 > distance2):
        itinerarytoreturn = itinerary2.copy()

    return(itinerarytoreturn.copy())
```

리스트 6-3 일정을 약간 변경하고 원래 일정과 비교해 더 짧은 일정을 반환하는 함수

perturb() 함수는 인수로 도시 리스트와 여정을 취한다. 그런 다음 0과 일정의 길이 사이에서 임의로 선택된 정수인 neighborids1과 neihborids2라는 2개의 변수를 정의한다. 다음

으로, neighborids1과 neighborids2에 있는 도시가 위치를 바꾼 것을 제외하고는 원래 일정과 동일한 itinerary2라는 새 일정을 생성한다. 그런 다음 원래 itinerary의 총 거리인 distance1과 itinerary2의 총 거리인 distance2를 계산한다. distance2가 distance1보다 작으면 새 여정을 반환한다(전환). 그렇지 않으면 원래 여정을 반환한다. 그래서 우리는 이 함수에 여정을 보내고, 항상 우리가 보낸 것과 같거나 더 나은 여정을 반환한다. 주어진 여정을 개선하기 위해 교란하기 때문에 이 함수를 perturb( )라고 부른다.

이제 perturb( ) 함수가 있으므로 임의의 일정에서 반복적으로 호출해보자. 사실, 가능한 한 가장 짧은 이동 거리를 얻기 위해 한 번이 아니라 200만 번 호출해보자.

```
itinerary = [0,1,2,3,4,5,6,7,8,9,10,11,12,13,14,15,16,17,18,19,20,21,22,23,24, \
25,26,27,28,29,30,31,32,33,34,35,36,37,38,39]

np.random.seed(random_seed)
itinerary_ps = itinerary.copy()
for n in range(0,len(itinerary) * 50000):
    itinerary_ps = perturb(cities,itinerary_ps)

print(howfar(genlines(cities,itinerary_ps)))
```

교란 검색perturb search 알고리듬이라고 부를 수 있는 것을 방금 구현했다. 브루트 포스 검색과 마찬가지로 좋은 여정을 찾기를 희망하며 수천 개의 가능한 여정을 검색한다. 그러나 브루트 포스 검색은 가능한 모든 여정을 무분별하게 고려하는 반면, 교란 검색은 전체 이동 거리가 단조롭게 감소하는 일정 집합을 고려하는 **가이드된 검색**guided search이므로 더 낫다. 그러므로 브루트 포스보다 빨리 좋은 해결책에 도달할 것이다. 이 장의 최고 알고리듬인 모의 담금질simulated annealing을 구현하기 위해서는 이 교란 검색 알고리듬에 조금만 추가하면 된다.

모의 담금질을 위한 코드로 넘어가기 전에 지금까지 논의한 알고리듬에 비해 어떤 종류의 개선사항을 제공하는지 살펴볼 것이다. 파이썬에서 모의 담금질의 기능을 구현할 수 있는 온도 함수도 소개하고자 한다.

욕심 많은 사람을 위한 알고리듬

지금까지 고려한 최근접 이웃과 교란 검색 알고리듬은 **탐욕 알고리듬**greedy algorithm이라는 알고리듬 클래스에 속한다. 탐욕 알고리듬은 단계적으로 진행되며, 각 단계에서 국부적으로는 최적이지만 모든 단계를 고려한 후에는 전역적으로 최적이 아닐 수 있는 선택을 한다. 최근접 이웃 알고리듬의 경우 각 단계에서 나머지 도시는 고려하지 않고 해당 단계에서 가장 가까운 도시를 찾는다. 가장 가까운 도시를 방문하는 것은 우리가 진행하는 단계에서 이동하는 거리를 최소화하기 때문에 국부적으로 최적이다. 그러나 한 번에 모든 도시를 고려하지는 않기 때문에 전역적으로 최적이 아닐 수 있다. 즉, 각 단계에서는 좋아 보였을지 모르나 결국에는 전체 여행이 외판원에게 극도로 길고 비용이 많이 드는, 지도 주위의 이상한 경로를 택하도록 이끌 수도 있다.

'탐욕'은 이러한 국부적 최적화 결정 프로세스의 근시안을 의미한다. 복잡하고 언덕이 많은 지형에서 가장 높은 지점을 찾는 문제와 관련하여 최적화 문제에 대한 이러한 탐욕스러운 접근 방식을 이해할 수 있다. 여기서 '높은' 지점은 더 나은 최적의 해결책(TSP의 짧은 거리)과 유사하고, '낮은' 지점은 최악의 차선 해결책(TSP의 장거리)과 유사하다. 언덕이 많은 지형에서 가장 높은 지점을 찾는 탐욕스러운 접근 방식은 항상 위로 올라가는 것이지만, 그렇게 하면 가장 높은 산의 정상이 아닌 작은 언덕의 정상에 도달할 수 있다. 때로는 더 큰 산을 향한 더 중요한 등반을 시작하기 위해 작은 언덕 아래로 내려가는 것이 좋다. 탐욕 알고리듬은 국부적 개선만을 추구하기 때문에 결코 내려가게 하지 않고 로컬 극단에 갇히게 할 수 있다. 이것이 바로 3장에서 논의했던 문제다.

이러한 이해를 바탕으로 탐욕 알고리듬으로 인해 발생하는 로컬 최적화 문제를 해결할 수 있는 아이디어를 마침내 소개할 준비가 됐다. 이 아이디어는 순진하게 항상 올라가는 데만 전념하는 것을 포기하는 것이다. TSP의 경우 (우리가 궁극적으로 산을 오르기 위해 작은 언덕을 내려오듯이) 나중에 최상의 여정을 얻을 수 있도록 때때로 더 나쁜 여정으로 교란해야 할 수도 있다. 다시 말해, 결국 더 잘하기 위해 처음에는 더 나빠져야 한다.

온도 함수 소개

더 잘하겠다는 의도로 더 나쁜 일을 하는 것은 깨지기 쉬운 약속이다. 더 나쁜 일을 하려는 의지에 지나치게 열중하면 매 단계에서 아래로 내려가 높은 지점이 아닌 낮은 지점에 도달할 수 있다. 조금, 가끔, 그리고 궁극적으로 더 잘하는 방법을 배우는 맥락에서만 더 나빠질 수 있는 방법을 찾아야 한다.

복잡하고 언덕이 많은 지형에 있다고 다시 상상해보자. 늦은 오후에 시작해 전체 지형에서 가장 높은 지점을 찾기까지 2시간이 주어졌다. 시간을 재는 시계는 없지만 저녁이 되면 공기가 점차 싸늘해진다는 사실을 알고 있으므로 최고점을 찾는 데 얼마의 시간이 남았는지 대략적으로 측정할 수 있는 방법으로 온도를 사용하기로 결정했다고 가정해보자.

2시간이 남았을 때 밖이 비교적 더울 경우 창의적 탐구에 열린 마음을 갖는 것은 자연스러운 일이다. 남은 시간이 많기 때문에 지형을 더 잘 이해하고 새로운 장소를 보기 위해 조금 아래로 내려가는 것은 큰 위험이 아니다. 그러나 날씨가 더 추워지고 2시간이 거의 끝나갈 무렵에는 광범위한 탐색에 덜 개방적일 것이다. 더 좁게 개선하는 데 초점을 맞추고 아래로 내려가려는 의지가 줄어들 것이다.

잠시 시간을 내어 이 전략이 최고점에 도달하는 가장 좋은 방법인 이유를 생각해보자. 가끔 내려가고 싶은 이유에 대해서는 이미 이야기했다. '로컬 최적local optimum', 즉 거대한 산 옆의 산기슭 꼭대기를 피하기 위해서다. 그러면 언제 내려가야 할까? 2시간 중 마지막 10초가 남았을 때를 생각해보자. 우리가 어디에 있든 그 당시 할 수 있는 한 즉시 위로 올라가야 한다. 마지막 10초 동안 새로운 산기슭을 탐험하고 새로운 산을 찾기 위해 내려가 봤자 소용없다. 유망한 산을 발견했다고 해도 오를 시간이 없을 것이고, 도중에 실수를 해서 마지막 10초 동안 미끄러지면 바로잡을 시간이 없을 것이다. 따라서 마지막 10초는 곧장 올라가야 하고 내려가는 것을 전혀 고려하지 않아야 하는 시간이다.

그에 반해, 2시간 중 처음 10초를 고려해보자. 그 시간 동안에는 바로 위로 가려고 서두를 필요가 없다. 처음에는 탐색을 위해 약간 아래로 내려감으로써 가장 많은 것을 배울 수 있다. 처음 10초 동안 실수를 해도 나중에 바로잡을 시간이 충분하다. 배운 것이나 발견한 산을 활용할 수 있는 충분한 시간이 있다. 처음 10초 동안은 아래로 내려가는 데 가장 개방적이고 곧장 올라가는 데 가장 덜 열성적인 것이 좋다.

나머지 시간도 같은 방식으로 생각하면 이해할 수 있다. 종료 10분 전의 시간을 고려하면 종료 10초 전보다 온건한 태도를 갖게 된다. 끝이 가깝기 때문에 곧장 위로 올라가려는 의욕이 있을 것이다. 그러나 10분은 10초보다 길기 때문에 좋은 조짐을 발견할 경우를 대비해 아래쪽 탐색에 대해 약간의 개방성을 갖는다. 마찬가지로, 시작 후 10분은 시작 10초 후보다 온건한 태도로 이어진다. 전체 2시간 동안에는 의도의 증감이 있을 것이다. 즉, 처음에는 기꺼이 내려가려는 의지가 있고, 그다음에는 위로만 올라가려는 열의가 점차 강화된다.

파이썬에서 이 시나리오를 모델링하기 위해 함수를 정의할 수 있다. 뜨거운 온도와 탐색하고 내려가려는 의지로 시작해, 시원한 온도와 내려가지 않으려는 마음으로 끝난다. 우리의 온도 함수는 비교적 간단하다. 시간을 의미하는 t를 인수로 갖는다.

```
temperature = lambda t: 1/(t + 1)
```

파이썬 콘솔에서 다음 코드를 실행해 온도 함수의 간단한 그래프를 볼 수 있다. 이 코드는 matplotlib 기능을 가져오는 것으로 시작한 다음 1에서 100 사이의 t 값 범위를 포함하는 변수인 ts를 정의한다. 마지막으로 각 t 값과 관련된 온도를 그린다. 다시 말하지만, 이것은 냉각 기능의 일반적인 모양을 보여주기 위한 가상의 상황이기 때문에 여기서 단위나 정확한 크기는 걱정하지 않는다. 따라서 단위를 지정하지 않고 1을 사용해 최대 온도를, 0을 사용해 최소 온도를 나타내고, 0을 사용해 최소 시간을, 99를 사용해 최대 시간을 나타낸다.

```
import matplotlib.pyplot as plt
ts = list(range(0,100))
plt.plot(ts, [temperature(t) for t in ts])
plt.title('온도 함수')
plt.xlabel('시간')
plt.ylabel('온도')
plt.show()
```

그래프는 그림 6-4와 같다.

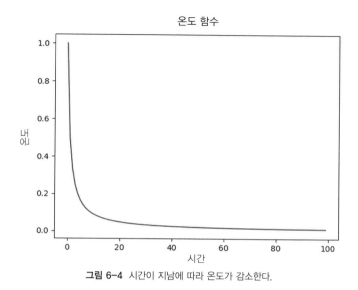

그림 6-4 시간이 지남에 따라 온도가 감소한다.

이 그래프는 가상 최적화 중에 경험할 온도를 보여준다. 온도는 최적화를 제어하는 일정으로 사용한다. 우리가 내려갈 의향은 주어진 시간의 온도에 비례한다.

이제 모의 담금질을 완전히 구현하는 데 필요한 모든 구성 요소가 있다. 시작하자. 너무 깊이 생각하기 전에 바로 뛰어들어 보자.

모의 담금질

온도 함수, 언덕이 많은 지형의 검색 문제, 교란 검색 알고리듬, TSP 같은 모든 아이디어를 함께 묶어보자. TSP의 맥락에서 우리가 속한 복잡하고 언덕이 많은 지형은 TSP에 대한 가능한 모든 해결책으로 구성된다. 더 나은 해결책은 지형의 더 높은 지점에 해당하고 더 나쁜 해결책은 지형의 더 낮은 지점에 해당한다고 상상할 수 있다. perturb( ) 함수를 적용할 때는 지형의 다른 지점으로 이동하고 그 지점이 가능한 한 높기를 바란다.

이 지형을 탐색하기 위해 온도 함수를 사용할 것이다. 출발할 때 높은 온도는 더 나쁜 여정을 선택하는 데 더 개방적으로 영향을 준다. 프로세스가 끝나갈수록 더 나쁜 여정을 선택하는 데 덜 개방적이며 '탐욕스러운' 최적화에 더 집중할 것이다.

우리가 구현할 알고리듬인 **모의 담금질**simulated annealing은 교란 검색 알고리듬의 수정된 형태다. 근본적인 차이점은 모의 담금질에서 때때로 이동 거리를 늘리는 여정 변경을 기꺼이 받아들인다는 것이다. 이렇게 하면 로컬 최적화 문제를 피할 수 있기 때문이다. 더 나쁜 여정을 기꺼이 받아들이는 것은 현재 온도에 달려 있다.

이 최신 변경사항으로 perturb( ) 함수를 수정해보자. perturb( )에 전달해야 하는 새로운 인수인 time을 추가한다. time 인수는 시뮬레이션된 어닐링 프로세스를 통해 얼마나 멀리 있는지 측정한다. perturb( )를 처음 호출할 때 시간 1로 시작하고 perturb( ) 함수를 호출하는 횟수만큼 시간이 2, 3, ... 등이 된다. 온도 함수를 지정하는 라인과 난수를 선택하는 라인을 추가한다. 난수가 온도보다 낮으면 더 나쁜 여정을 기꺼이 받아들일 것이다. 난수가 온도보다 높으면 더 나쁜 여정을 수락하지 않을 것이다. 그렇게 하면 더 나쁜 일정을 수락할 가능성이 있는 시간이 일정하지는 않지만 가끔 있게 되며, 시간이 지남에 따라 온도가 낮아지면 더 나쁜 일정을 수락할 가능성이 줄어들 것이다. 이 새로운 함수를 perturb_sa1( )이라고 부르겠다(여기서 'sa'는 'simulated annealing'의 줄임말이다). 리스트 6-4는 이러한 변경사항이 적용된 새로운 perturb_sa1( ) 함수를 보여준다.

```
def perturb_sa1(cities,itinerary,time):
    neighborids1 = math.floor(np.random.rand() * (len(itinerary)))
    neighborids2 = math.floor(np.random.rand() * (len(itinerary)))

    itinerary2 = itinerary.copy()

    itinerary2[neighborids1] = itinerary[neighborids2]
    itinerary2[neighborids2] = itinerary[neighborids1]

    distance1 = howfar(genlines(cities,itinerary))
    distance2 = howfar(genlines(cities,itinerary2))
```

```
        itinerarytoreturn = itinerary.copy()

        randomdraw = np.random.rand()
        temperature = 1/((time/1000) + 1)

        if((distance2 > distance1 and (randomdraw) < (temperature)) or (distance1 >
distance2)):
            itinerarytoreturn=itinerary2.copy()

    return(itinerarytoreturn.copy())
```

리스트 6-4 온도와 무작위 추첨을 고려하는 perturb() 함수의 업데이트된 버전

단지 이 짧은 두 라인에서 새 인수와 새 if 조건(모두 리스트 6-4에서 굵은 글씨로 표시됨)을 추가함으로써 이미 매우 간단한 모의 담금질 함수를 갖게 됐다. 온도 함수도 약간 변경했다. 매우 높은 time 값으로 이 함수를 호출할 것이기 때문에 온도 함수에서 분모 인수의 일부로 time 대신 time/1000을 사용한다. 다음과 같이 교란 검색 알고리듬과 최근접 이웃 알고리듬을 사용해 모의 담금질의 성능을 비교할 수 있다.

```
itinerary = [0,1,2,3,4,5,6,7,8,9,10,11,12,13,14,15,16,17,18,19,20,21,22,23,24, \
25,26,27,28,29,30,31,32,33,34,35,36,37,38,39]
np.random.seed(random_seed)

itinerary_sa = itinerary.copy()
for n in range(0,len(itinerary) * 50000):
    itinerary_sa = perturb_sa1(cities,itinerary_sa,n)

print(howfar(genlines(cities,itinerary)))    # 무작위 여정
print(howfar(genlines(cities,itinerary_ps)))  # 교란 검색
print(howfar(genlines(cities,itinerary_sa)))  # 모의 담금질
print(howfar(genlines(cities,donn(cities,N))))  # 최근접 이웃
```

축하한다! 이제 모의 담금질을 수행할 수 있다. 이전에 관찰한 것처럼 최근접 이웃 일정의 거리가 6.29인 반면 임의의 일정의 거리가 16.81임을 알 수 있다. 교란 검색 여정의 거리가 7.38이고 모의 담금질 여정의 거리가 5.92다. 이 경우 교란 검색이 임의의 여정보다 더 나은 성능을 보이고, 최근접 이웃이 교란 검색과 임의의 여정보다 더 나은 성능을 발휘하며, 모의 담금질이 다른 모든 것보다 더 나은 성능을 보인다는 사실을 알았다. 다른 임의의 시드를 시도하면 모의 담금질이 최근접 이웃만큼 잘 수행되지 않는 경우를 포함하여 다른 결과를 볼 수 있다. 이는 모의 담금질이 민감한 프로세스이고 제대로 작동하고 안정적으로 작동하려면 몇 가지 측면을 정확하게 조정해야 하기 때문이다. 그 조정을 수행한 후에는 더 단순하고 탐욕적인 최적화 알고리듬보다 훨씬 더 나은 성능을 지속적으로 제공할 것이다. 이 장의 나머지 부분에서는 가능한 최고의 성능을 얻기 위해 모의 담금질을 조정하는 방법을 비롯한 세부 사항을 고려한다.

은유 기반 메타휴리스틱

모의 담금질의 특성은 그 기원을 알면 더 쉽게 이해할 수 있다. 담금질은 금속을 가열한 다음 점차적으로 냉각시키는 금속학의 한 과정이다. 금속이 뜨거우면 금속 입자 사이의 많은 결합이 끊어진다. 금속이 냉각됨에 따라 입자 사이에 새로운 결합이 형성되어 금속이 좀 더 가치 있는 특성을 갖게 된다. 모의 담금질은 온도가 높을 때 더 나쁜 해결책을 받아들임으로써 상황을 벗어나고, 온도가 낮아지면 이전보다 더 좋게 만드는 방식으로 바로잡을 수 있기를 희망한다는 의미에서 담금질과 같다.

은유는 다소 인위적이며 비금속학자가 직관적으로 아는 것이 아니다. 모의 담금질은 **은유 기반 메타휴리스틱**metaphor-based metaheuristic이라고 하는 것이다. 자연이나 인간 사회에서 발견되는 기존의 프로세스를 취하여 최적화 문제를 해결하기 위해 조정하는 방법을 찾는 다른 많은 은유 기반 메타휴리스틱이 있다. 개미 군집 최적화, 뻐꾸기 검색, 오징어 최적화, 고양이떼 최적화, 뒤섞인 개구리 도약, 황제 펭귄 군집, 하모니 검색(재즈 뮤지션의 즉흥 연주 기반), 빗물 알고리듬과 같은 이름이 있다. 이러한 비유 중 일부는 인위적이고 그다지 유용하지 않지만, 때로는 심각한 문제에 대한 진정한 통찰력을 제공하거나 영감을 줄 수 있다. 어느 경우에나 그것들은 거의 항상 배우기에 흥미롭고 코딩하기 즐겁다.

알고리듬 튜닝

언급했듯이 모의 담금질은 민감한 프로세스다. 앞서 소개한 코드는 기본적인 방법으로 수행하는 방법을 보여주지만, 더 잘하기 위해 세부 사항을 변경하고 싶다고 해보자. 주요 접근 방식을 변경하지 않고 더 나은 성능을 얻기 위해 알고리듬의 작은 세부 사항이나 매개변수를 변경하는 프로세스를 종종 **튜닝**tuning이라고 하며, 이번과 같은 어려운 경우에는 큰 차이를 만들 수 있다.

우리의 perturb() 함수는 여정에 작은 변화를 준다. 즉, 두 도시의 위치를 변경한다. 그러나 이것이 여정을 교란할 수 있는 유일한 방법은 아니다. 어떤 교란 방법이 가장 잘 수행되는지 미리 알기는 어렵지만 항상 몇 가지를 시도할 수 있다.

일정을 교란하는 또 다른 자연스러운 방법은 일정 부분을 반대로 하는 것이다. 즉, 도시의 일부를 선택해 반대 순서로 방문하는 것이다. 파이썬에서는 이 반전을 한 라인으로 구현할 수 있다. small과 big 인덱스를 가진 여정에서 두 도시를 선택하는 경우 다음 코드 조각은 두 도시 사이의 모든 도시 순서를 반대로 하는 방법을 보여준다.

```python
small = 10
big = 20
itinerary = [0,1,2,3,4,5,6,7,8,9,10,11,12,13,14,15,16,17,18,19,20,21,22,23,24, \
25,26,27,28,29,30,31,32,33,34,35,36,37,38,39]
itinerary[small:big] = itinerary[small:big][::-1]
print(itinerary)
```

이 코드 조각을 실행하면 출력에서 도시 10~19가 역순으로 표시된 여정을 보여주는 것을 알 수 있다.

```
[0, 1, 2, 3, 4, 5, 6, 7, 8, 9, 19, 18, 17, 16, 15, 14, 13, 12, 11, 10, 20, 21,
22, 23, 24, 25, 26, 27, 28, 29, 30, 31, 32, 33, 34, 35, 36, 37, 38, 39]
```

일정을 교란하는 또 다른 방법은 현재 위치에서 한 섹션을 들어내서[lift] 일정의 다른 부분에 배치하는 것이다. 예를 들어, 다음과 같은 일정을 취할 수 있다.

```
itinerary = [0,1,2,3,4,5,6,7,8,9]
```

그리고 전체 섹션 [1,2,3,4]를 다음과 같은 새 일정으로 변환해 일정의 후반부로 이동시킨다.

```
itinerary = [0,5,6,7,8,1,2,3,4,9]
```

다음 파이썬 코드 조각을 사용해 이러한 유형의 들어내서 이동시키는 것을 수행할 수 있고, 선택한 섹션을 임의의 위치로 이동시킨다.

```
small = 1
big = 5
itinerary = [0,1,2,3,4,5,6,7,8,9]
tempitin = itinerary[small:big]
del(itinerary[small:big])
np.random.seed(random_seed + 1)
neighborids3 = math.floor(np.random.rand() * (len(itinerary)))
for j in range(0,len(tempitin)):
    itinerary.insert(neighborids3 + j,tempitin[j])
```

perturb() 함수를 업데이트하여 이러한 각기 다른 교란 방법 중 무작위로 교대로 사용할 수 있다. 0과 1 사이의 숫자를 임의로 선택해 이를 수행할 것이다. 이 새로운 난수가 특정 범위(가령 0~0.45)에 있으면 도시의 하위 집합을 반대로 하여 교란한다. 그러나 다른 범위(가령 0.45~0.55)에 있을 때는 두 도시의 위치를 변경해 교란한다. 최종 범위(가령 0.55~1)에 있는 경우 도시의 하위 집합을 들어내고 이동시켜 교란한다. 이런 식으로 perturb() 함수는 각 유형의 교란을 무작위로 교대로 사용할 수 있다. 리스트 6-5와 같이 이 무작위 선택과 이러한 유형의 교란을 이제 perturb_sa2()라는 새 함수에 넣을 수 있다.

```
def perturb_sa2(cities,itinerary,time):
    neighborids1 = math.floor(np.random.rand() * (len(itinerary)))
    neighborids2 = math.floor(np.random.rand() * (len(itinerary)))

    itinerary2 = itinerary.copy()

    randomdraw2 = np.random.rand()
    small = min(neighborids1,neighborids2)
    big = max(neighborids1,neighborids2)
    if(randomdraw2 >= 0.55):
        itinerary2[small:big] = itinerary2[small:big][:: - 1]
    elif(randomdraw2 < 0.45):
        tempitin = itinerary[small:big]
        del(itinerary2[small:big])
        neighborids3 = math.floor(np.random.rand() * (len(itinerary)))
        for j in range(0,len(tempitin)):
            itinerary2.insert(neighborids3 + j,tempitin[j])
    else:
        itinerary2[neighborids1] = itinerary[neighborids2]
        itinerary2[neighborids2] = itinerary[neighborids1]

    distance1 = howfar(genlines(cities,itinerary))
    distance2 = howfar(genlines(cities,itinerary2))

    itinerarytoreturn = itinerary.copy()

    randomdraw = np.random.rand()
    temperature = 1/((time/1000) + 1)

    if((distance2 > distance1 and (randomdraw) < (temperature)) or \
(distance1 > distance2)):
        itinerarytoreturn = itinerary2.copy()

    return(itinerarytoreturn.copy())
```

리스트 6–5 이제 우리는 일정을 교란하기 위해 몇 가지 다른 방법을 사용한다.

perturb( ) 함수는 이제 더 복잡하고 유연해졌다. 무작위 추첨을 기반으로 일정을 여러 유형으로 변경할 수 있다. 유연성이 반드시 그 자체로 추구할 가치가 있는 목표는 아니며 복잡성도 분명히 그렇지 않다. 이 경우(그리고 모든 경우에) 복잡성과 유연성을 추가할 가치가 있는지 판단하기 위해 성능 향상 여부를 확인해야 한다. 이것이 튜닝의 본질이다. 악기를 튜닝할 때와 마찬가지로 줄을 얼마나 조여야 하는지 미리 알지 못한다. 약간 조이거나 풀고 소리가 어떤지 듣고 조정해야 한다. 여기서 변경사항을 테스트할 때(리스트 6-5에서 굵은 글씨로 표시), 이전에 실행했던 코드와 비교해 성능이 향상됐음을 알 수 있다.

주요 문제점 회피

모의 담금질의 요점은 더 잘하기 위해 더 나빠져야 한다는 것이다. 그러나 너무 나쁘게 만드는 변경은 피하고 싶다. 우리가 perturb( ) 함수를 설정하는 방법은 임의의 선택이 한계 온도보다 낮을 때마다 더 나쁜 여정을 받아들인다. 다음 조건문을 사용해 이를 수행한다(단독으로 실행되지 않음).

```
if((distance2 > distance1 and randomdraw < temperature) or (distance1 > distance2)):
```

더 나쁜 여정을 받아들이려는 의지가 온도뿐만 아니라 가상적 변화가 여정을 얼마나 악화시키는지에 따라서도 달라지도록 조건을 변경하기를 원할 수도 있다. 아주 조금 더 악화된다면, 훨씬 더 악화될 때보다 좀 더 기꺼이 받아들일 것이다.

이를 설명하기 위해 새로운 여정이 얼마나 더 나쁜지를 조건부 측정에 통합할 것이다. 다음 조건부(단독으로 실행되지 않음)는 이를 수행하는 효과적인 방법이다.

```
scale = 3.5
if((distance2 > distance1 and (randomdraw) < (math.exp(scale*(distance1-distance2)) \
* temperature)) or (distance1 > distance2)):
```

이 조건문을 코드에 넣으면 리스트 6-6과 같은 함수가 된다. 여기서는 perturb( ) 함수의 맨끝만 표시한다.

```
--생략--
# 여기부터 교란 함수 시작

    scale = 3.5
    if((distance2 > distance1 and (randomdraw) < (math.exp(scale * (distance1 - \
distance2)) * temperature)) or (distance1 > distance2)):
        itinerarytoreturn = itinerary2.copy()

    return(itinerarytoreturn.copy())
```

리셋 허용

모의 담금질 프로세스에서 자신도 모르게 명백히 나쁜 일정 변경을 받아들일 수 있다. 이 경우 지금까지 만난 최고의 여행 일정을 추적하고 특정 조건에서 알고리듬이 해당 최고 여행 일정으로 리셋하도록 하는 것이 유용할 수 있다. 리스트 6-6은 이를 수행하는 코드를 제공하며, 모의 담금질을 위한 새로운 전체 교란 함수를 굵은 글씨로 강조 표시했다.

```
def perturb_sa3(cities,itinerary,time,maxitin):
    neighborids1 = math.floor(np.random.rand() * (len(itinerary)))
    neighborids2 = math.floor(np.random.rand() * (len(itinerary)))
    global mindistance
    global minitinerary
    global minidx
    itinerary2 = itinerary.copy()
    randomdraw = np.random.rand()

    randomdraw2 = np.random.rand()
    small = min(neighborids1,neighborids2)
    big = max(neighborids1,neighborids2)
    if(randomdraw2>=0.55):
        itinerary2[small:big] = itinerary2[small:big][::- 1 ]
    elif(randomdraw2 < 0.45):
        tempitin = itinerary[small:big]
        del(itinerary2[small:big])
```

```
            neighborids3 = math.floor(np.random.rand() * (len(itinerary)))
            for j in range(0,len(tempitin)):
                itinerary2.insert(neighborids3 + j,tempitin[j])
        else:
            itinerary2[neighborids1] = itinerary[neighborids2]
            itinerary2[neighborids2] = itinerary[neighborids1]


        temperature=1/(time/(maxitin/10)+1)


        distance1 = howfar(genlines(cities,itinerary))
        distance2 = howfar(genlines(cities,itinerary2))


        itinerarytoreturn = itinerary.copy()


        scale = 3.5
        if((distance2 > distance1 and (randomdraw) < (math.exp(scale*(distance1 - \
distance2)) * temperature)) or (distance1 > distance2)):
            itinerarytoreturn = itinerary2.copy()


        reset = True
        resetthresh = 0.04
        if(reset and (time - minidx) > (maxitin * resetthresh)):
            itinerarytoreturn = minitinerary
            minidx = time


        if(howfar(genlines(cities,itinerarytoreturn)) < mindistance):
            mindistance = howfar(genlines(cities,itinerary2))
            minitinerary = itinerarytoreturn
            minidx = time


        if(abs(time - maxitin) <= 1):
            itinerarytoreturn = minitinerary.copy()


        return(itinerarytoreturn.copy())
```

리스트 6-6 이 함수는 전체 모의 담금질 프로세스를 수행하고 최적화된 여정을 반환한다.

여기에서 지금까지 도달한 최소 거리, 도달한 여정과 도달한 시간에 대한 전역 변수를 정의한다. 최소 거리를 달성한 여정보다 더 나은 것을 찾지 못한 채 시간이 아주 많이 흐른다면, 그 지점 이후에 변경한 사항이 실수였다고 결론을 내릴 수 있으며 해당 최고 여정으로 재설정할 수 있다. 이전 최고 여정에서 개선점을 찾지 못한 채 많은 교란을 시도한 경우에만 리셋하고 resetthresh라는 변수는 리셋하기 전에 기다려야 하는 시간을 결정한다. 마지막으로 maxitin이라는 새 인수를 추가한다. 이 인수는 이 함수를 호출하려는 총 횟수를 함수에 알려주어 프로세스에서 정확히 어디에 있는지 알 수 있다. 온도 함수에서도 maxitin을 사용함으로써 온도 곡선이 우리가 수행하려는 많은 교란에 유연하게 조정될 수 있다. 시간이 다 되면 지금까지 최고의 결과를 제공한 여정을 반환한다.

성능 테스트

이제 이러한 편집과 개선 작업을 수행했으므로 siman( )('simulated annealing'의 줄임말)이라는 함수를 생성할 수 있다. 이 함수는 전역 변수를 생성한 다음 최신 perturb( ) 함수를 반복적으로 호출하여 결국 매우 이동 거리가 짧은 여정에 도달한다(리스트 6-7).

```python
def siman(itinerary,cities):
    newitinerary = itinerary.copy()
    global mindistance
    global minitinerary
    global minidx
    mindistance = howfar(genlines(cities,itinerary))
    minitinerary = itinerary
    minidx = 0

    maxitin = len(itinerary) * 50000
    for t in range(0,maxitin):
        newitinerary = perturb_sa3(cities,newitinerary,t,maxitin)

    return(newitinerary.copy())
```

리스트 6-7 이 함수는 전체 모의 담금질 프로세스를 수행하고 최적화된 일정을 반환한다.

다음으로 siman( ) 함수를 호출하고 그 결과를 최근접 이웃 알고리듬의 결과와 비교한다.

```
np.random.seed(random_seed)
itinerary = list(range(N))
nnitin = donn(cities,N)
nnresult = howfar(genlines(cities,nnitin))
simanitinerary = siman(itinerary,cities)
simanresult = howfar(genlines(cities,simanitinerary))
print(nnresult)
print(simanresult)
print(simanresult/nnresult)
```

이 코드를 실행하면 최종 모의 담금질 함수가 거리 5.32의 여정을 생성한다는 사실을 알 수 있다. 최근접 이웃 여정의 거리 6.29와 비교하면 15% 이상 개선된 것이다. 이 결과가 전혀 감동스럽지 않을지도 모른다. 우리는 총 거리에서 약 15%를 줄이는 해결책을 고심하는 데에만 12페이지 넘게 소비했다. 이것은 합리적인 불만이며 최근접 이웃 알고리듬이 제공하는 성능보다 더 나은 성능을 낼 필요가 전혀 없을 수도 있다. 그러나 UPS나 DHL 같은 글로벌 물류 회사의 CEO에게 출장 비용을 15% 줄이는 방법을 제안하고, 이것이 의미하는 수십억 달러를 생각하면서 그들의 눈동자가 달러 기호로 바뀌는 것을 상상해보자. 물류는 여전히 전 세계 모든 비즈니스에서 높은 비용과 환경오염의 주요 동인이며, TSP를 잘 해결하는 것은 항상 큰 실질적인 차이를 만들 것이다. 이 외에도 TSP는 최적화 방법을 비교하기 위한 벤치마크이자 고급 이론적 아이디어를 조사하기 위한 관문으로서 학문적으로 극히 중요하다.

plotitinerary(cities,simanitinerary,'외판원 여정 - 모의 담금질','figure5')를 실행해 모의 담금질의 최종 결과로 얻은 여정을 그릴 수 있다. 그림 6-5에서 그래프를 볼 수 있다.

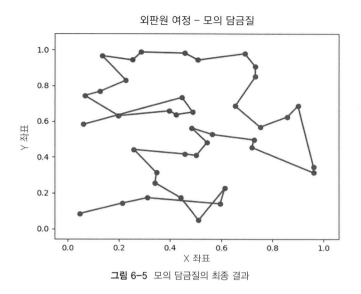

그림 6-5 모의 담금질의 최종 결과

한편으로는 무작위로 생성된 점과 점을 연결하는 선으로 구성된 그래프일 뿐이다. 다른 한편으로는 수십만 번의 반복을 수행하면서 거의 무한한 가능성 사이에서 끊임없이 완벽을 추구한 최적화 프로세스의 결과이고 그런 면에서 아름답다.

요약

6장에서는 고급 최적화의 사례 연구로 외판원 문제를 논의했다. 브루트 포스 검색, 최근접 이웃 검색, 그리고 더 나은 결과를 위해 더 나쁜 선택을 할 수 있는 강력한 해결책인 모의 담금질을 포함하여 문제에 대한 몇 가지 접근 방식을 논의했다. TSP의 어려운 사례를 다루면서 다른 최적화 문제에 적용할 수 있는 기술을 습득했길 바란다. 비즈니스와 과학 분야에서는 항상 고급 최적화에 대한 실질적인 요구가 있을 것이다.

다음 장에서는 기하학적 조작과 구성을 가능하게 하는 강력한 알고리듬을 검토하면서 기하학으로 관심을 돌릴 것이다. 모험을 계속해보자!

CHAPTER 7

기하학

인간은 기하학을 깊이 있고 직관적으로 이해하고 있다. 현관을 통해 소파를 옮길 때마다, 〈픽셔너리[1]〉에서 그림을 그리거나, 고속도로에서 다른 차가 얼마나 멀리 떨어져 있는지 판단할 때마다 종종 무의식적으로 숙달한 알고리듬에 따라 일종의 기하학적 추론을 하고 있다. 지금쯤이면 고급 기하학이 알고리듬 추론에 자연스럽게 들어맞는다는 사실을 알고도 놀라지 않을 것이다.

7장에서는 우체국장 문제를 해결하기 위해 기하학적 알고리듬을 사용할 것이다. 문제에 대한 설명으로 시작해 보로노이 다이어그램Voronoi diagram을 사용해 문제를 해결할 수 있는 방법을 살펴볼 것이다. 7장의 나머지 부분에서는 이 해결책을 알고리듬으로 생성하는 방법을 설명한다.

---

1 단어를 보고 그림을 그려서 어떤 단어인지 맞추는 게임(출처: 네이버 사전(https://en.dict.naver.com/#/userEntry/enko/fb3e873b240b5b14c89070a1271227e9)) – 옮긴이

우체국장 문제

당신이 벤저민 프랭클린^{Benjamin Franklin}이고 새로운 국가의 첫 번째 우정국 장관으로 임명됐다고 상상해보자. 기존의 독립 우체국은 국가가 성장함에 따라 무작정 지어졌으며, 당신의 임무는 이 혼란스러운 부분을 제대로 작동하도록 바꾸는 것이다. 그림 7-1과 같이 한 마을에서 집들 사이에 4개의 우체국이 있다고 가정하자.

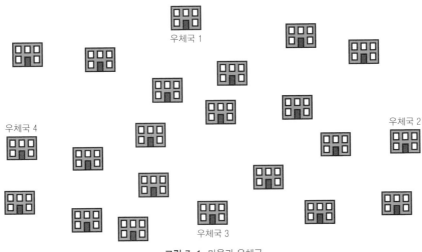

그림 7-1 마을과 우체국

새로운 국가에는 우체국장이 없었기 때문에 우체국 배달을 최적화하는 감독은 없었다. 그림 7-2와 같이 우체국 4는 우체국 2와 3에 가까운 집으로 배달하도록 지정되고 동시에 우체국 2는 우체국 4와 가까운 집으로 배달하도록 지정될 수 있다.

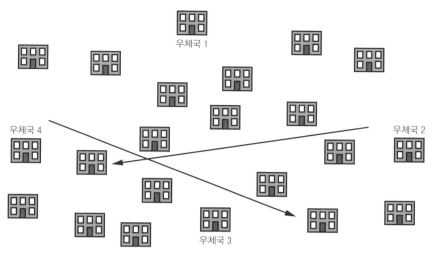

그림 7-2 우체국 2와 4에 비효율적으로 할당된 것이 있다.

각 가정이 이상적인 우체국에서 배달받도록 배달 업무를 재할당할 수 있다. 배달 업무를 위한 이상적인 우체국은 업무가 없는 직원이 가장 많거나, 지역 이동에 적합한 장비를 갖추고 있거나, 한 지역의 모든 주소를 찾을 수 있는 제도적 지식을 갖춘 우체국일 것이다. 그러나 아마도 배달 업무에 이상적인 우체국은 그저 가장 가까운 우체국일 것이다. 이것은 적어도 지도 주위에서 물건을 이동시키고 이동 거리를 줄이려 한다는 점에서 외판원 문제^{TSP}와 유사하다는 사실을 알 수 있다. 그러나 TSP는 한 명의 여행자가 정해진 경로의 순서를 최적화하는 문제이고, 여기서는 많은 여행자(편지 운반자)가 여러 경로의 할당을 최적화하는 문제다. 사실, 이 문제와 TSP는 최대 이득을 위해 연속적으로 해결될 수 있다. 어떤 우체국이 어떤 가정에 배달해야 하는지를 지정한 후 개별 우편 배달원은 TSP를 사용해 해당 가정을 방문하는 순서를 결정할 수 있다.

우체국장 문제^{postmaster problem}라고 부르는 이 문제에 대한 가장 간단한 접근 방법은 각 집을 차례로 고려하여 집과 4개의 우체국 사이의 거리를 계산하고 문제의 집에 배달할 가장 가까운 우체국을 지정하는 것이다.

이 접근 방식에는 몇 가지 약점이 있다. 첫째, 새 집이 지어졌을 때 쉽게 할당할 수 있는 방법을 제공하지 않는다. 새로 지은 모든 집은 기존의 모든 우체국과 동일하게 힘든 비교 과정을 거쳐야 한다. 둘째, 개별 주택 수준에서 계산을 수행하는 것만으로는 지역 전체에 대해 학습할 수 없다. 예를 들어, 이웃 전체가 한 우체국의 그림자 안에 있지만 다른 모든 우체국에서 멀리 떨어져 있을 수 있다. 이웃 전체가 동일한 가까운 우체국에서 서비스를 받아야 한다고 한 번에 결론을 내리는 것이 가장 좋다. 불행히도 우리의 방법은 단지 매번 같은 결과를 얻기 위해 이웃의 모든 집에 대해 계산을 반복해야 한다.

각 집의 거리를 개별적으로 계산하면서 작업을 반복하고 있는데, 이 작업은 전체 이웃이나 지역에 대해 어떻게든 일반화할 수 있다면 하지 않아도 된다. 그리고 그 작업은 늘어난다. 오늘날 전 세계에서 볼 수 있는 것처럼 우체국이 많고 건설 속도가 빠른 수천만 인구의 거대 도시에서 이러한 접근 방식은 불필요하게 느리고 컴퓨팅 자원이 많이 필요하다.

좀 더 우아한 접근 방식은 지도를 전체적으로 고려하고, 각각의 우체국에 할당된 서비스 지역을 나타내는 독립된 지역으로 분리하는 것이다. 2개의 직선만 그리면 가상의 마을에서 이를 달성할 수 있다(그림 7-3).

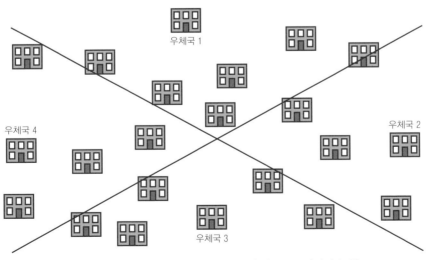

그림 7-3 마을을 최적의 우편 배달 지역으로 나누는 보로노이 다이어그램

우리가 그린 지역은 가장 가까운 지역을 나타내며 모든 단일 주택, 점 및 픽셀에 대해 가장 가까운 우체국은 해당 지역을 공유하는 우체국이다. 이제 전체 지도가 세분화됐으므로 새 건물이 있는 지역을 확인하기만 하면 가장 가까운 우체국에 쉽게 할당할 수 있다.

이처럼 지도를 가장 가까운 지역으로 세분화하는 다이어그램을 **보로노이 다이어그램**Voronoi diagram이라고 한다. 보로노이 다이어그램의 역사는 르네 데카르트René Descartes까지 거슬러 올라간다. 콜레라가 어떻게 퍼졌는지에 대한 증거를 제공하기 위해 런던의 수도 펌프 배치를 분석하는 데 사용됐으며, 여전히 물리학과 재료 과학에서 결정 구조를 나타내는 데 사용한다. 이 장에서는 모든 점 집합에 대해 보로노이 다이어그램을 생성해 우체국장 문제를 해결하는 알고리듬을 소개한다.

삼각형 101

뒤로 돌아가서 분석할 알고리듬의 가장 간단한 요소부터 시작하자. 우리는 가장 단순한 분석 요소가 핵심인 기하학을 다루고 있다. 다음 예제와 같이 x 좌표와 y 좌표라는 두 가지 요소를 가진 리스트로 점을 표시한다.

```
point = [0.2,0.8]
```

다음 단계의 복잡도에서는 점을 결합해 삼각형을 형성한다. 세 점의 리스트로 삼각형을 나타낼 것이다.

```
triangle = [[0.2,0.8],[0.5,0.2],[0.8,0.7]]
```

3개의 각기 다른 점 집합을 삼각형으로 변환할 수 있는 도우미 함수도 정의해보자. 이 작은 함수가 하는 일은 3개의 점을 리스트로 수집하고 그 리스트를 반환하는 게 전부다.

```
def points_to_triangle(point1,point2,point3):
    triangle = [list(point1),list(point2),list(point3)]
    return(triangle)
```

작업 중인 삼각형을 시각화할 수 있으면 도움이 될 것이다. 삼각형을 가져와 그리는 간단한 함수를 만들어보자. 먼저 6장에서 정의한 genlines() 함수를 사용할 것이다. 이 함수는 점 모음을 취해서 선으로 변환한다는 것을 기억하자. 다시 말하지만, lines라는 리스트에 점을 추가하는 매우 간단한 함수다.

```
def genlines(listpoints,itinerary):
    lines = []
    for j in range(len(itinerary)-1):
        lines.append([listpoints[itinerary[j]],listpoints[itinerary[j+1]]])
    return(lines)
```

다음으로 간단한 플로팅 함수를 만든다. 전달한 삼각형을 x와 y 값으로 분할하고 genlines() 를 호출해 해당 값을 기반으로 선 모음을 생성하고, 점과 선을 그린 후 마지막으로 그림을 .png 파일에 저장한다. 플로팅에 pylab 모듈을 사용하고 matplotlib 모듈의 코드를 사용해 라인 모음을 만든다. 리스트 7-1은 이 함수를 보여준다.

```
import pylab as pl
from matplotlib import collections as mc
def plot_triangle_simple(triangle,thename):
    fig, ax = pl.subplots()

    xs = [triangle[0][0],triangle[1][0],triangle[2][0]]
    ys = [triangle[0][1],triangle[1][1],triangle[2][1]]

    itin=[0,1,2,0]

    thelines = genlines(triangle,itin)
```

```
lc = mc.LineCollection(genlines(triangle,itin), linewidths=2)

ax.add_collection(lc)

ax.margins(0.1)
pl.scatter(xs, ys)
pl.savefig(str(thename) + '.png')
pl.close()
```

리스트 7-1 삼각형을 그리는 함수

이제 세 점을 선택해서 삼각형으로 변환하고 삼각형을 그리는 것을 모두 코드 한 줄로 할 수 있다.

```
plot_triangle_simple(points_to_triangle((0.2,0.8),(0.5,0.2),(0.8,0.7)),'tri')
```

그림 7-4는 결과를 보여준다.

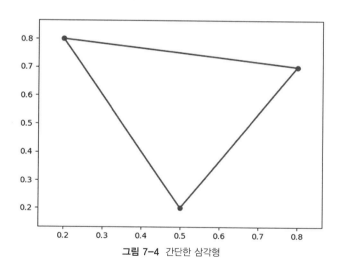

그림 7-4 간단한 삼각형

또한 피타고라스 정리를 사용해 두 점 사이의 거리를 계산할 수 있는 함수가 있으면 편리할 것이다.

```
def get_distance(point1,point2):
    distance = math.sqrt((point1[0] - point2[0])**2 + (point1[1] - point2[1])**2)
    return(distance)
```

마지막으로 일반적인 기하학 용어들의 의미를 상기해보자.

- **이등분**bisect : 선을 2개의 동일한 부분으로 나누는 것. 선을 이등분하면 중간점을 찾을 수 있다.
- **등변**equilateral : '동일한 변'을 의미. 모든 변의 길이가 같은 모양을 설명하는 데 이 용어를 사용한다.
- **수직**perpendicular : 90도 각도를 형성하는 2개의 선을 설명하는 방법
- **정점**vertex : 도형의 두 모서리가 만나는 점

대학원 수준의 고급 삼각형 연구

과학자이자 철학자인 고트프리트 빌헬름 라이프니츠Gottfried Wilhelm Leibniz는 우리의 세계가 '가설이 가장 단순하고 현상이 가장 풍부하기' 때문에 가능한 모든 세계 중에서 최고라고 생각했다. 과학 법칙은 몇 가지 간단한 규칙으로 요약될 수 있지만 그 규칙이 우리가 관찰하는 세계의 복잡한 다양성과 아름다움으로 이어진다고 생각했다. 이것은 우주에 대해서는 사실이 아닐 수도 있지만 삼각형에 대해서는 확실히 사실이다. 매우 단순한 가설(삼 면이 있는 모양의 아이디어)에서 시작해 현상이 매우 풍부한 세계로 들어간다.

외심[2] 찾기

삼각형 세계 현상의 풍부함을 보기 시작하려면 모든 삼각형으로 시도할 수 있는 다음과 같은 간단한 알고리듬을 고려해 보자.

---

2   삼각형의 외접원, 즉 삼각형의 세 꼭짓점을 모두 지나는 원의 중심을 삼각형의 외심이라고 한다(출처: 네이버 사전(https://terms. naver.com/entry.naver?docId=3340660&cid=60207&categoryId=60207)). – 옮긴이

1. 삼각형의 각 변의 중점을 찾는다.
2. 삼각형의 각 꼭짓점에서 꼭짓점 반대변의 중점까지 선을 그린다.

이 알고리듬을 따르면 그림 7−5와 같은 것을 볼 수 있다.

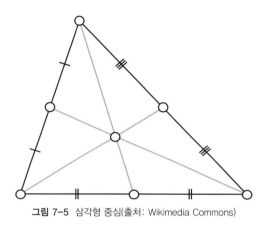

그림 7−5 삼각형 중심(출처: Wikimedia Commons)

놀랍게도, 당신이 그린 모든 선은 삼각형의 '중심'처럼 보이는 한 점에서 만난다. 어떤 삼각형으로 시작하든 상관없이 3개의 선은 모두 한 점에서 만날 것이다. 그들이 만나는 점을 흔히 삼각형의 **중심**^{centroid}이라고 하며, 삼각형의 중심이라고 할 수 있을 것 같은 곳의 내부에 항상 있다.

원과 같은 일부 도형에는 항상 명백히 도형의 중심이라고 부를 수 있는 하나의 점이 있다. 그러나 삼각형은 이와 같지 않다. 중심은 하나의 중심점이지만 역시 중심으로 간주할 수 있는 다른 점들이 있다. 모든 삼각형에 대해 다음과 같은 새로운 알고리듬을 고려하자.

1. 삼각형의 각 변을 이등분한다.
2. 변의 중점을 통해 각 변에 수직인 선을 그린다.

이 경우 선은 일반적으로 중심을 그릴 때와 같이 정점을 통과하지 않는다. 그림 7−5를 그림 7−6과 비교하자.

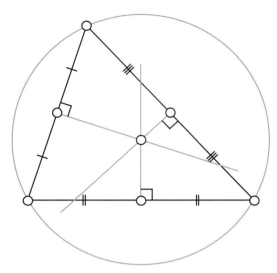

그림 7-6 삼각형 외심(출처: Wikimedia Commons)

중심은 아니지만 종종 삼각형 내부에 있는 점에서 선이 모두 다시 만나는 것에 주목하자. 이 점에는 또 다른 흥미로운 속성이 있다. 이 점이 삼각형의 세 꼭짓점을 모두 통과하는 고유한 원의 중심이라는 것이다. 삼각형과 관련된 또 다른 풍부한 현상이 있다. 모든 삼각형에는 세 점을 모두 통과하는 하나의 고유한 원이 있다. 이 원이 삼각형에 외접하는 원이기 때문에 **외접원**circumcircle이라고 한다. 방금 설명한 알고리즘은 외접원의 중심을 찾는다. 이러한 이유로 이 세 선이 모두 만나는 점을 **외심**circumcenter이라고 한다.

중심과 마찬가지로 외심은 삼각형의 중심이라고 할 수 있는 점이지만 유일한 후보는 아니다. https://faculty.evansville.edu/ck6/encyclopedia/ETC.html의 백과사전에 이런저런 이유로 삼각형 중심이라고 부를 수 있는 40,000개(지금까지)의 점 리스트가 있다. 백과사전에서 언급하듯이 삼각형 중심의 정의는 "무한히 많은 개체로 만족되며 그중 오직 유한 개체만 공개되는" 것이다. 놀랍게도 3개의 단순한 점과 3개의 직선으로 시작해 고유한 중심에 대한 잠재적으로 무한한 정보를 얻을 수 있다. 라이프니츠가 매우 기뻐할 것이다.

주어진 삼각형에 대해 외심과 **외접원 반경**circumradius을 찾는 함수를 작성할 수 있다. 이 함수는 복소수로의 변환에 의존한다. 삼각형을 입력으로 받아 중심과 반경을 출력으로 반환한다.

```
def triangle_to_circumcenter(triangle):
    x,y,z = complex(triangle[0][0],triangle[0][1]), complex(triangle[1][0], \
triangle[1][1]), complex(triangle[2][0],triangle[2][1])
    w = z - x
    w /= y - x
    c = (x-y) * (w-abs(w)**2)/2j/w.imag - x
    radius = abs(c + x)
    return((0 - c.real,0 - c.imag),radius)
```

이 함수가 중심과 반경을 계산하는 방법의 구체적인 세부 사항은 복잡하다. 여기서 다루지는
않겠지만 원한다면 직접 코드를 살펴보길 권한다.

그리기 기능 향상

이제 모든 삼각형에 대한 외심과 외접원의 반경을 찾을 수 있으므로 plot_triangle( ) 함수
를 개선해서 모든 것을 그릴 수 있게 하자. 리스트 7-2는 새로운 함수를 보여준다.

```
def plot_triangle(triangles,centers,radii,thename):
    fig, ax = pl.subplots()
    ax.set_xlim([0,1])
    ax.set_ylim([0,1])
    for i in range(0,len(triangles)):
        triangle = triangles[i]
        center = centers[i]
        radius = radii[i]
        itin = [0,1,2,0]
        thelines = genlines(triangle,itin)
        xs = [triangle[0][0],triangle[1][0],triangle[2][0]]
        ys = [triangle[0][1],triangle[1][1],triangle[2][1]]

        lc = mc.LineCollection(genlines(triangle,itin), linewidths = 2)

        ax.add_collection(lc)
        ax.margins(0.1)
        pl.scatter(xs, ys)
        pl.scatter(center[0],center[1])

        circle = pl.Circle(center, radius, color = 'b', fill = False)
```

```
    ax.add_artist(circle)
pl.savefig(str(thename) + '.png')
pl.close()
```

리스트 7-2 외심과 외접원을 그리는 개선된 `plot_triangle()` 함수

2개의 새로운 인수를 추가하는 것으로 시작한다. 모든 삼각형의 각 외심 리스트인 `centers` 변수와 모든 삼각형의 외접원 반경 리스트인 `radii` 변수다. 이 함수는 하나의 삼각형 대신 여러 개의 삼각형을 그리기 때문에 리스트로 구성된 인수를 갖는다. `pylab`의 원 그리기 기능을 사용해 원을 그릴 것이다. 나중에 우리는 동시에 여러 삼각형을 다룰 것이다. 하나가 아닌 여러 개의 삼각형을 그릴 수 있는 플로팅 함수가 있으면 유용할 것이다. 모든 삼각형과 중심을 반복하고 각각을 연속적으로 그리는 플로팅 함수에 루프를 넣을 것이다.

우리가 정의한 삼각형 리스트와 함께 이 함수를 호출할 수 있다.

```
triangle1 = points_to_triangle((0.1,0.1),(0.3,0.6),(0.5,0.2))
center1,radius1 = triangle_to_circumcenter(triangle1)
triangle2 = points_to_triangle((0.8,0.1),(0.7,0.5),(0.8,0.9))
center2,radius2 = triangle_to_circumcenter(triangle2)
plot_triangle([triangle1,triangle2],[center1,center2],[radius1,radius2],'two')
```

결과는 그림 7-7에서 볼 수 있다.

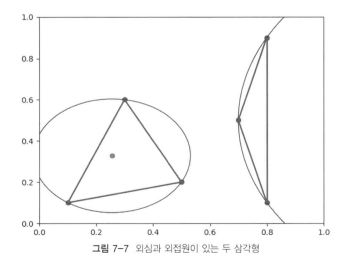

그림 7-7 외심과 외접원이 있는 두 삼각형

첫 번째 삼각형은 정삼각형에 가깝다는 것을 주목하자. 그것의 외접원은 작고 외심은 그 안에 있다. 두 번째 삼각형은 좁고 가는 삼각형이다. 그것의 외접원은 크고 외심은 그림의 경계에서 멀리 떨어져 있다. 모든 삼각형에는 고유한 외접원이 있으며, 다른 삼각형 모양은 다른 종류의 외접원으로 이어진다. 다른 삼각형 모양과 그것이 만드는 외접원을 직접 분석해보는 것도 가치가 있을 수 있다. 나중에 이 삼각형의 외접원 사이의 차이가 중요할 것이다.

델로네 삼각분할

이 장의 첫 번째 주요 알고리듬을 위한 준비가 됐다. 점 집합을 입력으로 갖고 삼각형 집합을 출력으로 반환한다. 이러한 맥락에서 점 집합을 삼각형 집합으로 바꾸는 것을 **삼각분할** triangulation이라고 한다.

이 장의 시작 부분에서 정의한 points_to_triangle( ) 함수는 가능한 가장 간단한 삼각분할 알고리듬이다. 그러나 정확히 3개의 입력 점을 제공해야만 작동하기 때문에 매우 제한적이다. 세 점을 삼각분할하고 싶다면 가능한 방법은 한 가지뿐이다. 바로 그 세 점으로 구성된 삼각형을 출력하는 것이다. 3개 이상의 점을 삼각분할하고 싶다면 필연적으로 삼각분할 방법은 여러 가지가 있을 것이다. 예를 들어, 그림 7-8에 표시된 동일한 7개의 점을 삼각분할하는 두 가지 별개의 방법을 고려해보자.

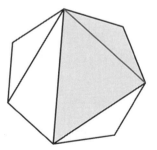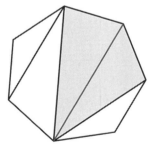

그림 7-8 7개의 점을 삼각분할하는 두 가지 방법(출처: Wikimedia Commons)

사실, 이 정칠각형을 삼각분할하는 가능한 방법은 42가지가 있다(그림 7-9).

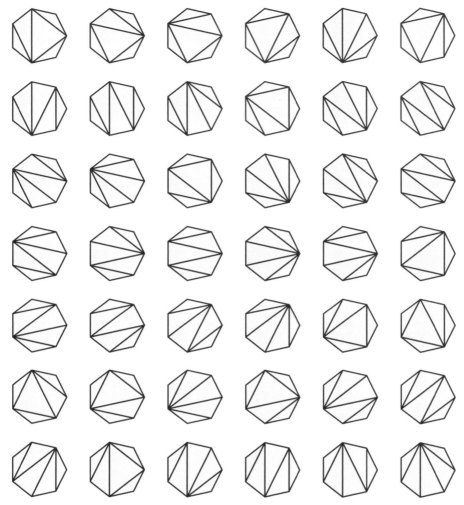

그림 7-9 7개의 점을 삼각분할하는 42가지의 가능한 모든 방법(출처: Wikipedia)

7개 이상의 점이 있고 불규칙하게 배치된 경우 가능한 삼각분할의 수는 엄청난 규모로 증가할 수 있다.

펜과 종이를 가지고 점을 연결해 수동으로 삼각분할을 수행할 수 있다. 당연히 알고리듬을 사용하면 더 빠르고 더 나은 작업을 수행할 수 있다.

여러 가지 삼각분할 알고리듬이 있다. 실행 시간이 빠른 것도 있고, 단순한 것도 있으며, 원하는 특정 속성이 있는 삼각분할을 생성하는 것도 있다. 여기서 다룰 내용은 **보이어 왓슨 알고리듬**Bowyer-Watson algorithm이라고 하며, 입력으로 점 집합을 사용하고 델로네 삼각분할을 출력하도록 설계됐다.

델로네 삼각분할DT, Delaunay Triangulation은 좁고 가는 삼각형을 피하는 것을 목표로 한다. 정삼각형에 가까운 삼각형을 출력하는 경향이 있다. 정삼각형은 외접원이 상대적으로 작고, 가는 삼각형은 외접원이 상대적으로 크다는 사실을 기억하자. 이를 염두에 두고 DT의 기술적 정의를 고려해보자. 점 집합의 경우 삼각형의 외접원 내부에 점이 없는 모든 점을 연결하는 삼각형 집합이다. 좁은 삼각형의 큰 외접원은 집합의 다른 점 중 하나 이상을 포함할 가능성이 매우 높으므로 외접원 내부에 점이 있을 수 없다는 규칙은 상대적으로 좁은 삼각형으로 이어진다. 명확히 이해되지 않더라도 걱정하지 말자. 다음 절에서 시각화된 것을 볼 수 있다.

델로네 삼각분할의 점진적 생성

우리의 최종 목표는 점 집합을 받아서 완전한 델로네 삼각분할을 출력하는 함수를 작성하는 것이다. 하지만 단순한 것부터 시작하자. n개의 기존 DT와 여기에 추가하려는 1개의 점을 가져와서 $n + 1$개 점의 DT를 출력하는 함수를 작성할 것이다. 이 '델로네 확장' 함수를 사용하면 완전한 DT 함수 작성에 근접하게 된다.

> **NOTE** 이번 절의 예제와 이미지는 리더비(LeatherBee)의 허가를 받은 것이다(https://leatherbee.org/index.php/2018/10/06/terrain-generation-3-voronoi-diagrams/).

먼저, 그림 7-10과 같이 9개 점의 DT가 이미 있다고 가정하자.

이제 DT에 10번째 점을 추가하길 원한다고 가정하자(그림 7-11).

DT에는 '삼각형의 외접원 안에 점은 있을 수 없다'는 단 하나의 규칙이 있다. 따라서 기존 DT에 있는 모든 원의 외접원을 확인해 점 10이 그중 하나에 있는지 확인한다. 점 10이 세 삼각형의 외접원 안에 있음을 발견했다(그림 7-12).

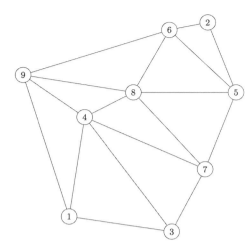

그림 7-10 9개의 점을 가진 DT

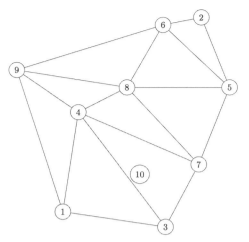

그림 7-11 10번째 점을 추가하길 원하는, 9개의 점을 가진 DT

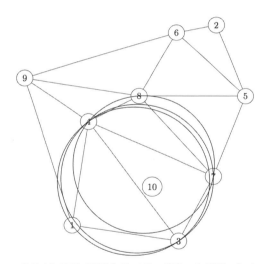

그림 7-12 DT의 삼각형은 점 10을 포함하는 외접원을 갖는다.

이 삼각형은 더 이상 우리의 DT로 허용되지 않으므로 제거해 그림 7-13을 생성한다.

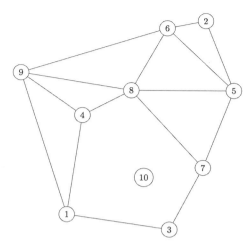

그림 7-13 잘못된 삼각형을 제거했다.

아직 끝나지 않았다. 우리가 생성한 구멍을 채우고 점 10이 다른 점에 제대로 연결되어 있는지 확인해야 한다. 그렇지 않으면 삼각형 모음이 아닌 점과 선만 갖게 될 것이다. 점 10을 연결하는 방법은 간단하게 설명할 수 있다. 점 10이 놓인 가장 큰 빈 다각형의 모든 꼭짓점 ^{vertex}에 점 10을 연결하는 변^{edge}을 추가한다(그림 7-14).

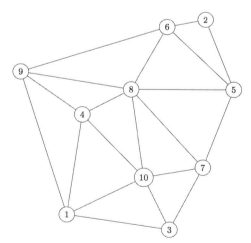

그림 7-14 유효한 삼각형을 다시 연결해 10개의 점을 가진 DT 완성

9개의 점을 가진 DT로 시작해 새로운 점을 추가했으며 이제 10개의 점을 가진 DT가 있다. 이 프로세스는 간단해 보일 수 있다. 불행히도 기하학적 알고리듬의 경우에 종종 그렇듯이 인간의 눈에는 명확하고 직관적으로 보이는 것이 코드를 작성하기에는 까다로울 수 있다. 그러나 용감한 모험가인 우리는 이런 이유로 단념해선 안 된다.

델로네 삼각분할 구현

delaunay라고 부를 DT가 이미 있다고 가정하고 시작하자. 그것은 삼각형의 리스트에 지나지 않는다. 삼각형 하나만으로 시작할 수도 있다.

```
delaunay = [points_to_triangle((0.2,0.8),(0.5,0.2),(0.8,0.7))]
```

다음으로, point_to_add라는 이름으로 추가하려는 점을 정의한다.

```
point_to_add = [0.5,0.5]
```

먼저, 기존 DT에 있는 삼각형의 외접원에 point_to_add가 포함되어 있기 때문에 현재 유효하지 않은 삼각형이 있는 경우를 결정해야 한다. 다음을 수행한다.

1. 루프를 사용해 기존 DT의 모든 삼각형을 반복한다.
2. 각 삼각형에 대해 외심과 외접원의 반경을 찾는다.
3. point_to_add와 이 외심 사이의 거리를 찾는다.
4. 이 거리가 외접원의 반경보다 작으면 새 점은 삼각형의 외접원 내부에 있다. 그런 다음 이 삼각형이 유효하지 않으며 DT에서 제거해야 한다는 결론을 내릴 수 있다.

다음 코드 조각으로 이러한 단계를 수행할 수 있다.

```
import math
invalid_triangles = []
delaunay_index = 0
```

```
while delaunay_index < len(delaunay):
    circumcenter,radius = triangle_to_circumcenter(delaunay[delaunay_index])
    new_distance = get_distance(circumcenter,point_to_add)
    if(new_distance < radius):
        invalid_triangles.append(delaunay[delaunay_index])
    delaunay_index += 1
```

이 코드 조각은 invalid_triangles라는 빈 리스트를 만들고 기존 DT의 모든 삼각형을 반복하며, 특정 삼각형이 유효하지 않은지 확인한다. point_to_add와 외심 사이의 거리가 외접원의 반경보다 작은지를 확인해 이를 수행한다. 삼각형이 유효하지 않으면 invalid_triangles 리스트에 추가한다.

이제 유효하지 않은 삼각형 리스트가 있다. 그것들이 유효하지 않으므로 제거하길 원한다. 결국 DT에 새로운 삼각형을 추가해야 한다. 그렇게 하려면 유효하지 않은 삼각형 중 하나에 있는 모든 점의 리스트를 갖는 것이 도움이 될 것이다. 그 점들이 새롭고 유효한 삼각형에 있기 때문이다.

다음 코드 조각은 DT에서 유효하지 않은 삼각형을 모두 제거하고 삼각형을 구성하는 점 집합도 얻는다.

```
points_in_invalid = []

for i in range(len(invalid_triangles)):
    delaunay.remove(invalid_triangles[i])
    for j in range(0,len(invalid_triangles[i])):
        points_in_invalid.append(invalid_triangles[i][j])

points_in_invalid = [list(x) for x in set(tuple(x) for x in points_in_invalid)]  ❶
```

먼저 points_in_invalid라는 빈 리스트를 만든다. 그런 다음 invalid_triangles를 반복하여, 파이썬의 remove() 메서드를 사용해 기존 DT에서 각각의 유효하지 않은 삼각형을 제거한다. 그런 다음 삼각형의 모든 점을 반복하여 points_in_invalid 리스트에 추가한다. 마지막으로, `point_in_invalid` 리스트에 중복되는 점을 추가했을 수도 있으므로 리스트 컴프리헨션^{list comprehension}❶을 사용해 유일한 값들로 `points_in_invalid`를 다시 생성한다.

알고리듬의 마지막 단계가 가장 까다롭다. 잘못된 삼각형을 대체하기 위해 새 삼각형을 추가해야 한다. 각각의 새 삼각형은 `point_to_add`를 점 중 하나로 갖고 기존 DT의 두 점을 다른 점으로 갖는다. 그러나 `point_to_add`와 2개의 기존 점의 가능한 모든 조합을 추가할 수는 없다.

그림 7-13과 그림 7-14에서 추가해야 하는 새로운 삼각형은 점 10을 점 중 하나로 하고, 점 10을 포함하는 빈 다각형에서 선택한 변을 가진 모든 삼각형이었다. 눈으로 확인하면 간단해 보이지만, 이를 위한 코드를 작성하는 것은 간단하지 않다.

파이썬의 초문자적^{hyper-literal} 해석 스타일로 쉽게 설명할 수 있는 간단한 기하학적 규칙을 찾아야 한다. 그림 7-14에서 새 삼각형을 생성하는 데 사용할 수 있는 규칙을 생각해보자. 수학적 상황에서 흔히 볼 수 있듯이, 여러 개의 동등한 규칙 집합을 찾을 수 있다. 삼각형의 한 가지 정의는 세 점의 집합이기 때문에 점과 관련된 규칙을 가질 수 있다. 삼각형의 또 다른 동등한 정의는 세 선분의 집합이기 때문에 선과 관련된 다른 규칙을 가질 수 있다. 우리는 어떤 규칙이든 사용할 수 있다. 코드에서 가장 이해하고 구현하기 쉬운 것을 원할 뿐이다. 한 가지 가능한 규칙은 `point_to_add`를 사용해 잘못된 삼각형의 모든 가능한 점 조합을 고려해야 하지만 `point_to_add`를 포함하지 않는 변이 잘못된 삼각형 리스트에서 정확히 한 번만 발생하는 경우에만 해당 삼각형 중 하나를 추가해야 한다는 것이다. 이 규칙은 정확히 한 번 발생하는 변이 새 점을 둘러싼 외부 다각형의 변이 되기 때문에 동작한다(그림 7-13에서 문제의 변은 점 1, 4, 8, 7, 3을 연결하는 다각형의 변이다).

다음 코드는 이 규칙을 구현한다.

```
for i in range(len(points_in_invalid)):
    for j in range(i + 1,len(points_in_invalid)):
        # 나쁜 삼각형에 이 2개가 모두 있는 경우가 몇 번인지 센다.
        count_occurrences = 0
        for k in range(len(invalid_triangles)):
```

```
            count_occurrences += 1 * (points_in_invalid[i] in \
invalid_triangles[k]) * (points_in_invalid[j] in invalid_triangles[k])
        if(count_occurrences == 1):
            delaunay.append(points_to_triangle(points_in_invalid[i], \
points_in_invalid[j], point_to_add))
```

여기서는 points_in_invalid의 모든 점을 반복한다. 각각에 대해 points_in_invalid의 모든 다음 점을 반복한다. 이 이중 루프를 통해 유효하지 않은 삼각형에 있던 두 점의 모든 조합을 고려할 수 있다. 각 조합에 대해 모든 유효하지 않은 삼각형을 반복하고 이 두 점이 유효하지 않은 삼각형에 함께 있는 횟수를 계산한다. 그것들이 정확히 하나의 유효하지 않은 삼각형에 함께 있으면 새 삼각형 중 하나에 함께 있어야 한다는 결론을 내리고, 새 점과 함께 이 두 점으로 구성된 새 삼각형을 DT에 추가한다.

기존 DT에 새 점을 추가하는 데 필요한 단계를 완료했다. 따라서 n개의 점이 있는 DT를 가져와 새 점을 추가하고 $n + 1$개의 점이 있는 DT로 끝낼 수 있다. 이제 이 기능을 사용해 n개의 점 집합을 가져와 0점에서 n점까지 처음부터 DT를 작성하는 방법을 배워야 한다. DT를 시작한 후에는 정말 간단하다. 모든 점을 추가할 때까지 n개의 점에서 $n + 1$개의 점까지 계속해서 프로세스를 반복하기만 하면 된다.

문제가 딱 하나 더 있다. 나중에 논의하기 위해 우리가 생성한 DT의 점 모음에 3개의 점을 더 추가하려고 한다. 이 점들은 우리가 선택한 점들에서 훨씬 바깥에 있을 것이며, 최상단과 가장 왼쪽 점을 찾고, 그중 하나보다 더 높고 더 왼쪽에 있는 새 점을 추가하고, 최하단 가장 오른쪽 점과 최하단 가장 왼쪽 점에 대해 유사하게 수행함으로써 보장할 수 있다. 이 점들을 DT의 첫 번째 삼각형으로 함께 볼 것이다. 방금 언급한 새 삼각형의 세 점을 연결하는 DT로 시작할 것이다. 그런 다음, 모든 점을 추가할 때까지 3점 DT를 4점 DT로, 다시 5점 DT 등으로 변환하면서 이미 본 논리를 따른다.

리스트 7-3에서 이전에 작성한 코드를 결합해 gen_delaunay( )라는 함수를 생성할 수 있고, 이 함수는 입력으로 점 집합을 취하고 전체 DT를 출력한다.

```
def gen_delaunay(points):
    delaunay = [points_to_triangle([-5,-5],[-5,10],[10,-5])]
    number_of_points = 0

    while number_of_points < len(points): ❶
        point_to_add = points[number_of_points]

        delaunay_index = 0

        invalid_triangles = []   ❷
        while delaunay_index < len(delaunay):
            circumcenter,radius = triangle_to_circumcenter(delaunay[delaunay_index])
            new_distance = get_distance(circumcenter,point_to_add)
            if(new_distance < radius):
                invalid_triangles.append(delaunay[delaunay_index])
            delaunay_index += 1

        points_in_invalid = []   ❸
        for i in range(0,len(invalid_triangles)):
            delaunay.remove(invalid_triangles[i])
            for j in range(0,len(invalid_triangles[i])):
                points_in_invalid.append(invalid_triangles[i][j])
        points_in_invalid = [list(x) for x in set(tuple(x) for x in points_in_invalid)]

        for i in range(0,len(points_in_invalid)):   ❹
            for j in range(i + 1,len(points_in_invalid)):
                # 나쁜 삼각형에 이 2개가 모두 있는 경우가 몇 번인지 센다.
                count_occurrences = 0
                for k in range(0,len(invalid_triangles)):
                    count_occurrences += 1 * (points_in_invalid[i] in \
invalid_triangles[k]) * (points_in_invalid[j] in invalid_triangles[k])
                if(count_occurrences == 1):
                    delaunay.append(points_to_triangle(points_in_invalid[i], \
points_in_invalid[j], point_to_add))

        number_of_points += 1

    return(delaunay)
```

리스트 7-3 점 집합을 받아 델로네 삼각분할을 반환하는 함수 전체 DT 생성 함수는 앞에서 언급한 새로운 외부 삼각형을 추가하는 것으로 시작한다. 그런 다음 점의 모음에서 모든 점을 반복한다❶. 모든 점에 대해 유효하지 않은 삼각형 리스트(외접원이 현재 우리가 보고 있는 점을 포함하는 DT에 있는 모든 삼각형)를 만든다❷. 유효하지 않은 삼각형을 DT에서 제거하고 유효하지 않은 삼각형에 있는 각 점을 사용해 점 모음을 생성한다❸. 그런 다음 해당 점을 사용해 델로네 삼각분할의 규칙을 따르는 새 삼각형을 추가한다❹. 이미 소개한 코드를 정확히 사용해 이 작업을 점진적으로 수행한다. 마지막으로, DT를 구성하는 삼각형 모음을 포함하는 목록인 delaunay를 반환한다.

이 함수를 쉽게 호출하여 어떤 점 모음에 대한 DT라도 생성할 수 있다. 다음 코드에서 N에 대한 숫자를 지정하고 N개의 임의의 점(x와 y 값)을 생성한다. 그런 다음 x와 y 값을 압축해 리스트에 넣고 gen_delaunay() 함수에 전달하고 the_delaunay라는 변수에 저장하는 완전하고 유효한 DT를 다시 얻는다.

```
N=15
import numpy as np
np.random.seed(5201314)
xs = np.random.rand(N)
ys = np.random.rand(N)
points = zip(xs,ys)
listpoints = list(points)
the_delaunay = gen_delaunay(listpoints)
```

다음 절에서 the_delaunay를 사용해 보로노이 다이어그램을 생성한다.

델로네에서 보로노이까지

DT 생성 알고리듬을 완료했으므로 이제 보로노이 다이어그램 생성 알고리듬을 이해할 수 있다. 다음 알고리듬에 따라 점 집합을 보로노이 다이어그램으로 전환할 수 있다.

1. 점 집합의 DT를 찾는다.
2. DT에서 모든 삼각형의 외심을 가져온다.
3. 변을 공유하는 DT의 모든 삼각형의 외심을 연결하는 선을 그린다.

우리는 이미 1단계를 수행하는 방법을 알고 있으며(이전 절에서 수행했다) `triangle_to_circumcenter()` 함수로 2단계를 수행할 수 있다. 따라서 3단계를 수행할 수 있는 코드 조각만 있으면 된다.

3단계를 위해 작성한 코드는 플로팅 함수에 존재할 것이다. 삼각형과 외심 집합을 해당 함수에 입력으로 전달한다는 것을 기억하자. 우리의 코드는 외심을 연결하는 선 모음을 생성해야 한다. 그러나 모든 외심을 연결하는 것은 아니며 변을 공유하는 삼각형의 외심만 연결한다.

우리는 삼각형을 변이 아닌 점의 모음으로 저장하고 있다. 그러나 2개의 삼각형이 변을 공유하는지 여부를 확인하는 것은 여전히 쉽다. 즉, 정확히 두 점을 공유하는지만 확인하면 된다. 한 점만 공유하는 경우에는 만나지만 공통변이 없는 정점이 있다. 세 점을 공유하면 같은 삼각형이므로 외심도 같다. 우리의 코드는 모든 삼각형을 반복하고 각 삼각형에 대해 모든 삼각형을 다시 반복해서 두 삼각형이 공유하는 점의 수를 확인한다. 공통된 점의 수가 정확히 2개이면 문제의 삼각형의 외심 사이에 선을 추가한다. 외심 사이의 선은 보로노이 다이어그램의 경계가 될 것이다. 다음 코드 조각은 삼각형을 반복하는 방법을 보여주지만 더 큰 플로팅 함수의 일부이므로 아직 실행하지 말자.

```
--생략--
for j in range(len(triangles)):
    commonpoints = 0
    for k in range(len(triangles[i])):
        for n in range(len(triangles[j])):
            if triangles[i][k] == triangles[j][n]:
                commonpoints += 1
    if commonpoints == 2:
        lines.append([list(centers[i][0]),list(centers[j][0])])
```

최종 목표는 보로노이 다이어그램을 그리는 것이기 때문에 이 코드는 플로팅 함수에 추가될 것이다.

그동안 플로팅 함수에 유용한 기능들을 추가할 수 있다. 새로운 플로팅 함수는 리스트 7-4에서 볼 수 있으며, 변경사항은 굵은 글씨로 표시했다.

```
def plot_triangle_circum(triangles,centers,plotcircles,plotpoints, \
plottriangles,plotvoronoi,plotvpoints,thename):
    fig, ax = pl.subplots()
    ax.set_xlim([-0.1,1.1])
    ax.set_ylim([-0.1,1.1])

    lines=[]
    for i in range(0,len(triangles)):
        triangle = triangles[i]
        center = centers[i][0]
        radius = centers[i][1]
        itin = [0,1,2,0]
        thelines = genlines(triangle,itin)
        xs = [triangle[0][0],triangle[1][0],triangle[2][0]]
        ys = [triangle[0][1],triangle[1][1],triangle[2][1]]

        lc = mc.LineCollection(genlines(triangle,itin), linewidths=2)
        if(plottriangles):
            ax.add_collection(lc)
        if(plotpoints):
            pl.scatter(xs, ys)

        ax.margins(0.1)

        if(plotvpoints):    ❶
            pl.scatter(center[0],center[1])

        circle = pl.Circle(center, radius, color = 'b', fill = False)
        if(plotcircles):
```

```
        ax.add_artist(circle)

    if(plotvoronoi):    ❷
        for j in range(0,len(triangles)):
            commonpoints = 0
            for k in range(0,len(triangles[i])):
                for n in range(0,len(triangles[j])):
                    if triangles[i][k] == triangles[j][n]:
                        commonpoints += 1
            if commonpoints == 2:
                lines.append([list(centers[i][0]),list(centers[j][0])])

        lc = mc.LineCollection(lines, linewidths = 1)

        ax.add_collection(lc)

    pl.savefig(str(thename) + '.png')
    pl.close()
```

리스트 7-4 삼각형, 외심, 외접원, 보로노이 점, 보로노이 경계를 그리는 함수

먼저, 플로팅하려는 것을 정확히 지정하는 새 인수를 추가한다. 이 장에서는 점, 변, 삼각형, 외접원, 외심, DT, 보로노이 경계를 다뤘음을 기억하자. 이 모든 것을 함께 플로팅하는 것은 눈에 부담이 될 수 있으므로 외접원을 그릴지 여부를 지정하기 위해 plotcircles를 추가하고, 점 모음을 그릴지 여부를 지정하기 위해 plotpoints를 추가하고, DT를 그릴지 여부를 지정하기 위해 plottriangles를 추가하고, 보로노이 다이어그램 변을 그릴지 여부를 지정하기 위해 plotvoronoi를 추가하고, 외심(보로노이 다이어그램 변의 꼭짓점)을 그릴지 여부를 지정하기 위해 plotvpoints를 추가할 것이다. 새로 추가된 항목은 굵은 글씨로 표시된다. 추가된 코드 하나는 인수에 플로팅하라고 지정한 경우 보로노이 꼭짓점(외접)을 그린다❶. 더 길게 추가된 코드는 보로노이 변을 그리는 것이다❷. 또한 삼각형, 꼭짓점, 외접원을 선호도에 따라 그릴지 여부를 지정하기 위해 몇 가지 if 문을 명시했다.

이 플로팅 함수를 호출하여 최종 보로노이 다이어그램을 볼 준비가 거의 되었다. 그러나 먼저 DT에서 모든 삼각형의 외심을 가져와야 한다. 다행히도 이것은 매우 쉽다. circumcenters라는 빈 리스트를 생성하고 다음과 같이 DT에 있는 모든 삼각형의 외심을 해당 리스트에 추가할 수 있다.

```
circumcenters = []
for i in range(0,len(the_delaunay)):
    circumcenters.append(triangle_to_circumcenter(the_delaunay[i]))
```

마지막으로, 보로노이 경계를 그리도록 지정하면서 플로팅 함수를 호출한다.

```
plot_triangle_circum(the_delaunay,circumcenters,False,True,False,True,False,'final')
```

결과는 그림 7−15에 있다.

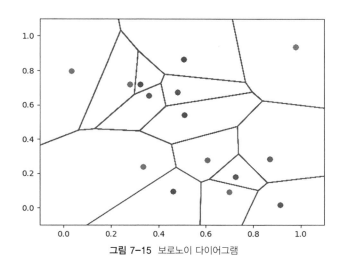

그림 7−15 보로노이 다이어그램

단 몇 초 만에 점 집합을 보로노이 다이어그램으로 변환했다. 이 보로노이 다이어그램의 경계가 그림의 가장자리까지 이어지는 것을 볼 수 있다. 그림의 크기를 늘리면 보로노이 변이 더 멀리 계속된다. 보로노이 변은 DT에서 삼각형 외접원의 중심을 연결한다는 것을 기억하자. 그러나 우리의 DT는 그림의 중심에서 서로 가까운 몇 개의 점을 연결할 수 있으므로 모든 외심은 그림의 중간에 있는 작은 영역에 놓일 수 있다. 그런 일이 발생하면 보로노이 다이어그램의 변이 그림 공간의 가장자리까지 확장되지 않는다. 이것이 gen_delaunay() 함수의 첫 번째 라인에 새로운 외부 삼각형을 추가한 이유다. 점들이 그림 영역에서 멀리 떨어져 있는 삼각형을 가짐으로써 지도의 가장자리까지 이어지는 보로노이 변이 항상 있을 것이라고 확신할 수 있으므로 (예를 들어) 우리는 도시 가장자리 또는 외부에 건설된 새로운 교외 지역에 배달하기 위해 할당할 우체국을 알게 될 것이다.

마지막으로, 여기서 만든 플로팅 함수를 즐길 수 있다. 예를 들어, 모든 입력 인수를 True로 설정하면 이 장에서 논의한 모든 요소의 지저분하지만 아름다운 그래프를 생성할 수 있다.

```
plot_triangle_circum(the_delaunay,circumcenters,True,True,True,True,True,'everything')
```

결과는 그림 7-16에 있다.

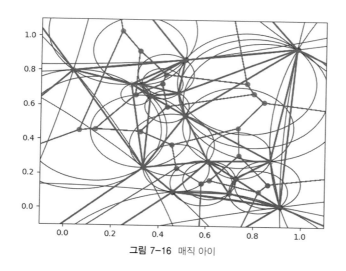

그림 7-16 매직 아이

이 이미지를 사용해 룸메이트와 가족에게 자신이 CERN에서 일급비밀 입자 충돌 분석 작업을 하고 있다고 확신시키거나 피에트 몬드리안^{Piet Mondrian}의 영적 후계자로서 미술 펠로십을 신청할 수 있을지도 모른다. DT와 외접원이 있는 이 보로노이 다이어그램을 보며 우체국, 수도 펌프, 수정 구조 또는 보로노이 다이어그램의 다른 어떤 가능한 응용이든 상상할 수 있다. 아니면 점, 삼각형, 선을 상상하며 기하학의 순수한 즐거움을 만끽할 수도 있다.

요약

7장에서는 기하학적 추론을 수행하는 코드를 작성하는 방법을 소개했다. 간단한 점, 선, 삼각형을 그리는 것으로 시작해, 삼각형의 중심을 찾는 다양한 방법과 이것이 어떻게 점 집합에 대해 델로네 삼각분할을 생성할 수 있는지 논의했다. 마지막으로, 델로네 삼각분할을 사용해 우체국장 문제를 해결하거나 기타 다양한 응용에 기여할 수 있는 보로노이 다이어그램을 생성하는 간단한 단계를 살펴봤다. 그것들은 어떤 면에서는 복잡하지만 결국에는 점, 선, 삼각형의 기본적인 조작으로 귀결된다.

다음 장에서는 언어 작업에 사용할 수 있는 알고리듬을 설명한다. 특히, 알고리듬이 공백이 빠진 텍스트를 수정하는 방법과 자연어 구절에서 다음에 올 단어를 예측할 수 있는 프로그램을 작성하는 방법을 이야기할 것이다.

CHAPTER 8

언어

8장에서는 인간 언어의 골치 아픈 세계로 들어간다. 언어 알고리듬을 어렵게 만드는 수학과 언어의 차이점을 논의하는 것으로 시작할 것이다. 계속해서 어떤 언어의 어떤 텍스트든 가져와 누락된 곳에 공백을 삽입할 수 있는 공백 삽입 알고리듬을 개발할 것이다. 그런 다음 작가의 스타일을 모방하여 구문에서 가장 적합한 다음 단어를 찾을 수 있는 구문 완성 알고리듬을 개발할 것이다.

8장의 알고리듬은 이전에 사용하지 않은 두 가지 도구인 **리스트 컴프리헨션**^{list comprehension}과 **말뭉치**^{corpus}에 크게 의존한다. 리스트 컴프리헨션을 사용하면 루프와 반복 논리를 사용해 리스트를 빠르게 생성할 수 있다. 파이썬에서 매우 빠르게 실행되도록 최적화되어 있고 간결하게 작성하기 쉽지만, 읽기 어려울 수 있으며 구문에 익숙해지는 데 시간이 걸린다. 말뭉치는 알고리듬이 사용하려는 언어와 스타일을 '가르칠' 텍스트의 본문이다.

언어 알고리듬이 어려운 이유

언어에 대한 알고리듬적 사고의 적용은 최소한 데카르트^{Descartes}까지 거슬러 올라간다. 데카르트는 비록 무한한 숫자들이 있지만 연산의 기초를 이해하는 사람은 이전에 한 번도 접해보지 못한 수를 생성하거나 해석하는 방법을 알고 있다는 사실을 알았다. 예를 들어, 14,326이라는 숫자를 본 적이 없을 수도 있다(그렇게 높은 숫자를 세어본 적도, 그렇게 많은 달러에 대한 재무보고서를 읽은 적도, 키보드에서 해당 키를 실수로 눌러본 적도 없다). 그러나 나는 당신이 그것이 얼마나 높은지, 어떤 숫자가 그보다 높거나 낮은지, 방정식에서 그것을 어떻게 조작하는지 정확하게 이해할 수 있다고 확신한다.

지금까지 상상도 못 했던 숫자를 쉽게 이해할 수 있게 해주는 알고리듬은 순서대로 암기한 10자리(0~9)와 자릿수 체계의 조합이다. 14,326이 14,325보다 하나 높다는 사실을 알고 있다. 왜냐하면 순서상 숫자 6은 숫자 5 다음에 오고, 각각의 숫자에서 같은 위치를 차지하며, 다른 모든 위치의 숫자는 동일하기 때문이다. 숫자와 자릿수 체계를 알면 14,326이 14,325와 어떻게 비슷한지, 둘 다 12보다 크고 1,000,000보다 작은지 즉시 알 수 있다. 또한 14,326이 4,326과 어떤 면에서는 비슷하지만 크기가 많이 다르다는 사실을 한눈에 이해할 수 있다.

언어는 그렇지 않다. 영어를 배울 때 'stage'라는 단어를 처음 본 경우 'stale', 'stake', 'state', 'stave', 'stade', 'sage'와의 유사점에 주목하는 것만으로는 그 의미를 안정적으로 추론할 수 없다. 14,326이 14,325와 다른 정도로 이 단어들이 'stage'와 다름에도 불구하고 말이다. 또한 단어의 음절과 문자의 수 때문에 'bacterium(박테리아)'이 'elk(엘크)'보다 크다고 확실하게 추측할 수 없다.

영어에서 복수형을 만들기 위해 's'를 추가하는 것과 같이 믿을 수 있는 언어 규칙조차도 'princes'라는 단어가 'princess'라는 단어보다 더 적은 것을 의미한다고 추론한다면 우리를 몹시 잘못된 길로 인도할 수 있다.

언어를 다룰 때 알고리듬을 사용하려면 언어를 더 단순하게 만들어서 지금까지 탐색한 짧은 수학적 알고리듬이 안정적으로 작동할 수 있도록 하거나, 알고리듬을 더 똑똑하게 만들어서 자연스럽게 발달한 인간 언어의 지저분한 복잡성을 처리할 수 있도록 해야 한다. 우리는 후자의 방식을 택할 것이다.

공백 삽입

당신이 손으로 쓴 종이 기록으로 가득 찬 창고가 있는 오래된 대기업의 최고 알고리듬 책임자라고 상상해보자. 최고 기록 디지털화 책임자는 이러한 종이 기록을 이미지 파일로 스캔한 다음 텍스트 인식 기술을 사용해 이미지를 회사 데이터베이스에 쉽게 저장할 수 있는 텍스트로 변환하는 장기 프로젝트를 수행해왔다. 하지만 기록에 적힌 일부 필기가 알아보기 힘들고 텍스트 인식 기술이 불완전해 종이 기록에서 추출한 최종 디지털 텍스트가 가끔 부정확한 경우가 있다. 당신은 디지털화된 텍스트만 받았고 종이 원본을 참조하지 않고 실수를 수정하는 방법을 찾도록 요청받았다.

디지털화된 첫 번째 문장을 파이썬으로 읽고 이것이 G. K. 체스터턴^{Chesterton}의 인용임을 발견했다고 가정해보자. "The one perfectly divine thing, the one glimpse of God's paradise given on earth, is to fight a losing battle—and not lose it." 당신은 이 불완전하게 디지털화된 텍스트를 text라는 변수에 저장했다.

```
text = "The oneperfectly divine thing, the oneglimpse of God's paradisegiven
on earth, is to fight a losingbattle - and notlose it."
```

이 텍스트는 영어로 되어 있으며 각 단어의 철자는 정확하지만 도처에 공백이 있음을 알 수 있다. 즉, oneperfectly는 실제로 one perfectly여야 하고, paradisegiven은 paradise given이어야 한다(공백의 누락은 인간에게는 드문 일이지만 텍스트 인식 기술은 종종 이런 실수를 한다). 작업을 수행하려면 이 텍스트의 적절한 위치에 공백을 삽입해야 한다. 유창한 영어 사용자라면 이 작업을 수동으로 수행하는 것이 어렵지 않을 수 있다. 그러나 스캔한 수백만 페이지에 대해 신속하게 수행해야 한다고 상상해보자. 분명히 이를 수행할 수 있는 알고리듬을 작성해야 할 것이다.

단어 리스트 정의 및 단어 찾기

첫 번째 할 일은 알고리듬에게 영어 단어를 가르치는 것이다. 이것은 그다지 어렵지 않다. word_list라는 리스트를 정의하고 단어로 채울 수 있다. 몇 가지 단어로 시작해보자.

```
word_list = ['The','one','perfectly','divine']
```

8장에서는 리스트 컴프리헨션을 사용해 리스트를 생성하고 조작할 텐데, 리스트 컴프리헨션에 익숙해지면 좋아하게 될 것이다. 다음은 word_list의 복사본을 만드는 매우 간단한 리스트 컴프리헨션이다.

```
word_list_copy = [word for word in word_list]
```

for word in word_list 구문이 for 루프 구문과 매우 유사함을 알 수 있다. 그러나 콜론이나 추가 라인은 필요하지 않다. 이 경우 리스트 컴프리헨션은 아주 간단해서, word_list의 각 단어가 새 리스트인 word_list_copy에 포함되기를 원한다고 지정하기만 하면 된다. 이것은 그다지 유용하지 않을 수 있지만 더 유용하게 만들기 위해 간결하게 논리를 추가할 수 있다. 예를 들어, 단어 리스트에서 문자 n을 포함하는 모든 단어를 찾으려면 if 문을 추가하기만 하면 된다.

```
has_n = [word for word in word_list if 'n' in word]
```

print(has_n)을 실행해 결과가 우리가 기대한 것과 같은지 확인할 수 있다.

```
['one', 'divine']
```

이 장의 뒷부분에서 중첩 루프가 있는 경우를 포함하여 더 복잡한 리스트 컴프리헨션을 볼 수 있다. 그러나 모두 동일한 기본 패턴을 따른다. for 루프는 반복을 지정하고, 옵션으로 if 문을 사용해 최종 리스트 출력에 대해 선택하는 논리를 지정할 수 있다.

파이썬의 re 모듈을 사용해 텍스트 조작 도구를 사용할 것이다. re의 유용한 함수 중 하나는 finditer( )이고, 이 함수는 word_list에서 단어의 위치를 찾기 위해 텍스트를 검색할 수 있다. 다음과 같이 리스트 컴프리헨션에서 finditer( )를 사용한다.

```
import re
locs = list(set([(m.start(),m.end()) for word in word_list for m in \
re.finditer(word, text)]))
```

코드가 다소 빽빽하므로 잠시 시간을 내어 이해했는지 확인하자. 'locations'를 줄인 locs라는 변수를 정의하고 있는데, 이 변수는 단어 리스트에 있는 모든 단어의 텍스트 위치를 포함한다. 이 위치 리스트를 얻기 위해 리스트 컴프리헨션을 사용할 것이다.

리스트 컴프리헨션은 대괄호([])내에 위치한다. 여기서는 word_list의 모든 단어를 반복하기 위해 for word in word_list를 사용한다. 각 단어에 대해 re.finditer( )를 호출하고, 이 함수는 텍스트에서 선택한 단어를 찾고 해당 단어가 나오는 모든 위치의 리스트를 반환한다. 우리는 이 위치를 반복하고 각 개별 위치는 m에 저장된다. m.start( )와 m.end( )에 접근할 때, 단어의 시작과 끝 텍스트에서 각각 위치를 얻는다. 일부 사람들은 예상한 순서와 반대라고 생각하기 때문에 for 루프의 순서에 주목하고 익숙해지자.

전체 리스트 컴프리헨션은 list(set( ))로 둘러싸여 있다. 이것은 중복 없이 고유한 값만 포함하는 리스트를 얻는 편리한 방법이다. 리스트 컴프리헨션만으로는 여러 개의 동일한 요소가 있을 수 있지만 집합으로 변환하면 자동으로 중복 항목이 제거되고, 다시 리스트로 변환하면 우리가 원하는 형태의 고유한 단어 위치 리스트로 바뀐다. print(locs)를 실행해 전체 작업의 결과를 볼 수 있다.

```
[(17, 23), (7, 16), (0, 3), (35, 38), (4, 7)]
```

파이썬에서는 이와 같은 순서쌍을 **튜플**^{tuple}이라고 하며, 이 튜플은 텍스트의 word_list에서 각 단어의 위치를 보여준다. 예를 들어, text[17:23]을 실행할 때(앞의 리스트에서 세 번째 튜플의 숫자를 사용해) 그것이 divine라는 사실을 알게 된다. 여기서 d는 텍스트의 17번째 문자이고, i는 18번째 문자이고, divine의 마지막 문자인 e가 텍스트의 22번째 문자가 될 때까지 계속하면 튜플은 23으로 완료된다. 그 밖의 튜플도 word_list에 있는 단어의 위치를 참조하는지 확인할 수 있다.

text[4:7]은 one이고 text[7:16]은 perfectly다. 단어 one의 끝은 공백 없이 단어 perfectly의 시작과 만난다. 텍스트를 읽고 즉시 알아차리지 못했다면 locs 변수에서 튜플 (4, 7)과 (7, 16)을 보고 이를 알아챌 수 있었다. 7은 (4, 7)의 두 번째 요소이자 (7, 16)의 첫 번째 요소이기도 하므로, 한 단어가 다른 단어가 시작하는 동일한 인덱스에서 끝난다는 사실을 알게 된다. 공백을 삽입해야 하는 위치를 찾기 위해 하나의 유효한 단어의 끝이 다른 유효한 단어의 시작과 같은 위치에 있는 경우를 찾을 것이다.

합성어 처리

불행히도, 공백 없이 2개의 유효한 단어가 함께 나오는 경우는 공백이 누락됐다는 결정적인 증거가 아니다. 'butterfly'라는 단어를 생각해보자. 'butter'가 유효한 단어이고 'fly'도 유효한 단어임을 알고 있지만 'butterfly' 역시 유효한 단어이기 때문에 'butterfly'가 잘못 작성됐다고 결론을 내릴 수는 없다. 따라서 공백 없이 함께 나타나는 유효한 단어뿐만 아니라 공백 없이 함께 뭉쳤을 때 다른 유효한 단어를 형성하지 않는 유효한 단어도 확인해야 한다. 이것은 우리 본문에서 oneperfectly가 단어인지, paradisegiven이 단어인지 등을 확인해야 함을 의미한다.

이를 확인하려면 텍스트에서 모든 공백을 찾아야 한다. 2개의 연속 공백 사이의 모든 부분 문자열을 보고 잠재적인 단어라고 여길 수 있다. 잠재적인 단어가 우리의 단어 리스트에 없다면, 그것이 유효하지 않다고 결론 내릴 것이다. 유효하지 않은 각 단어를 검사하여 2개의 작은 단어의 조합으로 구성됐는지 확인할 수 있다. 그렇다면 공백이 있다는 결론을 내리고 결합하여 유효하지 않은 단어를 형성하는 2개의 유효한 단어 사이에 공백을 다시 추가한다.

잠재적인 단어의 기존 공백 확인

re.finditer( )를 다시 사용해 텍스트의 모든 공백을 찾아서 spacestarts라는 변수에 저장할 수 있다. 또한 spacestarts 변수에 2개의 요소를 더 추가한다. 하나는 텍스트의 시작위치를 나타내고 다른 하나는 끝 위치를 나타낸다. 이렇게 하면 맨 처음과 끝에 있는 단어가 공백 사이에 없는 유일한 단어가 되기 때문에 모든 잠재적인 단어를 찾을 수 있다. 또한 spacestarts 리스트를 정렬하는 코드를 추가한다.

```
spacestarts = [m.start() for m in re.finditer(' ', text)]
spacestarts.append(-1)
spacestarts.append(len(text))
spacestarts.sort()
```

리스트 spacestarts는 텍스트에서 공백의 위치를 기록한다. 리스트 컴프리헨션과 re.finditer( ) 도구를 사용해 이러한 위치를 얻었다. 이 경우 re.finditer( )는 텍스트의 모든 공백 위치를 찾아 각 개별 요소를 m으로 참조하는 리스트에 저장한다. 공백인 m 요소 각각에 대해 start( ) 함수를 사용해 공백이 시작되는 위치를 얻는다. 우리는 그 공간들 사이에서 잠재적인 단어를 찾고 있다. 공백 바로 뒤에 오는 문자의 위치를 기록하는 또 다른 리스트가 있으면 유용할 것이다. 이것은 잠재적인 각 단어의 첫 번째 문자의 위치가 될 것이다. 기술적인 측면에서 이 새로운 리스트는 spacestarts 리스트의 아핀affine 변환이기 때문에 우리는 그 리스트를 spacestarts_affine이라고 부를 것이다. 아핀은 종종 여기서 우리가 하는 것처럼 각위치에 1을 추가하는 것과 같이 선형 변환을 참조하는 데 사용한다. 우리는 또한 다음 리스트를 정렬할 것이다.

```
spacestarts_affine = [ss+1 for ss in spacestarts]
spacestarts_affine.sort()
```

다음으로 두 공백 사이에 있는 모든 부분 문자열을 얻을 수 있다.

```
between_spaces = [(spacestarts[k] + 1,spacestarts[k + 1]) for k in \
range(0,len(spacestarts) - 1 )]
```

여기서 생성하는 변수는 between_spaces라고 하며 (17, 23)과 같은 (〈부분 문자열 시작 위치〉, 〈부분 문자열 끝 위치〉) 형식의 튜플 리스트다. 이 튜플을 리스트 컴프리헨션을 통해 얻는다. 이 리스트 컴프리헨션은 k를 반복한다. 이 경우 k는 0에서 spacestarts 리스트의 길이보다 1 작은 정수 사이의 값을 취한다. 각 k에 대해 하나의 튜플을 생성한다. 튜플의 첫 번째 요소는 spacestarts[k]+1이며, 이는 각 공백의 다음 위치다. 튜플의 두 번째 요소는 텍스트에서 다음 공백의 위치인 spacestarts[k+1]이다. 이런 식으로 최종 출력에는 공백 사이의 각 부분 문자열의 시작과 끝을 나타내는 튜플이 포함된다.

이제 공백 사이에 있을 수 있는 모든 단어를 고려하고 (우리의 단어 리스트에 없는) 유효하지 않은 단어를 찾아보자.

```
between_spaces_notvalid = [loc for loc in between_spaces if \
text[loc[0]:loc[1]] not in word_list]
```

between_spaces_notvalid를 보면 텍스트에서 모든 유효하지 않은 잠재적인 단어의 위치 리스트임을 알 수 있다.

```
[(4, 16), (24, 30), (31, 34), (35, 45), (46, 48), (49, 54), (55, 68), (69,
71), (72, 78), (79, 81), (82, 84), (85, 90), (91, 92), (93, 105), (106, 107),
(108, 111), (112, 119), (120, 123)]
```

우리 코드는 이 모든 위치가 잘못된 단어를 참조한다고 생각한다. 그러나 여기에 참조된 몇 가지 단어를 보면 꽤 유용해 보인다. 예를 들어, text[103:106]은 유효한 단어 and를 출력한다. 우리 코드에서 and가 잘못된 단어라고 생각하는 이유는 단어 리스트에 없기 때문이다. 물론 단어를 인식하는 코드가 필요하므로 수동으로 단어 리스트에 추가하고 해당 접근 방식을 계속 사용할 수 있다. 그러나 이 공백 삽입 알고리듬이 스캔된 텍스트의 수백만 페이지에 대해 동작하기를 원하며 여기에는 수천 개의 고유한 단어가 포함될 수 있음을 기억하자. 이미 상당한 양의 유효한 영어 단어가 포함된 단어 리스트를 가져올 수 있다면 도움이 될 것이다. 이러한 단어 모음을 **말뭉치**^{corpus}라고 한다.

가져온 말뭉치를 사용해 유효한 단어 확인

운 좋게도 몇 줄만으로 전체 말뭉치를 가져올 수 있는 기존 파이썬 모듈이 있다. 먼저 말뭉치를 다운로드해야 한다.

```
import nltk
nltk.download('brown')
```

nltk라는 모듈에서 brown이라는 말뭉치를 다운로드했다. 다음으로 말뭉치를 가져올 것이다.

```
from nltk.corpus import brown
wordlist = set(brown.words())
word_list = list(wordlist)
```

말뭉치를 가져와서 단어 모음을 파이썬 리스트로 변환했다. 그러나 이 새로운 word_list를 사용하기 전에, 단어라고 생각했지만 실제로는 구두점인 것을 제거하기 위해 좀 정리할 필요가 있다.

```
word_list = [word.replace('*','') for word in word_list]
word_list = [word.replace('[','') for word in word_list]
word_list = [word.replace(']','') for word in word_list]
word_list = [word.replace('?','') for word in word_list]
word_list = [word.replace('.','') for word in word_list]
word_list = [word.replace('+','') for word in word_list]
word_list = [word.replace('/','') for word in word_list]
word_list = [word.replace(';','') for word in word_list]
word_list = [word.replace(':','') for word in word_list]
word_list = [word.replace(',','') for word in word_list]
```

```
word_list = [word.replace(')','') for word in word_list]
word_list = [word.replace('(','') for word in word_list]
word_list.remove('')
```

이 라인들은 remove( )와 replace( ) 함수를 사용해 구두점을 빈 문자열로 바꾼 다음 빈 문자열을 제거한다. 이제 적절한 단어 리스트가 있으므로 잘못된 단어를 더 정확하게 인식할 수 있다. 새로운 word_list를 사용해 잘못된 단어에 대한 검사를 다시 실행해서 더 나은 결과를 얻을 수 있다.

```
between_spaces_notvalid = [loc for loc in between_spaces if \
text[loc[0]:loc[1]] not in word_list]
```

between_spaces_notvalid 리스트를 출력하면 더 짧고 정확한 리스트를 얻을 수 있다.

```
[(4, 16), (24, 30), (35, 45), (55, 68), (72, 78), (93, 105), (112, 119), (120, 123)]
```

이제 텍스트에서 유효하지 않은 잠재적인 단어를 찾았으므로 단어 리스트에서 그런 무효한 단어를 형성하기 위해 결합될 수 있는 단어를 확인할 것이다. 공백 바로 다음에 시작하는 단어를 찾는 것으로 시작한다. 다음 단어는 잘못된 단어의 전반부가 될 수 있다.

```
partial_words = [loc for loc in locs if loc[0] in spacestarts_affine and \
loc[1] not in spacestarts]
```

리스트 컴프리헨션은 텍스트의 모든 단어 위치를 포함하는 locs 변수의 모든 요소를 반복한다. 단어의 시작인 locs[0]이 공백 바로 뒤에 오는 문자를 포함하는 리스트인 spacestarts_affine에 있는지 확인한다. 그런 다음 loc[1]이 spacestarts에 없는지 확인하여 단어가 공백이 시작하는 위치에서 끝나는지 확인한다. 단어가 공백 뒤에 시작하고 공백과 같은 위치에서 끝나지 않으면 그것을 partial_words 변수에 넣는다. 왜냐하면 이것은 뒤에 공백을 삽입해야 하는 단어일 수 있기 때문이다.

다음으로, 공백으로 끝나는 단어를 찾아보자. 유효하지 않은 단어의 두 번째 절반일 수 있다. 이를 찾기 위해 이전 논리를 약간 변경한다.

```
partial_words_end = [loc for loc in locs if loc[0] not in spacestarts_affine \
and loc[1] in spacestarts]
```

이제 공백을 삽입하기 시작할 수 있다.

잠재적인 단어의 전반부와 후반부 찾기

oneperfectly에 공백을 삽입하는 것부터 시작하자. 텍스트에서 oneperfectly의 위치를 저장하는 loc이라는 변수를 정의할 것이다.

```
loc = between_spaces_notvalid[0]
```

이제 partial_words에 있는 단어가 oneperfectly의 전반부가 될 수 있는지 확인해야 한다. 유효한 단어가 oneperfectly의 전반부가 되려면 텍스트에서 시작 위치가 같아야 하지만 끝 위치는 oneperfectly와 같지 않아야 한다. oneperfectly와 같은 위치에서 시작하는 모든 유효한 단어의 끝 위치를 찾는 리스트 컴프리헨션을 작성할 것이다.

```
endsofbeginnings = [loc2[1] for loc2 in partial_words if loc2[0] == loc[0] \
and (loc2[1] - loc[0]) > 1]
```

loc2[0] == loc[0]을 지정했는데 유효한 단어가 oneperfectly와 같은 위치에서 시작해야 함을 의미한다. 또한 (loc2[1]-loc[0])>1을 지정했는데, 이는 우리가 찾은 유효한 단어가 한 문자 이상임을 보장한다. 이것은 꼭 필요한 것은 아니지만 거짓 양성[false positive] 오류를 피하는 데 도움이 될 수 있다. 첫 글자는 그 자체로 단어로 간주될 수 있지만 아마도 그렇게 되어서는 안 되는 'avoid', 'aside', 'along', 'irate', 'iconic' 같은 단어를 생각해보자.

endsofbeginnings 리스트는 oneperfectly와 같은 위치에서 시작하는 모든 유효한 단어의 끝나는 위치를 포함해야 한다. 리스트 컴프리헨션을 사용해 beginningsofends라고 하는 유사한 변수를 만들어보자. 이 변수는 oneperfectly와 같은 위치에서 끝나는 모든 유효한 단어의 시작 위치를 찾을 것이다.

```
beginningsofends = [loc2[0] for loc2 in partial_words_end if loc2[1] == loc[1] \
and (loc2[1] - loc[0]) > 1]
```

loc2[1] == loc[1]을 지정했는데, 이는 유효한 단어가 oneperfectly와 같은 위치에서 끝나야 한다고 말한다. 또한 (loc2[1]-loc[0])>1을 지정했는데, 이는 우리가 찾은 유효한 단어가 이전과 마찬가지로 한 문자 이상임을 보장한다.

거의 완성되어간다. endsofbeginnings와 beginningsofends 모두에 위치가 포함되어 있는지 여부만 찾으면 된다. 만약 존재한다면, 유효하지 않은 단어가 실제로 공백 없이 2개의 유효한 단어의 조합임을 뜻한다. intersection() 함수를 사용해 두 리스트가 공유하는 모든 요소를 찾을 수 있다.

```
pivot = list(set(endsofbeginnings).intersection(beginningsofends))
```

list(set()) 구문을 다시 사용한다. 이전과 마찬가지로 리스트에 중복 없이 고유한 값만 포함하도록 하는 것이다. 결과를 pivot이라고 부른다. pivot에는 둘 이상의 요소가 포함될 수 있다. 이는 유효하지 않은 단어를 구성할 수 있는 유효한 단어의 조합이 2개 이상 있음을 의미한다. 이런 일이 발생하면 어떤 조합이 원래 작성자가 의도한 조합인지 결정해야 한다. 이것은 확실히 할 수 없다. 예를 들어, 잘못된 단어 'choosespain'을 고려해보자. 이 잘못된 단어는 이베리아 여행 브로슈어("스페인을 선택하세요!$^{Choose\ Spain!}$")에서 나온 것일 수도 있지만, 마조히스트("고통을 선택하세요$^{chooses\ pain}$")에 대한 설명에서 나온 것일 수도 있다. 우리 언어의 엄청난 양의 단어와 그것들을 결합할 수 있는 수많은 방법 때문에 때로는 어느 것이 옳은지 확신할 수 없다. 더 정교한 접근 방식은 컨텍스트를 고려하는 것이다. 예를 들어,

'choosespain' 주변의 다른 단어가 올리브와 투우에 관한 것인지 혹은 채찍과 불필요한 치과 약속에 관한 것인지 여부를 고려하는 것이다. 이러한 접근 방식은 일반적으로 언어 알고리듬의 어려움을 다시 한번 보여주며, 잘하기 어렵고 완벽하게 수행하기는 불가능하다. 우리의 경우 pivot의 가장 작은 요소를 사용할 것이다. 이것이 확실히 올바른 요소이기 때문이 아니라 그저 하나를 가져와야 하기 때문이다.

```
import numpy as np
pivot = np.min(pivot)
```

마지막으로, 유효하지 않은 단어를 2개의 유효한 단어와 공백으로 바꾸는 한 라인을 작성할 수 있다.

```
textnew = text
textnew = textnew.replace(text[loc[0]:loc[1]],text[loc[0]:pivot]+' ' \
+text[pivot:loc[1]])
```

이 새 텍스트를 출력해보면, 남은 철자 오류에는 공백이 아직 삽입되지 않았지만 oneperfectly 철자 오류에는 공백을 완벽하게 삽입했음을 알 수 있다.

```
The one perfectly divine thing, the oneglimpse of God's paradisegiven on
earth, is to fight a losingbattle - and notlose it.
```

리스트 8-1과 같이 이 모든 것을 하나의 아름다운 함수로 통합할 수 있다. 이 함수는 for 루프를 사용해 합쳐져서 유효하지 않은 단어가 되는 2개의 유효한 단어의 모든 인스턴스에 공백을 삽입한다.

```
def insertspaces(text,word_list):

    locs = list(set([(m.start(),m.end()) for word in word_list for m in \
re.finditer(word, text)]))
```

```
    spacestarts = [m.start() for m in re.finditer(' ', text)]
    spacestarts.append(-1)
    spacestarts.append(len(text))
    spacestarts.sort()
    spacestarts_affine = [ss + 1 for ss in spacestarts]
    spacestarts_affine.sort()
    partial_words = [loc for loc in locs if loc[0] in spacestarts_affine \
and loc[1] not in spacestarts]
    partial_words_end = [loc for loc in locs if loc[0] not in \
spacestarts_affine and loc[1] in spacestarts]
    between_spaces = [(spacestarts[k] + 1,spacestarts[k+1]) for k in \
    range(0,len(spacestarts) - 1)]
    between_spaces_notvalid = [loc for loc in between_spaces if \
text[loc[0]:loc[1]] not in word_list]
    textnew = text
    for loc in between_spaces_notvalid:
        endsofbeginnings = [loc2[1] for loc2 in partial_words if loc2[0] \
== loc[0] and (loc2[1] - loc[0]) > 1]
        beginningsofends = [loc2[0] for loc2 in partial_words_end if loc2[1] \
== loc[1] and (loc2[1] - loc[0]) > 1]
        pivot = list(set(endsofbeginnings).intersection(beginningsofends))
        if(len(pivot) > 0):
            pivot = np.min(pivot)
            textnew = textnew.replace(text[loc[0]:loc[1]],text[loc[0]:pivot]+' \
'+text[pivot:loc[1]])
    textnew = textnew.replace(' ',' ')
    return(textnew)
```

리스트 8-1 지금까지 살펴본 이 장의 많은 코드를 결합해 텍스트에 공백을 삽입하는 함수

그런 다음 텍스트를 정의하고 다음과 같이 함수를 호출할 수 있다.

```
text = "The oneperfectly divine thing, the oneglimpse of God's paradisegiven \
on earth, is to fight a losingbattle - and notlose it."
print(insertspaces(text,word_list))
```

예상한 대로 공백이 완벽하게 삽입된 출력을 볼 수 있다.

```
The one perfectly divine thing, the one glimpse of God's paradise given on earth,
is to fight a losing battle - and not lose it.
```

영어 텍스트에 공백을 올바르게 삽입할 수 있는 알고리듬을 생성했다. 고려해야 할 한 가지는 다른 언어에 대해서도 동일한 작업을 수행할 수 있는지 여부다. word_list를 정의하기 위해 작업 중인 언어에 대한 적절하고 좋은 말뭉치를 읽는 한, 이 예제에서 정의하고 호출한 함수는 어떤 언어의 텍스트든 공백을 올바르게 삽입할 수 있다. 심지어 한 번도 공부하거나 들어본 적이 없는 언어로 된 텍스트를 수정할 수도 있다. 다른 말뭉치, 다른 언어와 다른 텍스트에 시도해 어떤 종류의 결과를 얻을 수 있는지 확인하고 언어 알고리듬의 힘을 엿볼 수 있을 것이다.

구문 완성

구축 중인 검색 엔진에 기능을 추가하려는 스타트업을 위해 알고리듬 컨설팅 작업을 수행하고 있다고 상상해보자. 회사는 구문 완성을 추가해서 사용자에게 검색 제안을 제공할 수 있길 원한다. 예를 들어, 사용자가 'peanut butter and'를 입력하면 검색 제안 기능이 단어 'jelly'를 추가하도록 제안할 수 있다. 사용자가 'squash'를 입력하면 검색 엔진이 'court'와 'soup'를 모두 제안할 수 있다.

이 기능을 구축하는 방법은 간단하다. 공백 검사기와 마찬가지로 말뭉치로 시작할 것이다. 이 경우 우리는 말뭉치의 개별 단어뿐만 아니라 단어가 어떻게 서로 어울리는지에도 관심이 있으므로 말뭉치에서 n그램 리스트를 컴파일할 것이다. n그램$^{n-gram}$은 단순히 함께 나타나는 n단어의 모음이다. 예를 들어, 'Reality is not always probable, or likely'라는 구문은 위대한 호르헤 루이스 보르헤스$^{Jorge\ Luis\ Borges}$가 말한 일곱 단어로 구성되어 있다. 1그램은 개별 단어이므로 이 구문의 1그램은 'reality', 'is', 'not', 'always', 'probable', 'or', 'likely'다. 2그램은 함께 나타나는 두 단어의 모든 문자열이므로 'reality is', 'is not', 'not always', 'always probable' 등을 포함한다. 3그램은 'reality is not', 'is not always' 등이다.

토큰화 및 *n*그램 가져오기

*n*그램 수집을 쉽게 하기 위해 nltk라는 파이썬 모듈을 사용할 것이다. 먼저 텍스트를 토큰화할 것이다. **토큰화**^{tokenizing}는 단순히 구두점을 무시하고 문자열을 구성된 단어로 나누는 것을 의미한다. 예를 들면 다음과 같다.

```
from nltk.tokenize import sent_tokenize, word_tokenize
text = "Time forks perpetually toward innumerable futures"
print(word_tokenize(text))
```

결과는 다음과 같다.

```
['Time', 'forks', 'perpetually', 'toward', 'innumerable', 'futures']
```

다음과 같이 텍스트에서 *n*그램을 토큰화하고 가져올 수 있다.

```
import nltk
from nltk.util import ngrams
token = nltk.word_tokenize(text)
bigrams = ngrams(token,2)
trigrams = ngrams(token,3)
fourgrams = ngrams(token,4)
fivegrams = ngrams(token,5)
```

또는 모든 *n*그램을 grams라는 리스트에 넣을 수 있다.

```
grams = [ngrams(token,2),ngrams(token,3),ngrams(token,4),ngrams(token,5)]
```

이 경우, 짧은 한 문장 텍스트에 대한 토큰화 및 n그램 리스트를 얻었다. 그러나 다목적 구문 완성 도구를 사용하려면 훨씬 더 큰 말뭉치가 필요하다. 공백 삽입에 사용한 brown 말뭉치는 단일 단어로 구성되어 n그램을 얻을 수 없기 때문에 동작하지 않는다.

우리가 사용할 한 말뭉치는 구글의 피터 노르빅$^{Peter\ Norvig}$이 http://norvig.com/big.txt에서 온라인으로 제공한 문학 텍스트 모음이다. 이 장의 예를 위해 http://www.gutenberg.org/ files/100/100−0.txt에서 온라인으로 무료 사용할 수 있는 셰익스피어^{Shakespeare}의 전 작품 파일을 다운로드한 다음 프로젝트 구텐베르크$^{Project\ Gutenberg}$ 상용어 텍스트를 상단에서 제거 했다. http://www.gutenberg.org/cache/epub/3200/pg3200.txt에 있는 마크 트웨인$^{Mark\ Twain}$의 전체 작품을 사용할 수도 있다. 다음과 같이 말뭉치를 파이썬으로 읽어 들인다.

```python
import requests
file = requests.get('http://www.bradfordtuckfield.com/shakespeare.txt')
file = file.text
text = file.replace('\n', '')
```

여기서는 requests 모듈을 사용해 수집된 셰익스피어 작품이 포함된 텍스트 파일을 호스팅 되는 웹사이트에서 직접 읽은 다음, text라는 변수에서 파이썬 세션으로 읽어 들였다.

선택한 말뭉치를 읽은 후 gram 변수를 생성한 코드를 다시 실행하자. 여기에 text 변수의 새 로운 정의가 있다.

```python
token = nltk.word_tokenize(text)
bigrams = ngrams(token,2)
trigrams = ngrams(token,3)
fourgrams = ngrams(token,4)
fivegrams = ngrams(token,5)
grams = [ngrams(token,2),ngrams(token,3),ngrams(token,4),ngrams(token,5)]
```

전략

검색 제안을 생성하는 전략은 간단하다. 사용자가 검색어를 입력할 때 검색에 포함된 단어 수를 확인한다. 즉, 사용자가 n그램을 입력하고 우리는 n이 뭔지 결정한다. 사용자가 n그램을 검색할 때 검색에 추가하는 데 도움이 되므로 $n + 1$그램을 제안하고자 한다. 말뭉치를 검색해서 처음 n개의 요소가 n그램과 일치하는 모든 $n + 1$그램을 찾는다. 예를 들어 사용자가 1그램인 'crane'을 검색할 수 있고 우리의 말뭉치에는 2그램의 'crane feather', 'crane operator', 'crane neck'이 포함될 수 있다. 각각은 우리가 제공할 수 있는 잠재적인 검색 제안이다.

처음 n개의 요소가 사용자가 입력한 $n + 1$그램과 일치하는 모든 $n + 1$그램을 제공해 거기서 멈출 수 있다. 그러나 모든 제안이 똑같이 좋은 것은 아니다. 예를 들어, 산업용 건설 장비 매뉴얼을 검색하는 맞춤형 엔진을 위해 일하고 있다면 'crane feather'보다 'crane operator'가 더 적절하고 유용한 제안이 될 것이다. 어떤 $n + 1$그램이 가장 좋은 제안인지 결정하는 가장 간단한 방법은 말뭉치에서 가장 자주 나타나는 것을 제공하는 것이다.

따라서 전체 알고리듬은 사용자가 n그램을 검색하면 처음 n개의 요소가 사용자의 n그램과 일치하는 모든 $n + 1$그램을 찾고, 말뭉치에서 가장 자주 나타나는 일치하는 $n + 1$그램을 추천하는 것이다.

$n + 1$그램 후보 찾기

추천 검색어를 구성할 $n + 1$그램을 찾으려면 사용자의 검색어가 얼마나 긴지 알아야 한다. 검색어가 'life is a'라고 가정해보자('life is a...'라는 구문을 완성하는 방법에 대한 제안을 찾고 있음을 의미한다). 다음의 간단한 코드를 사용해 검색어의 길이를 얻을 수 있다.

```
from nltk.tokenize import sent_tokenize, word_tokenize
search_term = 'life is a'
split_term = tuple(search_term.split(' '))
search_term_length = len(search_term.split(' '))
```

이제 검색어의 길이를 알았으므로 n(3)을 알 수 있다. 가장 빈번한 n + 1그램(4그램)을 사용자에게 반환할 것임을 기억하자. 따라서 서로 다른 n + 1그램의 서로 다른 빈도를 고려해야 한다. 모음에서 각 n + 1그램의 발생 횟수를 계산하는 Counter( )라는 함수를 사용할 것이다.

```
from collections import Counter
counted_grams = Counter(grams[search_term_length - 1])
```

이 라인은 grams 변수에서 n + 1그램만 선택했다. Counter( ) 함수를 적용하면 튜플 리스트를 생성한다. 각 튜플은 첫 번째 요소로 n+ 1그램을 갖고 두 번째 요소로 말뭉치에서 해당 n + 1그램의 빈도를 갖는다. 예를 들어, counted_grams의 첫 번째 요소를 다음과 같이 출력할 수 있다.

```
print(list(counted_grams.items())[0])
```

출력 결과는 말뭉치의 첫 번째 n + 1그램을 보여주고 전체 말뭉치에서 한 번만 나타난다고 알려준다.

```
(('From', 'fairest', 'creatures', 'we'), 1)
```

이 n그램은 셰익스피어 소네트 1의 시작이다. 셰익스피어의 작품에서 무작위로 찾을 수 있는 흥미로운 4그램 중 일부를 보는 것은 재미있다. 예를 들어, print(list(counted_grams) [10])을 실행하면 셰익스피어의 작품에서 10번째 4그램이 'rose might never die'임을 알 수 있다. print(list(counted_grams)[240000])을 실행하면 240,000번째 n그램이 'I will command all'임을 알 수 있다. 323,002번째는 'far more glorious star'이고 328,004번째는 'crack my arms asunder'다. 그러나 우리는 n + 1그램 브라우징뿐만 아니라 구문 완성을 원한다. 처음 n개의 요소가 검색어와 일치하는 n + 1그램의 하위 집합을 찾아야 한다. 다음과 같이 할 수 있다.

```
matching_terms = [element for element in list(counted_grams.items()) if \
element[0][:-1] == tuple(split_term)]
```

이 리스트 컴프리헨션은 모든 $n + 1$그램에 대해 반복하고 각 요소를 호출한다. 각 요소에 대해 element[0][:-1]==tuple(split_term) 여부를 확인한다. 이 등식의 좌변 요소인 element[0][:-1]은 단순히 각 $n + 1$그램의 처음 n개 요소를 취한다. [:-1]은 리스트의 마지막 요소를 무시하는 편리한 방법이다. 등식의 우변 tuple(split_term)은 우리가 찾고 있는 n그램이다('life is a'). 따라서 처음 n개의 요소가 관심 있는 n그램과 동일한 $n + 1$그램을 확인하고 있다. 일치하는 용어는 무엇이든 matching_terms라는 최종 출력에 저장된다.

빈도에 따른 구절 선택

matching_terms 리스트에는 작업을 완료하는 데 필요한 모든 것이 있다. 그것은 처음 n개의 요소가 검색어와 일치하는 $n + 1$그램으로 구성되며 말뭉치에 있는 빈도를 포함한다. 일치하는 용어 리스트에 최소한 하나의 요소가 있는 한 말뭉치에서 가장 자주 발생하는 요소를 찾아 완성된 구문으로 사용자에게 제안할 수 있다. 다음 코드 조각으로 작업을 수행할 수 있다.

```
if(len(matching_terms)>0):
    frequencies = [item[1] for item in matching_terms]
    maximum_frequency = np.max(frequencies)
    highest_frequency_term = [item[0] for item in matching_terms if item[1] \
== maximum_frequency][0]
    combined_term = ' '.join(highest_frequency_term)
```

여기서는 검색어와 일치하는 말뭉치의 모든 $n + 1$그램의 빈도를 포함하는 리스트인 frequencies를 정의하는 것으로 시작했다. 그런 다음 numpy 모듈의 max() 함수를 사용해 해당 빈도 중 가장 높은 것을 찾았다. 또 다른 리스트 컴프리헨션을 사용해 말뭉치에서 가장 높은 빈도로 발생하는 첫 번째 $n + 1$그램을 얻었고, 마지막으로 단어를 구분하는 공백과 함께 해당 검색어의 모든 단어를 결합하는 문자열인 combined_term을 만들었다.

240

끝으로, 리스트 8-2와 같이 모든 코드를 함수에 함께 넣을 수 있다.

```
def search_suggestion(search_term, text):
    token = nltk.word_tokenize(text)
    bigrams = ngrams(token,2)
    trigrams = ngrams(token,3)
    fourgrams = ngrams(token,4)
    fivegrams = ngrams(token,5)
    grams = [ngrams(token,2),ngrams(token,3),ngrams(token,4),ngrams(token,5)]
    split_term = tuple(search_term.split(' '))
    search_term_length = len(search_term.split(' '))
    counted_grams = Counter(grams[search_term_length-1])
    combined_term = 'No suggested searches'
    matching_terms = [element for element in list(counted_grams.items()) if \
element[0][:-1] == tuple(split_term)]
    if(len(matching_terms) > 0):
        frequencies = [item[1] for item in matching_terms]
        maximum_frequency = np.max(frequencies)
        highest_frequency_term = [item[0] for item in matching_terms if item[1] \
== maximum_frequency][0]
        combined_term = ' '.join(highest_frequency_term)
    return(combined_term)
```

리스트 8-2 *n*그램을 가져와서 입력 *n*그램으로 시작하는 가능성이 가장 높은 *n* + 1그램을 반환해 검색 제안을 제공하는 함수

함수를 호출할 때 *n*그램을 인수로 전달하고 함수는 *n* + 1그램을 반환한다. 다음과 같이 호출한다.

```
file = requests.get('http://www.bradfordtuckfield.com/shakespeare.txt')
file = file=file.text
text = file.replace('\n', '')
print(search_suggestion('life is a', text))
```

그리고 제안이 'life is a tedious'라는 것을 알 수 있다. 이것은 'life is a'라는 단어로 시작하는 셰익스피어가 사용한 가장 일반적인 4그램이다(2개의 다른 4그램과 연결됨). 셰익스피어는 이 4그램을 〈심벨린Cymbeline〉에서 단 한 번만 사용했는데, 이모젠Imogen은 "I see a man's life is a tedious one."이라고 말했다. 〈리어왕King Lear〉에서 에드거Edgar는 글로스터Gloucester에게 "Thy life is a miracle"(또는 사용하는 텍스트에 따라 "Thy life's a miracle")이라고 말하므로 이 4그램도 우리 구문의 유효한 완성이 될 것이다.

다른 말뭉치를 시도해보고 결과가 어떻게 다른지 확인함으로써 약간의 재미를 느낄 수 있다. 마크 트웨인 전집의 말뭉치를 사용해보자.

```
file = requests.get('http://www.bradfordtuckfield.com/marktwain.txt')
file = file=file.text
text = file.replace('\n', '')
```

이 새로운 말뭉치를 사용해 검색 제안을 다시 확인할 수 있다.

```
print(search_suggestion('life is a',text))
```

이 경우 완성된 구문은 'life is a failure'이고 두 텍스트 말뭉치의 차이를 나타낸다. 셰익스피어와 마크 트웨인의 스타일과 태도의 차이를 나타내는 것일 수도 있다. 다른 검색어를 사용해볼 수도 있다. 예를 들어 마크 트웨인의 말뭉치를 사용하면 'I love'가 'you'로 완성되고, 셰익스피어의 말뭉치를 사용하면 'thee'로 완성된다. 생각의 차이는 아니더라도 세기와 바다를 가로질러 스타일의 차이를 보여준다. 다른 말뭉치와 다른 구문을 시도해서 구문이 어떻게 완성되는지 확인해보자. 다른 언어로 작성된 말뭉치를 사용하는 경우 방금 작성한 정확한 함수를 사용해 당신이 말하지 않는 언어도 구문 완성을 수행할 수 있다.

요약

8장에서는 인간의 언어를 다룰 때 사용할 수 있는 알고리듬에 대해 논의했다. 잘못 스캔된 텍스트를 수정할 수 있는 공백 삽입 알고리듬으로 시작해, 텍스트 말뭉치의 내용과 스타일에 맞게 입력 구문에 단어를 추가할 수 있는 구문 완성 알고리듬을 살펴봤다. 이러한 알고리듬에 대한 접근 방식은 맞춤법 검사기와 의도 파서intent parser를 포함한 다른 유형의 언어 알고리듬에서 동작하는 접근 방식과 유사하다.

다음 장에서는 모든 훌륭한 알고리듬 제작자가 익숙해져야 하는 강력하고 성장하는 분야인 머신러닝을 탐구할 것이다. 알고리듬과 삶을 통해 당신의 여정을 훨씬 더 멀리 데려갈 수 있는 간단하고 유연하며 정확하고 해석 가능한 모델인 의사결정 트리decision tree라는 머신러닝 알고리듬에 초점을 맞출 것이다.

CHAPTER 9

머신러닝

많은 기본 알고리듬의 이면에 있는 아이디어를 이해했으므로 이제 더 고급 아이디어로 전환할 수 있다. 9장에서는 머신러닝을 탐구한다. **머신러닝**machine learning은 광범위한 방법을 의미하지만 모두 동일한 목표를 공유한다. 데이터에서 패턴을 찾고 이를 사용해 예측한다. **의사결정 트리**decision tree라고 하는 방법을 논의한 다음, 개인의 특성 중 일부를 기반으로 행복 수준을 예측할 수 있는 방법을 구축할 것이다.

의사결정 트리

의사결정 트리는 트리와 유사한 분기 구조를 가진 다이어그램이다. 순서도를 사용하는 것과 같은 방식으로 의사결정 트리를 사용할 수 있다. 예/아니요 질문에 답하면 최종 결정, 예측 또는 권장사항으로 이어지는 경로를 따라 안내된다. 최적의 의사결정으로 이끄는 의사결정 트리를 생성하는 프로세스는 머신러닝 알고리듬의 전형적인 예다.

의사결정 트리를 사용할 수 있는 실제 시나리오를 고려해보자. 응급실에서 중요한 의사결정자는 새로 입원한 모든 환자에 대해 분류를 수행해야 한다. **환자분류**^{triage}는 단순히 우선순위를 지정하는 것을 의미한다. 죽음이 얼마 남지 않았지만 적시에 수술로 구조될 수 있는 사람은 즉시 치료를 받을 수 있는 반면, 종이에 베이거나 코를 훌쩍거리는 사람은 더 긴급한 사람이 치료될 때까지 기다리도록 요청받을 것이다.

환자분류는 매우 적은 정보나 시간으로 합리적으로 정확한 진단을 내려야 하기 때문에 어렵다. 50세 여성이 응급실에 와서 심한 흉통을 호소하면 분류 담당자는 통증이 속쓰림인지 심장마비인지 판단해야 한다. 분류 결정을 내리는 사람의 사고 과정은 필연적으로 복잡하며, 여러 가지 요인을 고려할 것이다. 환자의 나이와 성별, 비만인지 흡연자인지, 보고하는 증상과 그에 대해 말하는 방식, 얼굴 표정, 병원이 얼마나 바쁜지, 기다리고 있는 다른 환자들, 그리고 그들이 의식적으로 알지 못하는 요인도 있다. 환자분류를 잘하려면 많은 패턴을 배워야 한다.

환자분류 전문가가 결정을 내리는 방식을 이해하는 것은 쉽지 않다. 그림 9-1은 가상적으로 완전히 구성된 분류 결정 프로세스를 보여준다(의학적 조언이 아니니 집에서 시도하지 말 것!).

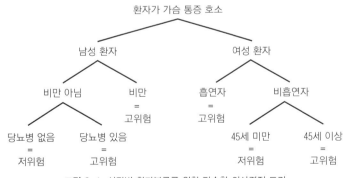

그림 9-1 심장병 환자분류를 위한 단순한 의사결정 트리

이 다이어그램은 위에서 아래로 읽을 수 있다. 상단에서 심장마비 진단 프로세스는 환자가 가슴 통증을 보고하는 것으로 시작됨을 알 수 있다. 그 후 환자의 성별에 따라 프로세스가 분기된다. 환자가 남성인 경우 진단 프로세스는 왼쪽 분기에서 계속되어 비만 여부를 판단

한다. 환자가 여성인 경우 프로세스는 오른쪽 분기에서 계속되고 그녀가 흡연자인지 확인한다. 프로세스의 각 지점에서 트리의 맨 아래에 도달할 때까지 적절한 분기를 따라간다. 마지막에서 환자가 심장마비에 걸릴 위험이 높은지 낮은지에 대한 트리의 분류를 찾는다. 이이진 분기 프로세스는 가장 먼 가지의 끝에 도달할 때까지 줄기가 더 작은 새 나뭇가지로 분기되는 나무와 유사하다. 따라서 그림 9-1과 같은 의사결정 프로세스를 의사결정 트리라고한다.

그림 9-1에서 텍스트가 보이는 모든 위치는 의사결정 트리의 **노드**node다. '비만 아님'과 같은 노드는 우리가 예측을 할 수 있기 전에 따라야 할 분기가 적어도 하나 더 있기 때문에 **분기 노드**branching node라고 한다. '당뇨병 없음 = 저위험' 노드는 **터미널 노드**terminal node다. 왜냐하면 우리가 거기에 도착했다면 더 이상 분기할 필요가 없고 의사결정 트리의 최종 분류('저위험')를 알고 있기 때문이다.

항상 좋은 환자분류 결정으로 이어지는 철저하고 잘 연구된 의사결정 트리를 설계할 수 있다면 의학 교육을 받지 않은 사람이 심장마비 환자의 분류를 수행할 수 있을 것이다. 그들은 더이상 신중하고 고학력인 환자분류 전문가를 고용하고 훈련시킬 필요가 없기 때문에 세계의 모든 중환자실에서 많은 돈을 절약할 수 있다. 충분히 좋은 의사결정 트리는 인간 환자분류 전문가를 로봇으로 대체하는 것을 가능하게 할 수도 있지만 그것이 좋은 목표인지는 논쟁의 여지가 있다. 좋은 의사결정 트리는 보통 사람보다 더 나은 결정을 내릴 수도 있는데, 사람이 가진 무의식적 편견을 잠재적으로 제거할 수 있기 때문이다(그리고 실제로 이것은 이미 일어난 일이다. 1996년과 2002년에 별도의 연구원 팀이 의사결정 트리를 사용해 흉통을 호소하는 환자의 분류 결과를 개선하는 데 성공했다는 논문을 발표했다).

의사결정 트리에 설명된 분기 결정 단계는 알고리듬을 구성한다. 이러한 알고리듬을 실행하는 것은 매우 간단한데, 모든 노드에서 두 분기 중 어느 지점에 있어야 하는지 결정하고 분기를 끝까지 따라가기만 하면 된다. 그러나 만나는 모든 의사결정 트리의 제안을 따르지는 말자. 생각할 수 있는 모든 결정 프로세스를 규정하는 의사결정 트리를 누구나 만들 수 있음을 기억하자. 그것이 잘못된 결정으로 이어지더라도 말이다. 의사결정 트리의 어려운 부분은 의사결정 트리 알고리듬을 실행하는 것이 아니라 가능한 최상의 의사결정을 내리도록 의사결정 트리를 설계하는 것이다. 최적의 의사결정 트리를 만드는 것은 머신러닝의 응용이지만 단순히 의사결정 트리를 따르는 것은 그렇지 않다. 최적의 의사결정 트리를 생성하는 알고리듬(알고리듬을 생성하는 알고리듬)에 대해 논의하고 정확한 의사결정 트리를 생성하는 프로세스를 단계별로 진행해보자.

의사결정 트리 구축

사람에 대한 정보를 사용해 얼마나 행복한지 예측하는 의사결정 트리를 만들어보자. 행복의 비밀을 찾는 일은 수천 년 동안 수백만 명의 사람들을 사로잡았고 오늘날 사회과학 연구자들도 답을 찾기 위해 많은 노력을 쏟고 있다(그리고 많은 연구 보조금을 쓰고 있다). 몇 가지 정보를 사용하고 사람이 얼마나 행복한지 확실하게 예측할 수 있는 의사결정 트리가 있다면 사람의 행복을 결정하는 요소에 대한 중요한 단서를 제공할 뿐만 아니라 스스로 행복을 달성하는 방법에 대한 아이디어도 얻을 수 있다. 이 장이 끝나면 그러한 의사결정 트리를 구축하는 방법을 알게 될 것이다.

데이터 세트 다운로드

머신러닝 알고리듬은 데이터에서 유용한 패턴을 찾기 때문에 좋은 데이터 세트가 필요하다. 의사결정 트리에 ESS^European Social Survey의 데이터를 사용한다. http://bradfordtuckfield. com/ess.csv와 http://bradfordtuckfield.com/variables.csv에서 사용할 파일을 다운로드할 수 있다(원래 https://www.kaggle.com/pascalbliem/european-social-survey-ess-8-ed21-201617에서 파일을 얻었으며, 여기서 무료로 사용할 수 있다). ESS는 2년마다 실시되는 유럽 전역의 대규모 성인 대상 설문조사다. 종교, 건강 상태, 사회생활, 행복지수 등 광범위하고 다양한 개인적인 질문을 한다. 우리가 볼 파일은 CSV 형식으로 저장된다. 파일 확장자 .csv는 'comma-separated values'의 약자이며, 데이터 세트를 저장하는 매우 일반적이고 간단한 방법이다. 마이크로소프트 엑셀^Microsoft Excel, 리브레오피스 캘크^LibreOffice Calc, 텍스트 편집기 및 일부 파이썬 모듈에서 열 수 있다.

variables.csv 파일에는 설문조사에 기록된 각 질문에 대한 자세한 설명이 포함되어 있다. 예를 들어, variables.csv의 103행에서 happy라는 변수에 대한 설명을 볼 수 있다. 이 변수는 "모든 것을 종합할 때 얼마나 행복하다고 생각하십니까?"라는 질문에 대한 설문조사 응답자의 답변을 기록한다. 이 질문에 대한 답은 1(전혀 행복하지 않음)에서 10(매우 행복함)까지다. 사용할 수 있는 다양한 정보를 보기 위해 variables.csv의 다른 변수를 살펴보자. 예를 들어, 변수 sclmeet는 응답자가 친구, 친척 또는 동료와 사교적으로 만나는 빈도를 기록한다. 변수 health는 주관적인 일반 건강을 기록한다. 변수 rlgdgr은 응답자가 얼마나 종교적인지 주관적인 평가를 기록한다.

데이터를 보고 나면 행복 예측과 관련된 가설을 생각할 수 있다. 활동적인 사회생활을 하고 건강이 좋은 사람들이 다른 사람들보다 더 행복하다고 합리적으로 가정할 수 있다. 성별, 가구 규모, 연령과 같은 변수는 가정하기가 쉽지 않을 수 있다.

데이터 살펴보기

데이터를 읽는 것부터 시작해보자. 링크에서 데이터를 다운로드하고 ess.csv로 로컬에 저장하자. 그런 다음 pandas 모듈을 사용해 작업하여 파이썬 세션에서 ess라는 변수에 저장할 수 있다.

```
import pandas as pd
ess = pd.read_csv('ess.csv')
```

CSV 파일을 읽으려면 파이썬을 실행하는 것과 동일한 위치에 저장해야 한다. 또는 CSV 파일을 저장하는 정확한 파일 경로를 반영하도록 위의 코드에서 'ess.csv'를 변경해야 한다. pandas 데이터프레임의 shape 속성을 사용해 데이터에 몇 개의 행과 열이 있는지 확인할 수 있다.

```
print(ess.shape)
```

출력 결과는 (44387, 534)여야 하며, 이는 데이터 세트에 44,387개의 행(각 응답자당 하나씩)과 534개의 열(설문조사의 각 질문당 하나씩)이 있음을 나타낸다. pandas 모듈의 슬라이싱 함수를 사용해 관심 있는 일부 열을 더 자세히 볼 수 있다. 예를 들어, 다음은 'happy' 질문에 대한 처음 다섯 가지 답변을 살펴보는 방법이다.

```
print(ess.loc[:,'happy'].head())
```

데이터 세트 ess에는 설문조사의 각 질문당 하나씩 534개의 열이 있다. 어떤 목적으로 한 번에 534개 열을 모두 사용하고 싶을 수도 있다. 여기서는 다른 533이 아닌 happy 열만 보려고 한다. 그래서 loc() 함수를 사용했다. 여기서 loc() 함수는 pandas 데이터프레임에서 happy라는 변수를 슬라이싱했다. 즉, 해당 열만 꺼내고 나머지 533개는 무시한다. 그런 다음 head() 함수는 해당 열의 처음 5개 행을 보여준다. 처음 5개의 응답이 5, 5, 8, 8, 5임을 알 수 있다. sclmeet 변수로 동일한 작업을 수행할 수 있다.

```
print(ess.loc[:,'sclmeet'].head())
```

결과는 6, 4, 4, 4, 6이어야 한다. happy 응답과 sclmeet 응답이 순서대로 정렬된다. 예를 들어, sclmeet의 134번째 요소는 happy의 134번째 요소에서 응답을 제공한 동일한 사람이 제공한 응답이다.

ESS 직원은 모든 설문조사 참가자로부터 완전한 응답을 얻기 위해 노력한다. 그러나 일부 설문조사 질문에 대한 응답이 누락된 경우가 있다. 때로는 참가자가 응답을 거부하거나 응답하는 방법을 모르기 때문이다. ESS 데이터 세트에서 누락된 응답에는 실제 응답의 가능한 범위보다 훨씬 높은 코드가 할당된다. 예를 들어, 응답자에게 1에서 10까지의 숫자를 선택하도록 요청하는 질문에서 응답자가 응답을 거부하면 ESS는 77로 기록한다. 우리의 분석에서는 관심 있는 변수에 대해 누락된 값이 없는 완전한 응답만 고려한다. 다음과 같이 관심 있는 변수에 대한 전체 응답만 포함하도록 ess 데이터를 제한할 수 있다.

```
ess = ess.loc[ess['sclmeet'] <= 10,:].copy()
ess = ess.loc[ess['rlgdgr'] <= 10,:].copy()
ess = ess.loc[ess['hhmmb'] <= 50,:].copy()
ess = ess.loc[ess['netusoft'] <= 5,:].copy()
ess = ess.loc[ess['agea'] <= 200,:].copy()
ess = ess.loc[ess['health'] <= 5,:].copy()
ess = ess.loc[ess['happy'] <= 10,:].copy()
ess = ess.loc[ess['eduyrs'] <= 100,:].copy().reset_index(drop=True)
```

데이터 분할

이 데이터를 사용해 누군가의 사회생활과 행복 간의 관계를 탐색할 수 있는 방법은 여러 가지가 있다. 가장 간단한 접근 방식 중 하나는 **이진 분할**[binary split]이다. 예를 들어, 사회생활이 매우 활발한 사람들의 행복 수준을 사회생활이 덜 활동적인 사람들의 행복 수준과 비교한다 (리스트 9-1).

```
import numpy as np
social = list(ess.loc[:,'sclmeet'])
happy = list(ess.loc[:,'happy'])
low_social_happiness = [hap for soc,hap in zip(social,happy) if soc <= 5]
high_social_happiness = [hap for soc,hap in zip(social,happy) if soc > 5]

meanlower = np.mean(low_social_happiness)
meanhigher = np.mean(high_social_happiness)
```

리스트 9-1 비활동적이거나 활동적인 사회생활을 하는 사람들의 평균 행복 수준 계산

리스트 9-1에서는 평균을 계산하기 위해 numpy 모듈을 가져왔다. ess 데이터프레임에서 슬라이싱하여 2개의 새로운 변수, social과 happy를 정의했다. 그런 다음 리스트 컴프리헨션을 사용해 사회 활동 등급이 낮은 모든 사람의 행복 수준(low_social_happiness 변수에 저장)과 사회 활동 등급이 높은 모든 사람의 행복 수준(high_social_happiness 변수에 저장)을 알아 냈다. 마지막으로, 비사회적인 사람들의 평균 행복도(meanlower)와 매우 사회적인 사람들의

평균 행복도(meanhigher)를 계산했다. print(meanlower)와 print(meanhigher)를 실행하면 자신을 사회적으로 매우 활동적이라고 평가한 사람들이 사회적으로 덜 활동적인 동료보다 약간 더 행복하다고 평가했음을 알 수 있다. 사회적으로 활동적이라고 보고한 사람들의 평균 행복 수준은 약 7.8이고, 사회적으로 비활동적인 사람들의 평균 행복도 수준은 약 7.2였다.

방금 한 작업에 대한 간단한 다이어그램을 그림 9–2와 같이 그릴 수 있다.

그림 9–2 사교적인 외출 빈도를 기반으로 행복을 예측하는 단순 의사결정 트리

이 간단한 이진 분할 다이어그램은 이미 의사결정 트리와 닮기 시작했다. 이것은 우연이 아니다. 데이터 세트에서 이진 분할을 만들고 각 절반에서 결과를 비교하는 것은 정확히 의사결정 트리 생성 알고리듬의 핵심 프로세스다. 사실, 그림 9–2는 분기 노드가 하나뿐이긴 하지만 정당하게 의사결정 트리라고 부를 수 있다. 그림 9–2를 행복에 대한 아주 간단한 예측 변수로 사용할 수 있다. 즉, 누군가가 얼마나 자주 사교적으로 외출하는지 알 수 있다. sclmeet 값이 5 이하이면 행복도는 7.2임을 예측할 수 있다. 5보다 크면 행복도가 7.8임을 예측할 수 있다. 완벽한 예측은 아니지만 예측의 시작이고 무작위 추측보다는 더 정확하다.

다양한 특성과 생활방식 선택의 영향에 대한 결론을 도출하기 위해 의사결정 트리를 사용해 볼 수 있다. 예를 들어, 낮은 사회적 행복과 높은 사회적 행복의 차이가 약 0.6임을 확인하고 사회 활동 수준을 낮은 수준에서 높은 수준으로 높이면 10점 만점에 약 0.6 정도의 행복도 증가를 예측할 수 있다는 결론을 내린다. 물론 이러한 종류의 결론을 도출하는 것은 어려움 투성이다. 사회 활동이 행복을 일으키지 않고 오히려 행복이 사회 활동을 일으킬 수 있다. 아마도 행복한 사람들은 친구들을 불러모으고 사교 모임을 주선하는 유쾌한 분위기에 더 자주 노출될 것이다. 연관성과 인과관계를 분리하는 것은 이 장의 범위를 벗어난다. 그러나 인과관계의 방향에 관계없이 간단한 의사결정 트리는 최소한 연관성에 대한 사실을 제공하므로 관심이 있으면 더 조사할 수 있다. 만화가 랜들 먼로^{Randall Munroe}가 말했듯이 "상관관계는 인과관계를 의미하지 않지만 암시적으로 눈썹을 흔들고 '저쪽을 봐'라고 입으로 살그머니 몸짓한다."

우리는 2개의 분기로 간단한 의사결정 트리를 만드는 방법을 알고 있다. 이제 분기를 만드는 방법을 완벽하게 만든 다음 더 나은 완전한 의사결정 트리를 위해 많은 분기를 만들어야 한다.

더 똑똑한 분할

사회생활을 하는 사람과 그렇지 않은 사람의 행복도를 비교할 때 5점을 **분할점**^{split point}으로 사용했다. 즉, 5점보다 큰 사람은 사회생활이 활발한 사람, 5점 이하인 사람은 사회생활이 활발하지 않은 사람으로 구분했다. 5를 선택한 이유는 1에서 10까지의 등급에서 자연스러운 중간 지점이기 때문이다. 그러나 우리의 목표는 행복의 정확한 예측 변수를 개발하는 것임을 기억하자. 자연스러운 중간 지점이 무엇인지 또는 활동적인 사회생활처럼 보이는지에 대한 직관에 따라 분할하는 것보다 가능한 최고의 정확도로 이어지는 위치에서 이진 분할을 만드는 것이 가장 좋다.

머신러닝 문제에서 정확도를 측정하는 몇 가지 방법이 있다. 가장 자연스러운 방법은 오차의 합을 찾는 것이다. 우리의 경우 관심 있는 오차는 누군가의 행복도 예측과 실제 행복도의 차이다. 우리의 의사결정 트리가 당신의 행복이 6이라고 예측하지만 실제로는 8이라면 평가에 대한 트리의 오차는 2다. 우리가 어떤 그룹의 모든 응답자에 대한 예측 오차를 더하면 그룹 구성원의 행복도를 예측하는 의사결정 트리의 정확도를 측정하는 오차 합을 얻을 수 있다. 오차 합이 0에 가까울수록 더 좋은 트리다(그러나 중요한 경고에 대해서는 266페이지의 '과적합 문제' 절을 참고하자). 다음 코드 조각은 오차 합을 찾는 간단한 방법을 보여준다.

```
lowererrors = [abs(lowhappy - meanlower) for lowhappy in low_social_happiness]
highererrors = [abs(highhappy - meanhigher) for highhappy in high_social_happiness]

total_error = sum(lowererrors) + sum(highererrors)
```

이 코드는 모든 응답자에 대한 모든 예측 오차의 합을 계산한다. 그것은 덜 사회적인 응답자 각각에 대한 예측 오차를 포함하는 리스트인 lowererrors와 더 사회적인 응답자 각각에 대한 예측 오차를 포함하는 리스트인 highererrors를 정의한다. 절댓값을 가져와 오차 합을 계산하기 위해 음수가 아닌 숫자만 추가하고 있음을 주목하자. 이 코드를 실행하면 총 오차가 약 60224임을 알 수 있다. 이 숫자는 0보다 훨씬 높지만 이것이 40,000명 이상의 응답자에 대한 오차의 합이고, 분기가 2개만 있는 트리를 사용해 응답자의 행복도를 예측했다는 점을 생각하면 그렇게 나쁘지 않은 것 같다.

오차가 개선되는지 확인하기 위해 다른 분할점을 시도할 수 있다. 예를 들어, 사회적 평가가 4보다 높은 모든 사람을 사회성이 높다고 분류하고 사회적 평가가 4 이하인 모든 사람을 사회성이 낮다고 분류해서 결과 오차율을 비교할 수 있다. 또는 대신 6을 분할점으로 사용할 수 있다. 가능한 최고의 정확도를 얻으려면 가능한 모든 분할점을 순서대로 확인하고 가능한 가장 낮은 오차로 이어지는 분할점을 선택해야 한다. 리스트 9-2에는 이를 수행하는 함수가 포함되어 있다.

```python
def get_splitpoint(allvalues,predictedvalues):
    lowest_error = float('inf')
    best_split = None
    best_lowermean = np.mean(predictedvalues)
    best_highermean = np.mean(predictedvalues)
    for pctl in range(0,100):
        split_candidate = np.percentile(allvalues, pctl)

        loweroutcomes = [outcome for value,outcome in \
zip(allvalues,predictedvalues) if value <= split_candidate]
        higheroutcomes = [outcome for value,outcome in \
zip(allvalues,predictedvalues) if value > split_candidate]

        if np.min([len(loweroutcomes),len(higheroutcomes)]) > 0:
            meanlower = np.mean(loweroutcomes)
            meanhigher = np.mean(higheroutcomes)
```

```
              lowererrors = [abs(outcome - meanlower) for outcome \
in loweroutcomes]
              highererrors = [abs(outcome - meanhigher) for outcome \
in higheroutcomes]

              total_error = sum(lowererrors) + sum(highererrors)

              if total_error < lowest_error:
                  best_split = split_candidate
                  lowest_error = total_error
                  best_lowermean = meanlower
                  best_highermean = meanhigher
      return(best_split,lowest_error,best_lowermean,best_highermean)
```

리스트 9-2 의사결정 트리의 분기점에 대한 변수를 분할할 최적 지점을 찾는 함수

이 함수에서 pctl('percentile'의 줄임말)이라는 변수를 사용해 0에서 100까지의 모든 숫자를 반복한다. 루프의 첫 번째 줄에서 데이터의 pctl번째 백분위수인 새 split_candidate 변수를 정의한다. 그 후 리스트 9-2에서 사용한 것과 동일한 과정을 거친다. sclmeet 값이 분할 후보보다 작거나 같은 사람들의 행복 수준 리스트와 sclmeet 값이 분할 후보보다 큰 사람들의 행복 수준 리스트를 만들고 해당 분할 후보를 사용해 발생하는 오차를 확인한다. 해당 분할 후보를 사용해 발생한 오차 합이 이전 분할 후보를 사용해 발생한 오차 합보다 작은 경우 best_split 변수를 split_candidate와 같도록 재정의한다. 루프가 완료된 후 best_split 변수는 가장 높은 정확도로 이어진 분할점과 같다.

응답자의 가구 구성원 수를 기록하는 변수인 hhmmb에 대해 실행하는 다음 예제와 같이 모든 변수에 대해 이 함수를 실행할 수 있다.

```
allvalues = list(ess.loc[:,'hhmmb'])
predictedvalues = list(ess.loc[:,'happy'])
print(get_splitpoint(allvalues,predictedvalues))
```

다음 출력 결과는 정확한 분할점과 해당 분할점으로 정의된 그룹에 대한 예측된 행복 수준을 보여준다.

```
(1.0, 60860.029867951016, 6.839403436723225, 7.620055170794695)
```

이 출력 결과를 hhmmb 변수를 분할하는 가장 좋은 위치가 1.0임을 의미하는 것으로 해석한다. 설문 응답자를 혼자 사는 사람(가구 구성원 1명)과 다른 사람과 함께 사는 사람(가족 구성원 2명 이상)으로 나눈다. 또한 두 그룹의 평균 행복도를 각각 약 6.84와 약 7.62로 볼 수 있다.

분할 변수 선택

데이터에서 선택한 모든 변수에 대해 분할점을 둘 최적의 위치를 찾을 수 있다. 그러나 그림 9-1과 같은 의사결정 트리에서는 하나의 변수에 대해서만 분할점을 찾는 것이 아님을 기억하자. 우리는 남성과 여성, 비만과 비만 아님, 흡연자와 비흡연자 등으로 나눈다. 자연스러운 질문은 각 분기 노드에서 어떤 변수를 분할할지 어떻게 아느냐는 것이다. 그림 9-1의 노드를 재정렬하여 체중을 먼저 나누고 성별을 두 번째로 나누거나, 왼쪽 분기에서만 성별을 나누거나 아예 나누지 않도록 할 수 있다. 각 분기점에서 분할할 변수를 결정하는 것은 최적의 의사결정 트리를 생성하는 데 결정적인 부분이므로 프로세스의 해당 부분에 대한 코드를 작성해야 한다.

최적의 분할점을 얻는 데 사용한 것과 동일한 원칙을 사용해 최상의 분할 변수를 결정할 것이다. 분할하는 가장 좋은 방법은 가장 작은 오차로 이어지는 방법이다. 이를 결정하기 위해 사용 가능한 각 변수를 반복하고 해당 변수에 대한 분할이 가장 작은 오차로 이어지는지 확인해야 한다. 그런 다음 가장 낮은 오차를 갖는 분할로 이어지는 변수를 결정한다. 리스트 9-3을 사용해 이를 수행할 수 있다.

```
def getsplit(data,variables,outcome_variable):
    best_var = ''
```

```
        lowest_error = float('inf')
        best_split = None
        predictedvalues = list(data.loc[:,outcome_variable])
        best_lowermean = -1
        best_highermean = -1
        for var in variables:
            allvalues = list(data.loc[:,var])
            splitted = get_splitpoint(allvalues,predictedvalues)

            if(splitted[1] < lowest_error):
                best_split = splitted[0]
                lowest_error = splitted[1]
                best_var = var
                best_lowermean = splitted[2]
                best_highermean = splitted[3]

        generated_tree = [[best_var,float('-inf'),best_split,best_lowermean], \
[best_var,best_split,float('inf'),best_highermean]]

        return(generated_tree)
```

리스트 9-3 모든 변수를 반복해 분할할 최상의 변수를 찾는 함수

리스트 9-3에서 변수 리스트의 모든 변수를 반복하는 for 루프가 있는 함수를 정의했다. 각
변수에 대해 get_splitpoint() 함수를 호출해 최상의 분할점을 찾는다. 최상의 분할점에서
분할된 각 변수는 예측에 대한 특정 오차 합으로 이어질 것이다. 특정 변수의 오차 합이 이전
에 고려한 어떤 변수보다 낮으면 해당 변수 이름을 best_var로 저장한다. 모든 변수 이름을
반복한 후 best_var에 저장된 오차 합이 가장 낮은 변수를 찾았다. 다음과 같이 sclmeet 이
외의 변수 집합에서 이 코드를 실행할 수 있다.

```
variables = ['rlgdgr','hhmmb','netusoft','agea','eduyrs']
outcome_variable = 'happy'
print(getsplit(ess,variables,outcome_variable))
```

이 경우 다음과 같은 출력 결과를 볼 수 있다.

```
[['netusoft', -inf, 4.0, 7.041597337770383], ['netusoft', 4.0, inf,
7.73042471042471]]
```

getsplit() 함수는 중첩 리스트의 형태로 매우 간단한 '트리'를 출력한다. 이 트리에는 분기가 2개뿐이다. 첫 번째 분기는 첫 번째 중첩 리스트로 표시되고, 두 번째 분기는 두 번째 중첩 리스트로 표시된다. 두 중첩 리스트의 각 요소는 각각의 분기에 대해 알려준다. 첫 번째 리스트는 응답자의 netusoft 값(인터넷 사용 빈도)을 기반으로 분기를 보고 있음을 알려준다. 특히 첫 번째 분기는 netusoft의 값이 -inf에서 4.0 사이인 사람들에 해당한다. 여기서 inf는 무한대를 의미한다. 즉, 이 분기의 사람들은 5점 범위에서 인터넷 사용량을 4점 이하로 보고한다. 각 리스트의 마지막 요소는 예상 행복도를 보여준다. 인터넷 사용이 많지 않은 사람들의 경우 약 7.0이다. 그림 9-3에서 이 간단한 트리를 그릴 수 있다.

그림 9-3 getsplit() 함수에 대한 첫 번째 호출로 생성된 트리

지금까지 우리의 함수는 인터넷 사용이 상대적으로 낮은 사람들이 평균 행복도가 약 7.0으로 스스로 덜 행복하다고 느끼는 것으로 보고하는 반면, 가장 높은 수준의 인터넷 사용을 보고하는 사람들은 평균 약 7.7의 행복도를 보고한다는 것을 알려주고 있다. 다시 말하지만, 이 단일 사실로부터 어떻게 결론을 이끌어낼지 주의해야 한다. 인터넷 사용은 진정한 행복의 동인이 아닐 수 있다. 하지만 대신 나이, 부, 건강, 교육 및 다른 특성과 강한 상관관계가 있기 때문에 행복 수준과 상관관계가 있을 수 있다. 머신러닝만으로는 일반적으로 복잡한 인과관계를 확실하게 결정할 수 없지만, 그림 9-3의 간단한 트리에서와 같이 정확한 예측을 할 수 있다.

깊이 추가

각 분기점에서 가능한 한 최상의 분할을 만들고 2개의 분기가 있는 트리를 생성하는 데 필요한 모든 것을 완료했다. 다음으로 하나의 분기 노드와 2개의 터미널 노드 이상으로 트리를 성장시켜야 한다. 그림 9-1을 보고 2개 이상의 분기가 있음을 확인하자. 최종 진단을 받기 위해 따라야 하는 최대 3개의 연속 분기가 있기 때문에 **깊이**depth 3이라고 부르는 것이 있다. 의사결정 트리 생성 프로세스의 마지막 단계는 도달하려는 깊이를 지정하고 해당 깊이에 도달할 때까지 새 분기를 만드는 것이다. 리스트 9-4의 getsplit( ) 함수를 추가해서 이를 수행한다.

```python
maxdepth = 3
def getsplit(depth,data,variables,outcome_variable):
    --생략--
    generated_tree = [[best_var,float('-inf'),best_split,[]],[best_var, \
best_split,float('inf'),[]]]

    if depth < maxdepth:
        splitdata1=data.loc[data[best_var] <= best_split,:]
        splitdata2=data.loc[data[best_var] > best_split,:]
        if len(splitdata1.index) > 10 and len(splitdata2.index) > 10:
            generated_tree[0][3] = getsplit(depth + \
1,splitdata1,variables,outcome_variable)
            generated_tree[1][3] = getsplit(depth + \
1,splitdata2,variables,outcome_variable)
        else:
            depth = maxdepth + 1
            generated_tree[0][3] = best_lowermean
            generated_tree[1][3] = best_highermean
    else:
        generated_tree[0][3] = best_lowermean
        generated_tree[1][3] = best_highermean
    return(generated_tree)
```

리스트 9-4 지정된 깊이의 트리를 생성할 수 있는 함수이 갱신된 함수에서 generated_tree 변수를 정의할 때 이제 여기에 평균 대신 빈 리스트를 추가한다. 터미널 노드에만 평균을 삽입하지만 깊이가 더 깊은 트리를 원하면 각 분기 내에 다른 분기를 삽입해야 한다(그것이 빈 리스트가 포함하는 것이다). 또한 함수 끝에 긴 코드 덩어리가 있는 if 문을 추가했다. 현재 분기의 깊이가 트리에서 원하는 최대 깊이보다 작으면 이 절은 재귀적으로 get_split() 함수를 다시 호출해 내부의 다른 분기를 채운다. 이 프로세스는 최대 깊이에 도달할 때까지 계속된다.

이 코드를 실행해 우리의 데이터 세트에 대한 행복 예측에서 오차가 가장 낮은 의사결정 트리를 찾을 수 있다.

```
variables = ['rlgdgr','hhmmb','netusoft','agea','eduyrs']
outcome_variable = 'happy'
maxdepth = 2
print(getsplit(0,ess,variables,outcome_variable))
```

그렇게 하면 깊이가 2인 트리를 나타내는 다음과 같은 출력 결과를 얻어야 한다.

```
[['netusoft', -inf, 4.0, [['hhmmb', -inf, 4.0, [['agea', -inf, 15.0,
8.035714285714286], ['agea', 15.0, inf, 6.997666564322997]]], ['hhmmb',
4.0, inf, [['eduyrs', -inf, 11.0, 7.263969171483622], ['eduyrs', 11.0, inf,
8.0]]]]], ['netusoft', 4.0, inf, [['hhmmb', -inf, 1.0, [['agea', -inf, 66.0,
7.135361428970136], ['agea', 66.0, inf, 7.621993127147766]]], ['hhmmb',
1.0, inf, [['rlgdgr', -inf, 5.0, 7.743893678160919], ['rlgdgr', 5.0, inf,
7.9873320537428025]]]]]]
```

리스트 9-5 중첩 리스트를 사용한 의사결정 트리 표현

여기서 볼 수 있는 것은 서로 중첩된 리스트 모음이다. 이러한 중첩 리스트는 전체 의사결정 트리를 나타내지만 그림 9-1처럼 읽기 쉽지는 않다. 각 중첩 레벨에서 그림 9-3에 나와 있는 간단한 트리에서 본 것처럼 변수 이름과 범위를 찾는다. 중첩의 첫 번째 레벨은 그림 9-3에서 찾은 것과 동일한 분기를 보여준다. 즉, netusoft 값이 4.0 이하인 응답자를 나타내는

분기다. 첫 번째 리스트 내에 중첩된 다음 리스트는 hhmmb, -inf, 4.0으로 시작한다. 이것은 방금 조사한 분기에서 갈라지는 의사결정 트리의 또 다른 분기이며, 자가 보고한 가구 크기가 4명 이하인 사람들로 구성된다. 지금까지 중첩 리스트에서 살펴본 의사결정 트리의 일부를 그리면 그림 9-4와 같을 것이다.

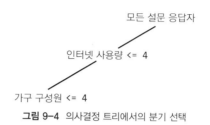

그림 9-4 의사결정 트리에서의 분기 선택

의사결정 트리의 더 많은 분기를 채우기 위해 중첩 리스트를 계속 볼 수 있다. 다른 리스트 내에 중첩된 리스트는 트리에서 더 낮은 분기에 해당한다. 중첩 리스트는 포함된 리스트에서 분기한다. 더 많은 중첩 리스트를 포함하는 대신 터미널 노드는 추정된 행복 점수를 갖는다.

비교적 낮은 오차로 행복 수준을 예측할 수 있는 의사결정 트리를 성공적으로 생성했다. 출력 결과를 조사해 행복의 상대적 결정 요인과 각 분기와 관련된 행복 수준을 확인할 수 있다.

의사결정 트리와 데이터 세트로 탐색할 수 있는 것이 더 있다. 예를 들어, 동일한 코드를 다르거나 더 큰 변수 집합을 사용해 실행해볼 수 있다. 최대 깊이가 다른 트리를 생성할 수도 있다. 다음은 다른 변수 리스트와 깊이로 코드를 실행하는 예다.

```
variables = ['sclmeet','rlgdgr','hhmmb','netusoft','agea','eduyrs','health']
outcome_variable = 'happy'
maxdepth = 3
print(getsplit(0,ess,variables,outcome_variable))
```

이러한 매개변수를 사용해 실행할 때는 매우 다른 의사결정 트리를 찾는다. 여기서 출력 결과를 볼 수 있다.

```
[['health', -inf, 2.0, [['sclmeet', -inf, 4.0, [['health', -inf, 1.0, [['rlgdgr',
-inf, 9.0, 7.9919636617749825], ['rlgdgr', 9.0, inf, 8.713414634146341]]],
['health', 1.0, inf, [['netusoft', -inf, 4.0, 7.195121951219512], ['netusoft',
4.0, inf, 7.565659008464329]]]]], ['sclmeet', 4.0, inf, [['eduyrs',
-inf, 25.0, [['eduyrs', -inf, 8.0, 7.9411764705882355], ['eduyrs', 8.0,
inf, 7.999169779991698]]], ['eduyrs', 25.0, inf, [['hhmmb', -inf, 1.0,
7.297872340425532], ['hhmmb', 1.0, inf, 7.9603174603174605]]]]]]], ['health',
2.0, inf, [['sclmeet', -inf, 3.0, [['health', -inf, 3.0, [['sclmeet', -inf,
2.0, 6.049427365883062], ['sclmeet', 2.0, inf, 6.70435393258427]]], ['health',
3.0, inf, [['sclmeet', -inf, 1.0, 4.135036496350365], ['sclmeet', 1.0, inf,
5.407051282051282]]]]], ['sclmeet', 3.0, inf, [['health', -inf, 4.0, [['rlgdgr',
-inf, 9.0, 6.992227707173616], ['rlgdgr', 9.0, inf, 7.434662998624484]]],
['health', 4.0, inf, [['hhmmb', -inf, 1.0, 4.948717948717949], ['hhmmb', 1.0, inf,
6.132075471698113]]]]]]]]]
```

특히 첫 번째 분기는 netusoft 변수 대신 health 변수로 분할된다. 더 낮은 깊이의 다른 분기는 다른 지점과 다른 변수에 대해 분할된다. 의사결정 트리 방법의 유연성은 동일한 데이터 세트와 동일한 최종 목표로 시작하여 사용하는 매개변수와 데이터 작업 방법의 결정에 따라 두 연구자가 잠재적으로 매우 다른 결론에 도달할 수 있음을 의미한다. 이것은 머신러닝 방법의 일반적인 특성이며 마스터하기 어렵게 만드는 부분이다.

의사결정 트리 평가

의사결정 트리를 생성하기 위해 각각의 잠재적 분할점과 각각의 잠재적 분할 변수에 대한 오차율을 비교했으며, 항상 특정 분기에 대해 가장 낮은 오차율로 이어지는 변수와 분할점을 선택했다. 이제 의사결정 트리를 성공적으로 생성했으므로 특정 분기뿐만 아니라 전체 트리에 대해서도 유사한 오차 계산을 수행하는 것이 좋다. 전체 트리에 대한 오차율을 평가하면 예측 작업을 얼마나 잘 수행했는지, 그리고 미래의 작업을 얼마나 잘 수행할 가능성이 높은지 알 수 있다(예를 들면, 흉통을 호소하는 미래의 병원 환자).

지금까지 우리가 생성한 의사결정 트리 출력을 보면, 모든 중첩 리스트를 읽는 것이 조금 어렵고, 그 중첩된 분기를 꼼꼼히 읽고 올바른 터미널 노드를 찾지 않고는 누군가가 얼마나 행복한지 예측할 수 있는 자연스러운 방법은 없다는 사실을 알 수 있다. ESS 답변에서 우리가 알고 있는 내용을 바탕으로 어떤 사람의 행복 예측 수준을 결정할 수 있는 코드를 작성하면 우리에게 도움이 될 것이다. 다음과 같은 함수 get_pediction( )이 이를 수행할 수 있다.

```
def get_prediction(observation,tree):
    j = 0
    keepgoing = True
    prediction = - 1
    while(keepgoing):
        j = j + 1
        variable_tocheck = tree[0][0]
        bound1 = tree[0][1]
        bound2 = tree[0][2]
        bound3 = tree[1][2]
        if observation.loc[variable_tocheck] < bound2:
            tree = tree[0][3]
        else:
            tree = tree[1][3]
        if isinstance(tree,float):
            keepgoing = False
            prediction = tree
    return(prediction)
```

다음으로 데이터 세트의 어떤 부분이든 읽어서 그 부분에 대한 트리의 행복도 예측을 얻는 루프를 생성할 수 있다. 이 경우 최대 깊이가 4인 트리를 사용해보자.

```
predictions=[]
outcome_variable = 'happy'
maxdepth = 4
thetree = getsplit(0,ess,variables,outcome_variable)
for k in range(0,30):
```

```
    observation = ess.loc[k,:]
    predictions.append(get_prediction(observation,thetree))

print(predictions)
```

이 코드는 get_prediction( ) 함수를 반복적으로 호출하고 결과를 예측 리스트에 추가한다. 이 경우 처음 30개의 관측치에 대해서만 예측했다.

마지막으로, 이러한 예측을 실제 행복도와 비교해 총 오차율이 얼마인지 확인할 수 있다. 여기서 전체 데이터 세트에 대한 예측을 수행하고 예측과 기록된 행복값 간의 절대 차이를 계산한다.

```
predictions = []

for k in range(0,len(ess.index)):
    observation = ess.loc[k,:]
    predictions.append(get_prediction(observation,thetree))

ess.loc[:,'predicted'] = predictions
errors = abs(ess.loc[:,'predicted'] - ess.loc[:,'happy'])

print(np.mean(errors))
```

이 코드를 실행하면 의사결정 트리의 예측에 의한 평균 오차가 1.369임을 알 수 있다. 이것은 0보다 높지만 더 나쁜 예측 방법을 사용한 경우보다 낮다. 우리의 의사결정 트리는 지금까지 합리적으로 좋은 예측을 한 것 같다.

과적합 문제

의사결정 트리를 평가하는 방법이 실제 생활에서 예측이 작동하는 방식과 유사하지 않다는 매우 중요한 사실을 알았을 것이다. 우리가 한 일을 기억하자. 전체 설문조사 응답자 세트를 사용해 의사결정 트리를 생성한 다음 동일한 응답자 세트를 사용해 트리 예측의 정확성을 판단했다. 그러나 설문조사에 참여한 응답자의 행복도를 예측하는 것은 불필요하다. 설문조사에 참여했기 때문에 이미 그들의 행복도를 알고 있으며 예측할 필요가 전혀 없다. 이는 과거 심장마비 환자의 데이터 세트를 얻고 치료 전 증상을 세심하게 연구하고 지난주 심장마비가 있었는지 여부를 알려주는 머신러닝 모델을 구축하는 것과 같다. 지금쯤이면 그 사람이 지난주에 심장마비를 겪었는지 여부가 이미 매우 분명하며 초기 환자분류 진단 데이터를 보는 것보다 더 잘 알 수 있는 방법이 있다. 과거를 예측하는 것은 쉽지만 진정한 예측은 항상 미래에 관한 것임을 기억하자. 워튼^{Wharton} 교수인 조셉 시몬스^{Joseph Simmons}가 말했듯이 "역사는 일어난 일에 관한 것이다. 과학은 다음에 일어나는 일에 관한 것이다."

이것은 심각한 문제가 아니라고 생각할 수 있다. 결국 지난주 심장마비 환자들에게 잘 맞는 의사결정 트리를 만들 수 있다면 다음 주 심장마비 환자들에게도 잘 맞을 거라고 가정하는 것이 합리적이다. 이것은 어느 정도 사실이다. 그러나 주의하지 않으면 **과적합**^{overfitting}이라고 하는 일반적이고 악랄한 위험에 직면할 수 있다. 과적합은 머신러닝 모델을 생성하는 데 사용된 데이터 세트(과거의 데이터처럼)에서 매우 낮은 오차율을 달성하고 그런 다음 다른 데이터(실제로 중요한 미래의 데이터)에서 예기치 않게 높은 오차율이 발생하는 경향을 의미한다.

심장마비 예측의 예를 고려해보자. 며칠 동안 응급실을 관찰하다 보면, 우연히도 파란 셔츠를 입은 입원 환자는 모두 심장마비를 앓고 있고 녹색 셔츠를 입은 입원 환자는 모두 건강할지도 모른다. 예측 변수에 셔츠 색상을 포함하는 의사결정 트리 모델은 이 패턴을 선택하고 분기 변수로 사용할지 모른다. 관찰할 때 진단 정확도가 높았기 때문이다. 그러나 그 의사결정 트리를 사용해 다른 병원이나 미래의 어느 날 심장마비를 예측한다면 녹색 셔츠를 입은 많은 사람이 심장마비를 앓고 파란색 셔츠를 입은 많은 사람이 그렇지 않기 때문에 우리의 예측이 종종 틀렸다는 사실을 알게 될 것이다. 의사결정 트리를 구축하는 데 사용한 관찰을 **표본 내 관찰**^{in-sample observation}이라고 하고, 의사결정 트리 생성 프로세스의 일부가 아닌 모델을 테스트하는 관찰을 **표본 외 관찰**^{out-of-sample observation}이라고 한다. 과적합은 표본 내 관찰의 예측에서 낮은 오차율을 열성적으로 추구함으로써 의사결정 트리 모델이 표본 외 관찰을 예측할 때 지나치게 높은 오차율을 갖도록 했음을 의미한다.

과적합은 머신러닝의 모든 응용에서 심각한 문제이며 최고의 머신러닝 실무자도 실수를 한다. 이를 피하기 위해 의사결정 트리 생성 프로세스를 실제 예측 시나리오와 더 유사하게 만드는 중요한 단계를 밟을 것이다.

실제 예측은 미래에 관한 것이지만 의사결정 트리를 작성할 때는 어쩔 수 없이 과거의 데이터만 갖고 있다는 점을 기억하자. 미래에서 데이터를 얻을 수는 없으므로 데이터 세트를 2개의 하위 집합으로 나눈다. **트레이닝 세트**^{training set}는 의사결정 트리를 구축하는 데만 사용하고, **테스트 세트**^{test set}는 의사결정 트리의 정확성을 확인하는 데만 사용한다. 테스트 세트는 나머지 데이터와 마찬가지로 과거에서 가져온 것이지만 미래의 것처럼 취급한다. 의사결정 트리를 생성하는 데 사용하지 않지만(아직 발생하지 않은 것처럼) 의사결정 트리를 완전히 구축한 후에만 의사결정 트리의 정확성을 테스트하는 데 사용한다(마치 나중에 미래에서 얻은 것처럼).

이 간단한 훈련/테스트 분할을 수행해, 의사결정 트리 생성 프로세스를 알 수 없는 미래를 예측하는 실제 문제와 유사하게 만들었다. 테스트 세트는 시뮬레이션된 미래와 같다. 테스트 세트에서 얻은 오차율은 실제 미래에서 얻을 오차율에 대한 합리적인 기대치를 제공한다. 트레이닝 세트의 오차가 매우 낮고 테스트 세트의 오차가 매우 높으면 과적합 문제가 있음을 알 수 있다.

트레이닝 세트와 테스트 세트를 다음과 같이 정의할 수 있다.

```
import numpy as np
np.random.seed(518)
ess_shuffled = ess.reindex(np.random.permutation(ess.index)).reset_index(drop = True)
training_data = ess_shuffled.loc[0:37000,:]
test_data = ess_shuffled.loc[37001:,:].reset_index(drop = True)
```

이 코드 조각에서는 numpy 모듈을 사용해 데이터를 섞었다. 즉, 모든 데이터는 유지하지만 행은 무작위로 이동했다. pandas 모듈의 reindex() 메서드를 사용해 이를 수행했다. 재인덱싱은 numpy 모듈의 순열 기능을 사용해 얻은 행 번호를 무작위로 섞어 수행했다. 데이터 세트를 섞은 후 처음 37,000개의 섞인 행을 트레이닝 데이터 세트로 선택하고 나머지 행을 테스트 데이터 세트로 선택한다. np.random.seed(518) 명령은 필수는 아니지만, 실행하면 여기에 표시된 것과 동일한 의사 무작위 결과를 얻을 수 있다.

트레이닝 및 테스트 데이터를 정의한 후 트레이닝 데이터만 사용해 의사결정 트리를 생성한다.

```
thetree = getsplit(0,training_data,variables,outcome_variable)
```

마지막으로, 의사결정 트리를 훈련시키는 데 사용하지 않은 테스트 데이터의 평균 오차율을 확인한다.

```
predictions = []
for k in range(0,len(test_data.index)):
    observation = test_data.loc[k,:]
    predictions.append(get_prediction(observation,thetree))

test_data.loc[:,'predicted'] = predictions
errors = abs(test_data.loc[:,'predicted'] - test_data.loc[:,'happy'])
print(np.mean(errors))
```

테스트 데이터의 평균 오차율은 1.371임을 알 수 있다. 이것은 전체 데이터 세트를 트레이닝과 테스트 모두에 사용할 때 발견한 1.369 오차율보다 살짝 높다. 이것은 우리 모델이 과적합을 겪지 않는다는 것을 나타낸다. 과거를 잘 예측하고 미래를 거의 정확하게 잘 예측한다. 이 좋은 소식을 듣는 대신 모델이 생각했던 것보다 나쁘다는 나쁜 소식을 종종 접하기도 하지만, 실제 시나리오에서 모델을 사용하기 전에 여전히 개선할 수 있기 때문에 이 소식을 접하는 것은 좋다. 이런 경우 모델을 실제 배포할 준비가 되기 전에 테스트 세트의 오차율을 최소화하도록 모델을 개선해야 한다.

개선

원하는 것보다 정확도가 낮은 의사결정 트리를 생성했다는 것을 발견할 수도 있다. 예를 들어, 과적합 때문에 정확도가 목표보다 낮을 수 있다. 단순한 머신러닝 모델이 복잡한 모델보다 과적합 문제를 겪을 가능성이 적기 때문에 과적합 문제를 처리하기 위한 많은 전략은 일종의 단순화로 귀결된다.

의사결정 트리 모델을 단순화하는 첫 번째이자 가장 쉬운 방법은 최대 깊이를 제한하는 것이다. 깊이는 한 줄로 짧게 재정의할 수 있는 변수이므로 이 작업을 수행하기 쉽다. 올바른 깊이를 결정하려면 다양한 깊이에 대해 표본 외 데이터의 오차율을 확인해야 한다. 깊이가 너무 높으면 과적합으로 인해 높은 오차가 발생할 수 있다. 깊이가 너무 낮으면 **과소적합**underfitting으로 인해 높은 오차가 발생할 가능성이 있다. 과소적합은 과적합의 미러 이미지와 같은 것으로 생각할 수 있다. 과적합은 임의적이거나 관련이 없는 패턴에서 배우려는 시도로 구성된다. 즉, 누군가가 녹색 셔츠를 입고 있는지 여부와 같이 트레이닝 데이터의 노이즈에서 '너무 많이' 배우는 것이다. 과소적합은 충분히 학습하지 못하는 것으로 구성되며, 이는 누군가가 비만인지 담배를 피우는지와 같은 데이터의 중요한 패턴을 놓치는 모델을 만드는 것이다.

과적합은 변수가 너무 많거나 모델이 너무 큰 경우에 발생하는 경향이 있는 반면, 과소적합은 변수가 너무 적거나 모델이 너무 작은 경우에 발생하는 경향이 있다. 알고리듬 설계의 많은 상황과 마찬가지로 적절한 위치는 너무 높음과 너무 낮음 사이의 적절한 중간쯤이다. 의사결정 트리의 깊이를 비롯해 머신러닝 모델의 올바른 매개변수를 선택하는 것을 종종 **튜닝**tuning이라고 한다. 기타나 바이올린 끈의 조임을 조절하는 이유는 너무 높은 음과 너무 낮은 음 사이의 적절한 수준을 찾기 위해서다.

의사결정 트리 모델을 단순화하는 또 다른 방법은 **가지치기**pruning라고 하는 작업을 수행하는 것이다. 이를 위해 의사결정 트리를 최대 깊이까지 성장시킨 다음 오차율을 크게 증가시키지 않고 트리에서 제거할 수 있는 분기를 찾는다.

언급할 만한 또 다른 개선사항은 올바른 분할점과 올바른 분할 변수를 선택하기 위해 다른 측정법을 사용하는 것이다. 이 장에서는 분할점을 둘 위치를 결정하기 위해 분류 오차 합을 사용하는 아이디어를 소개했다. 올바른 분할점은 오차 합을 최소화한다. 그러나 지니 불순도$^{Gini\ impurity}$, 엔트로피, 정보 이득 및 분산 감소를 포함하여 의사결정 트리에 대한 올바른 분할점을 결정하는 다른 방법이 있다. 실제로, 특히 지니 불순도 및 정보 이득 같은 측정은 분류 오차율에 비하면 거의 항상 사용한다. 왜냐하면 많은 경우에 일부 수학적 속성이 더 낫기 때문이다. 데이터와 의사결정 문제를 가장 잘 수행할 것으로 보이는 항목을 찾기 위해 분할점과 분할 변수를 선택하는 다양한 방법을 실험해보자.

머신러닝에서 하는 모든 작업은 새로운 데이터에 대한 정확한 예측을 가능하게 하기 위한 것이다. 머신러닝 모델을 개선하려고 할 때 테스트 데이터의 오차율이 얼마나 향상하는지 확인해 작업의 가치가 있는지 여부를 항상 판단할 수 있다. 그리고 자유롭게 창의력을 발휘해 개선점을 찾아보자. 테스트 데이터의 오차율을 향상하는 것은 무엇이든 시도해볼 가치가 있을 것이다.

랜덤 포레스트

의사결정 트리는 유용하고 가치가 있지만, 전문가들에게 최고의 머신러닝 방법으로 간주되지는 않는다. 이는 과적합과 상대적으로 높은 오차율에 대한 평판 때문이기도 하며, 최근에 대중화되어 의사결정 트리보다 확실한 성능 향상을 제공하는 **랜덤 포레스트**$^{random\ forest}$라는 방법의 발명 때문이기도 하다.

이름에서 알 수 있듯이 랜덤 포레스트 모델은 의사결정 트리 모델 모음으로 구성된다. 랜덤 포레스트의 의사결정 트리 각각은 일부 무작위화에 의존한다. 무작위화를 사용해 계속해서 반복되는 단 하나의 트리가 있는 숲 대신 많은 트리가 있는 다양한 숲을 얻는다. 무작위화는 두 곳에서 일어난다. 첫째, 트레이닝 데이터 세트가 무작위화된다. 각 트리는 무작위로 선택되고 모든 트리마다 다른 트레이닝 세트의 하위 집합만을 고려해 구축된다(테스트 세트는 프로세스 시작 시 무작위로 선택되지만 모든 트리에 대해 다시 무작위화되거나 다시 선택되지는 않는다). 둘째, 트리를 구축하는 데 사용되는 변수가 무작위화된다. 전체 변수 세트의 하위 집합만 사용하고, 그 하위 집합도 매번 다를 수 있다.

이러한 각기 다른 무작위화된 트리의 모음을 만든 후 전체 랜덤 포레스트를 갖게 된다. 특정 관찰에 대한 예측을 하려면 이러한 각기 다른 의사결정 트리가 예측하는 것을 찾은 다음 모든 개별 의사결정 트리의 예측값에 대해 평균을 취해야 한다. 의사결정 트리는 데이터와 변수 모두에서 무작위화되기 때문에 모든 값의 평균을 취하면 과적합 문제를 피하는 데 도움이 되고 종종 더 정확한 예측으로 이어진다.

이 장의 코드는 데이터 세트와 리스트 및 루프를 직접 처리해 '처음부터' 의사결정 트리를 만든다. 앞으로 의사결정 트리와 랜덤 포레스트로 작업할 때는 많은 작업을 대신 수행하는 기존 파이썬 모듈에 의존할 수 있다. 그러나 이러한 모듈에 지나치게 의지해서는 안 된다. 이러한 중요한 알고리듬의 모든 단계를 처음부터 직접 코딩할 수 있을 만큼 충분히 이해한다면 머신러닝으로 수고할 때 훨씬 더 효과적일 수 있다.

요약

9장에서는 머신러닝을 소개하고, 기본적이고 간단하며 유용한 머신러닝 방법인 의사결정 트리 학습을 탐구했다. 의사결정 트리는 일종의 알고리듬을 구성하고 의사결정 트리의 생성 자체가 알고리듬이므로 9장에서는 알고리듬을 생성하는 알고리듬을 다룬 것이다. 의사결정 트리와 랜덤 포레스트의 기본 아이디어를 학습함으로써 머신러닝 전문가가 되기 위한 큰 발걸음을 내디뎠다. 9장에서 얻은 지식은 신경망 같은 고급 알고리듬을 포함하여 학습하기로 선택할 수 있는 그 밖의 머신러닝 알고리듬의 견고한 토대가 될 것이다. 모든 머신러닝 방법은 여기에서 시도한 유형의 작업을 시도한다. 즉, 데이터 세트의 패턴을 기반으로 예측한다. 다음 장에서는 우리 모험에서 가장 진보된 작업 중 하나인 인공지능을 탐구한다.

CHAPTER 10

인공지능

지금까지 이 책에서는 야구공을 잡거나, 텍스트를 교정하거나, 심장마비가 있는지 여부를 결정하는 것과 같은 놀라운 일을 하는 인간 정신의 능력에 주목했다. 이러한 능력을 알고리듬으로 변환할 수 있는 방법과 그 안의 도전 과제를 탐구했다. 10장에서는 이러한 도전에 다시 한번 직면하고 **인공지능**AI, Artificial Intelligence을 위한 알고리듬을 구축한다. 우리가 논의할 AI 알고리듬은 야구공 잡기와 같은 하나의 좁은 작업뿐만 아니라 광범위한 경쟁 시나리오에 적용할 수 있다. 사람들은 광범위하게 적용할 수 있다는 점에서 인공지능에 열광한다. 사람이 생을 통해 새로운 기술을 배울 수 있는 것처럼 최고의 AI는 최소한의 재구성만으로 이전에 알지 못 했던 영역에 스스로를 적용할 수 있다.

'인공지능'이라는 용어에는 신비하고 고도로 발달한 것이라고 생각할 수 있는 기운aura이 있다. 어떤 사람들은 AI가 인간이 하는 것과 같은 방식으로 컴퓨터가 의식적 사고를 하고 느끼고 경험할 수 있게 한다고 믿는다. 컴퓨터가 그렇게 할 수 있는지 여부는 이 장의 범위를 훨씬 넘어서는 공개적이고 어려운 질문이다. 우리가 만들 AI는 훨씬 더 간단하고 게임을 잘할 수 있지만 진심이 담긴 사랑의 시를 쓰거나 낙담이나 욕망을 느끼지는 않는다.

우리의 AI는 전 세계적으로 플레이되며 간단하지만 사소하지 않은 〈점과 상자dots and boxes〉 게임을 할 수 있을 것이다. 게임 보드를 그리는 것으로 시작한다. 그런 다음 게임이 진행되는 동안 점수를 유지하는 기능을 만든다. 그런 다음, 주어진 게임에서 플레이할 수 있는 모든 가능한 움직임 조합을 나타내는 게임 트리를 생성할 것이다. 마지막으로, AI를 단 몇 줄로 구현하는 우아한 방법인 미니맥스 알고리듬을 소개한다.

라 피포피펫

〈점과 상자〉는 프랑스 수학자 에두아르 루카스Édouard Lucas가 발명한 것으로 **라 피포피펫**la pipopipette이라는 이름을 붙였다. 이는 그림 10-1에 보이듯 **격자**lattice 또는 점 격자로 시작한다.

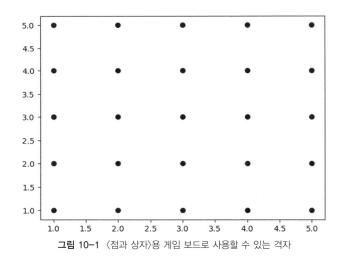

그림 10-1 〈점과 상자〉용 게임 보드로 사용할 수 있는 격자

격자는 일반적으로 직사각형이지만 어떤 모양이든 될 수 있다. 두 명의 플레이어가 겨루며 번갈아 플레이한다. 각 턴에서 플레이어는 격자에서 인접한 두 점을 연결하는 선분을 그릴 수 있다. 다른 색상을 사용해 선분을 그리면 누가 무엇을 그렸는지 알 수 있지만 필수 사항은 아니다. 게임을 진행하면서 인접한 점을 연결하는 가능한 모든 선분이 그려질 때까지 선분이 격자를 채운다. 그림 10-2에서 진행 중인 게임의 예를 볼 수 있다.

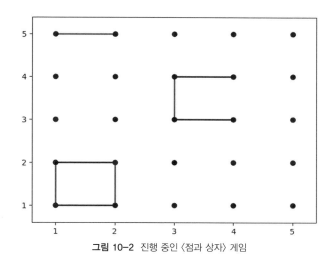

그림 10-2 진행 중인 〈점과 상자〉 게임

〈점과 상자〉에서 플레이어의 목표는 정사각형을 완성하는 선분을 그리는 것이다. 그림 10-2에서 게임 보드의 왼쪽 하단에 하나의 사각형이 완성됐음을 알 수 있다. 누구든 그 사각형을 완성한 선분을 그린 플레이어는 그렇게 함으로써 1점을 얻는다. 오른쪽 상단 섹션에서 다른 정사각형의 세 면이 그려진 것을 볼 수 있다. 플레이어 1의 차례이며, 자신의 차례를 사용해 (4,4)와 (4,3) 사이에 선분을 그리면 그로 인해 1점을 얻을 것이다. 대신 (4,1)에서 (5,1)까지의 선분 같은 것을 그리면 플레이어 2에게 정사각형을 완성하고 점수를 얻을 수 있는 기회를 줄 것이다. 플레이어는 보드에서 가능한 가장 작은 사각형(변 길이가 1인 사각형)을 완료한 경우에만 점수를 얻는다. 격자가 선분으로 완전히 채워질 때 가장 많은 점수를 얻은 플레이어가 게임에서 승리한다. 다양한 보드 모양과 고급 규칙을 담은 변형 게임들이 있지만, 이 장에서 구축할 간단한 AI는 여기서 설명한 규칙으로 작동한다.

보드 그리기

알고리듬 목적에 꼭 필요한 것은 아니지만 보드를 그리면 논의 중인 아이디어를 더 쉽게 시각화할 수 있다. 매우 간단한 그리기 함수는 x와 y 좌표를 반복하면서 파이썬의 matplotlib 모듈에서 plot( ) 함수를 사용해 $n \times n$ 격자를 만들 수 있다.

```
import matplotlib.pyplot as plt
from matplotlib import collections as mc
def drawlattice(n,name):
    for i in range(1,n + 1):
        for j in range(1,n + 1):
            plt.plot(i,j,'o',c = 'black')
    plt.savefig(name)
```

이 코드에서 n은 격자의 각 측면 크기를 나타내며, 출력을 저장하기 위한 파일 경로로 name 인수를 사용한다. c = 'black' 인수는 격자의 점 색상을 지정한다. 5×5 검정 격자를 만들고 다음 명령으로 저장할 수 있다.

```
drawlattice(5,'lattice.png')
```

이것이 바로 그림 10-1을 생성하는 데 사용한 명령이다.

대표 게임

〈점과 상자〉 게임은 연속적으로 그려진 선분으로 구성되기 때문에 게임을 정렬된 선의 리스트로 기록할 수 있다. 이전 장에서 했던 것처럼 선(한 번의 이동)을 2개의 순서쌍(선분의 끝)으로 구성된 리스트로 나타낼 수 있다. 예를 들어, (1,2)와 (1,1) 사이의 선을 다음 리스트로 나타낼 수 있다.

```
[(1,2),(1,1)]
```

게임은 다음 예와 같이 이러한 선의 정렬된 리스트가 될 것이다.

```
game = [[(1,2),(1,1)],[(3,3),(4,3)],[(1,5),(2,5)],[(1,2),(2,2)],[(2,2),(2,1)], \
[(1,1),(2,1)],[(3,4),(3,3)],[(3,4),(4,4)]]
```

이 게임은 그림 10-2에 나타낸 것이다. 격자를 채울 가능한 모든 선분이 그려지지 않았기 때문에 여전히 진행 중임을 알 수 있다.

drawgame( ) 함수를 생성하기 위해 drawlattice( ) 함수에 추가할 수 있다. 이 함수는 게임 보드의 점과 지금까지의 게임에서 점 사이에 그려진 모든 선분을 그려야 한다. 리스트 10-1 의 함수가 이를 수행한다.

```
def drawgame(n,name,game):
    colors2 = []
    for k in range(0,len(game)):
        if k%2 == 0:
            colors2.append('red')
        else:
            colors2.append('blue')
    lc = mc.LineCollection(game, colors = colors2, linewidths = 2)
    fig, ax = plt.subplots()
    for i in range(1,n + 1):
        for j in range(1,n + 1):
            plt.plot(i,j,'o',c = 'black')
    ax.add_collection(lc)
    ax.autoscale()
    ax.margins(0.1)
    plt.savefig(name)
```

리스트 10-1 〈점과 상자〉를 위한 게임 보드를 그리는 함수

이 함수는 drawlattice( )와 마찬가지로 n과 name을 인수로 취한다. drawlattice( )에서 격 자점을 그리는 데 사용한 것과 정확히 동일한 중첩 루프도 포함한다. 가장 먼저 볼 수 있는 추가사항은 비어 있는 것으로 시작하는 colors2 리스트이며, 그릴 선분에 할당한 색상으로 채운다. 〈점과 상자〉에서는 두 플레이어 사이에서 턴을 번갈아가며 진행하므로, 플레이어에 게 할당한 선분의 색상을 번갈아 사용할 것이다. 이 예의 경우 첫 번째 플레이어는 빨간색, 두 번째 플레이어는 파란색이다. colors2 리스트 정의 후 for 루프는 게임에서 이동하는 만 큼 많은 색상 할당이 있을 때까지 'red'와 'blue' 교대로 인스턴스를 채운다. 우리가 추가한

그 밖의 코드는 이전 장에서 라인 모음을 그린 것과 같은 방식으로 게임 동작에서 라인 모음을 생성하고 그린다.

NOTE 이 책은 컬러로 인쇄되어 있지 않으며, 〈점과 상자〉 놀이를 할 때 꼭 색이 있어야 하는 것은 아니다. 그러나 어쨌든 색상 코드는 포함되어 있으므로 집에서 코드를 실행할 때 볼 수 있다.

다음과 같이 한 줄로 drawgame( ) 함수를 호출할 수 있다.

```
drawgame(5,'gameinprogress.png',game)
```

이것이 바로 그림 10-2를 생성했던 방법이다.

득점

다음으로, 〈점과 상자〉 게임의 점수를 유지할 수 있는 함수를 만들 것이다. 게임을 인자로 갖는 함수로 시작해서 완전하게 그려진 정사각형을 찾은 다음 점수를 계산할 함수를 생성한다. 우리의 함수는 게임의 모든 선분을 반복하여 완성된 정사각형을 계산한다. 선이 수평선이라면 그 아래의 평행선도 게임 내에서 그려졌는지 확인하고, 정사각형의 왼쪽과 오른쪽이 그려졌는지를 확인하여 완전하게 그려진 정사각형의 상단인지 결정한다. 리스트 10-2의 함수가 이를 수행한다.

```
def squarefinder(game):
    countofsquares = 0
    for line in game:
        parallel = False
        left=False
        right=False
        if line[0][1]==line[1][1]:
            if [(line[0][0],line[0][1]-1),(line[1][0],line[1][1] - 1)] in game:
                parallel=True
            if [(line[0][0],line[0][1]),(line[1][0]-1,line[1][1] - 1)] in game:
                left=True
```

```
            if [(line[0][0]+1,line[0][1]),(line[1][0],line[1][1] - 1)] in game:
                right=True
            if parallel and left and right:
                countofsquares += 1
    return(countofsquares)
```

리스트 10-2 〈점과 상자〉 게임 보드에 나타나는 사각형의 수를 세는 함수

함수 시작 부분에서 0 값으로 초기화한 countofsquares 값을 반환하는 것을 알 수 있다. 함수의 for 루프는 게임의 모든 선분에 대해 반복한다. 우리는 이 선 아래의 평행선이나 이 평행선을 연결하는 왼쪽 및 오른쪽 선이 지금까지 게임에서 플레이되지 않았다고 가정하고 시작한다. 주어진 선이 수평선이라면 우리는 그 평행선, 왼쪽과 오른쪽 선이 있는지 확인한다. 확인한 사각형의 네 선 모두가 게임에 나열되어 있으면 countofsquares 변수를 1만큼 증가시킨다. 이런 식으로 countofsquares는 지금까지 게임에서 완전히 그려진 사각형의 총수를 기록한다.

이제 게임 점수를 계산하는 짧은 함수를 작성할 수 있다. 점수는 [2,1]과 같이 2개의 요소를 가진 리스트로 기록한다. 점수 리스트의 첫 번째 요소는 첫 번째 플레이어의 점수를 나타내고, 두 번째 요소는 두 번째 플레이어의 점수를 나타낸다. 리스트 10-3에 득점 함수가 있다.

```
def score(game):
    score = [0,0]
    progress = []
    squares = 0
    for line in game:
        progress.append(line)
        newsquares = squarefinder(progress)
        if newsquares > squares:
            if len(progress)%2 == 0:
                score[1] = score[1] + 1
            else:
                score[0] = score[0] + 1
        squares=newsquares
    return(score)
```

리스트 10-3 진행 중인 〈점과 상자〉 게임의 점수를 구하는 함수

득점 함수는 게임의 모든 선분을 순서대로 진행하고 해당 턴까지 그려진 모든 라인으로 구성된 부분 게임을 고려한다. 부분 게임에서 그려진 사각형의 총수가 이전의 한 턴에 그려진 사각형의 수보다 높으면 해당 턴에 득점한 플레이어를 알고 그들의 점수를 1씩 증가시킨다. `print(score(game))`을 실행해 그림 10-2에 표시된 게임 점수를 볼 수 있다.

게임 트리와 게임에서 승리하는 방법

〈점과 상자〉와 점수 매기는 방법을 알았으니 이제 승리하는 방법을 고려해보자. 당신은 〈점과 상자〉 게임에 특별히 관심이 없을 수도 있지만 이 게임에서 승리하는 방법은 체스나 체커 또는 틱택토에서 승리하는 방법과 동일하며, 이런 모든 게임에서 승리하는 알고리듬은 당신이 인생에서 마주치는 모든 경쟁 상황을 새로운 방식으로 생각하게 해줄 수 있다. 승리 전략의 본질은 단순히 현재 행동의 미래 결과를 체계적으로 분석하고 가능한 최선의 미래로 이어질 행동을 선택하는 것이다. 같은 말을 반복하는 것처럼 들릴지 모르지만, 승리하는 방법은 신중하고 체계적인 분석에 달려 있다. 이것은 9장에서 구성한 트리와 유사한 형태를 취할 수 있다.

그림 10-3에 나와 있는 가능한 미래 결과를 고려하자.

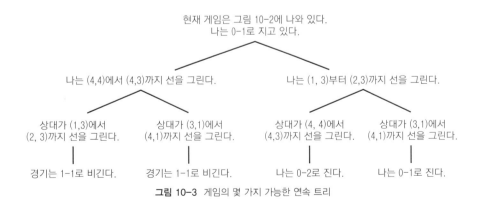

그림 10-3 게임의 몇 가지 가능한 연속 트리

현재 상황을 고려해 트리의 맨 위에서 시작한다. 우리는 0-1로 지고 있고 우리가 이동할 차례다. 우리가 고려하는 한 가지 움직임은 왼쪽 분기로 이동하는 것이다. (4,4)에서 (4,3)으로

선을 그린다. 이 이동은 정사각형을 완성해서 1점을 얻을 것이다. 상대가 어떻게 이동하든 (그림 10-3의 왼쪽 하단에 있는 두 분기에 나열된 가능성 참고), 게임은 상대의 다음 움직임 이후에 동점이 된다. 대조적으로, 그림 10-3의 오른쪽 분기에 설명된 대로 현재 턴을 사용해 (1,3)에서 (2,3)까지 선을 긋는 경우 상대방은 (4, 4)에서 (4,3)으로 선을 그리고 정사각형을 완성해 점수를 얻거나, (3,1)과 (4,1)을 연결하는 것과 같은 선을 그리고 점수는 0-1로 남겨두는 선택권을 갖는다.

이러한 가능성을 고려할 때 두 번의 이동 내에서 게임은 1-1, 0-2 또는 0-1의 세 가지 점수 중 하나가 될 수 있다. 이 트리에서 우리는 왼쪽 분기를 선택해야 한다는 것이 분명하다. 그 분기에서 발생할 수 있는 모든 가능성은 오른쪽 분기에서 발생하는 가능성보다 더 나은 점수를 주기 때문이다. 이러한 추론 스타일은 AI가 최선의 움직임을 결정하는 방법의 핵심이다. 게임 트리를 구축하고 게임 트리의 모든 터미널 노드에서 결과를 확인한 다음 간단한 재귀 추론을 사용해 판단이 열려 있는 가능한 미래를 고려해 어떻게 움직일지 결정한다.

그림 10-3의 게임 트리가 한심할 정도로 불완전하다는 사실을 눈치챘을 것이다. 가능한 이동은 2개(왼쪽 분기와 오른쪽 분기)뿐이며 각각의 가능한 이동 후에 상대방은 2개의 가능한 이동만 있을 뿐이다. 물론 이것은 잘못된 것이다. 사실은 두 플레이어 모두에게 많은 선택권이 있다. 격자에서 어떤 인접한 두 점이든 연결할 수 있음을 기억하자. 게임에서 이 순간을 나타내는 진정한 게임 트리는 많은 분기를 가질 것이고, 하나의 분기는 각 플레이어의 가능한 이동을 의미한다. 이것은 트리의 모든 레벨에서 사실이다. 내가 선택할 수 있는 움직임이 많을 뿐만 아니라 상대방도 그렇고, 이러한 각 움직임은 플레이 가능한 트리의 모든 지점에서 고유한 분기를 갖게 된다. 거의 모든 선분을 이미 그린 게임이 거의 끝날 무렵에만 가능한 이동 수가 한두 개로 줄어든다. 그림 10-3에서 게임 트리의 모든 분기를 그리지는 않았다. 페이지에 공간이 충분하지 않기 때문이다. 게임 트리의 아이디어와 우리의 사고 과정을 설명하기 위해 몇 가지 움직임을 포함할 공간만 있었다.

가능한 모든 깊이로 확장되는 게임 트리를 상상해볼 수 있다. 트리 만들기를 계속하는 한 우리의 움직임과 상대방의 반응뿐만 아니라 그 반응에 대한 우리의 반응과 그 반응에 대한 상대방의 반응 등을 고려해야 한다.

트리 만들기

여기서 만들고 있는 게임 트리는 9장의 의사결정 트리와 중요한 면에서 다르다. 가장 중요한 차이점은 목표다. 의사결정 트리는 특성을 기반으로 분류와 예측을 가능하게 하는 반면, 게임 트리는 단순히 가능한 모든 미래를 기술한다. 목표가 다르기 때문에 구축하는 방법도 다를 것이다. 9장에서 트리의 모든 분기를 결정하기 위해 변수와 분기점을 선택해야 했던 것을 기억하자. 여기서는 모든 가능한 이동에 대해 정확히 하나의 분기가 있기 때문에 다음에 올 분기를 아는 것은 쉽다. 우리가 해야 할 일은 게임에서 가능한 모든 움직임의 리스트를 생성하는 것이다. 격자의 점 사이에 가능한 모든 연결을 고려하는 몇 가지 중첩 루프를 사용해 이를 수행할 수 있다.

```
allpossible = []

gamesize = 5

for i in range(1,gamesize + 1):
    for j in range(2,gamesize + 1):
        allpossible.append([(i,j),(i,j - 1)])

for i in range(1,gamesize):
    for j in range(1,gamesize + 1):
        allpossible.append([(i,j),(i + 1,j)])
```

이 코드 조각은 allpossible이라는 빈 리스트와 격자의 각 측면 길이인 gamesize 변수를 정의하는 것으로 시작한다. 그런 다음 2개의 루프를 실행한다. 첫 번째는 가능한 이동 리스트에 수직 이동을 추가하기 위한 것이다. i와 j의 가능한 모든 값에 대해 이 첫 번째 루프는 [(i,j),(i,j - 1)]로 표시된 이동을 가능한 이동 리스트에 추가한다. 이것은 항상 수직선이 된다. 두 번째 루프는 비슷하지만 i와 j의 가능한 모든 조합에 대해 가능한 이동 리스트에 수평 이동 [(i,j),(i + 1,j)]를 추가한다. 결국 allpossible 리스트는 가능한 모든 이동으로 채워진다.

그림 10-2와 같이 진행 중인 게임을 생각해보면 모든 움직임이 항상 가능한 것은 아님을 알게 될 것이다. 플레이어가 게임 중에 특정 동작을 이미 했다면 나머지 게임 동안 아무도 같은 동작을 다시 할 수 없다. 가능한 모든 움직임 리스트에서 이미 실행된 모든 움직임을 제거하는 방법이 필요하며, 이 결과로 진행 중인 특정 게임에 대해 남아 있는 가능한 모든 움직임의 리스트를 만든다. 이것은 꽤 쉽다.

```
for move in allpossible:
    if move in game:
        allpossible.remove(move)
```

보다시피 가능한 움직임 리스트의 모든 움직임에 대해 반복하고 이미 재생된 경우 리스트에서 제거한다. 결국, 이 특정 게임에서 가능한 움직임의 리스트만 갖게 된다. print(allpossible)을 실행해 이러한 모든 동작을 보고 올바른지 확인할 수 있다.

이제 가능한 모든 이동 리스트가 있으므로 게임 트리를 구성할 수 있다. 여기서는 게임 트리를 움직임의 중첩 리스트로 저장할 것이다. 각 이동은 그림 10-3의 왼쪽 분기에서 첫 번째 이동인 [(4,4),(4,3)]과 같이 순서쌍의 리스트로 저장될 수 있음을 기억하자. 그림 10-3에서 상위 2개 이동만으로 구성된 트리를 표현하고 싶다면 다음과 같이 작성할 수 있다.

```
simple_tree = [[(4,4),(4,3)],[(1,3),(2,3)]]
```

이 트리에는 두 가지 움직임만 포함되어 있다. 이는 그림 10-3에서 게임의 현재 상태에서 플레이하는 것을 고려하고 있는 것이다. 상대방의 잠재적인 응답을 포함하려면 다른 중첩 레이어를 추가해야 한다. 각각의 움직임을 그것의 **자식**children들과 함께 리스트에 넣음으로써 이 작업을 수행한다. 움직임의 자식을 나타내는 빈 리스트를 추가하면서 시작하자.

```
simple_tree_with_children = [[[(4,4),(4,3)],[]],[[(1,3),(2,3)],[]]]
```

잠시 시간을 내어 우리가 수행한 모든 중첩이 표시되는지 확인하자. 각 이동은 리스트 자체일 뿐만 아니라 리스트의 자식도 포함할 리스트의 첫 번째 요소다. 그런 다음 이러한 모든 리스트는 전체 트리인 마스터 리스트에 함께 저장된다.

다음 중첩 리스트 구조를 사용해 상대방의 응답을 포함하여 그림 10-3의 전체 게임 트리를 표현할 수 있다.

```
full_tree = [[[(4,4),(4,3)],[[(1,3),(2,3)],[(3,1),(4,1)]]],[[(1,3),(2,3)], \
[[(4,4),(4,3)],[(3,1),(4,1)]]]]]
```

대괄호는 금방 다루기 어려워지지만, 어떤 움직임이 어떤 움직임의 자식인지 정확하게 추적할 수 있는 중첩 구조가 필요하다.

게임 트리를 수동으로 작성하는 대신 이를 생성하는 함수를 만들 수 있다. 가능한 이동 리스트를 입력으로 받은 다음 각 이동을 트리에 추가한다(리스트 10-4).

```python
def generate_tree(possible_moves,depth,maxdepth):
    tree = []
    for move in possible_moves:
        move_profile = [move]
        if depth < maxdepth:
            possible_moves2 = possible_moves.copy()
            possible_moves2.remove(move)
            move_profile.append(generate_tree(possible_moves2,depth + 1,maxdepth))
        tree.append(move_profile)
    return(tree)
```

리스트 10-4 지정된 깊이의 게임 트리를 생성하는 함수

이 함수 **generate_tree( )**는 tree라는 빈 리스트를 정의하면서 시작한다. 그런 다음 가능한 모든 이동에 대해 반복한다. 각 이동에 대해 move_profile을 생성한다. 처음에 move_profile은 이동 자체로만 구성된다. 그러나 아직 트리의 가장 낮은 깊이에 있지 않은 분기의

경우 해당 이동의 자식을 추가해야 한다. 재귀적으로 자식을 추가한다. generate_tree() 함수를 다시 호출하지만 이제 possible_moves 리스트에서 하나의 이동을 제거했다. 마지막으로 **move_profile** 리스트를 트리에 추가한다.

이 함수를 코드 몇 줄로 간단히 호출할 수 있다.

```
allpossible = [[(4,4),(4,3)],[(4,1),(5,1)]]
thetree = generate_tree(allpossible,0,1)
print(thetree)
```

이것을 실행하면 다음 트리를 볼 수 있다.

```
[[[(4, 4), (4, 3)], [[[(4, 1), (5, 1)]]]], [[(4, 1), (5, 1)], [[[(4, 4), (4, 3)]]]]]
```

다음으로, 트리를 더 유용하게 만들기 위해 두 가지를 추가할 것이다. 첫 번째는 움직임과 함께 게임 점수를 기록하고, 두 번째는 빈 리스트를 추가해 자식을 위한 장소를 유지한다(리스트 10-5).

```
def generate_tree(possible_moves,depth,maxdepth,game_so_far):
    tree = []
    for move in possible_moves:
        move_profile = [move]
        game2 = game_so_far.copy()
        game2.append(move)
        move_profile.append(score(game2))
        if depth < maxdepth:
            possible_moves2 = possible_moves.copy()
            possible_moves2.remove(move)
            move_profile.append(generate_tree(possible_moves2,depth + \
1,maxdepth,game2))
        else:
            move_profile.append([])
```

```
        tree.append(move_profile)
    return(tree)
```

리스트 10-5 자식 이동과 게임 점수를 포함하는 게임 트리를 생성하는 함수

다음과 같이 이를 다시 호출할 수 있다.

```
allpossible = [[(4,4),(4,3)],[(4,1),(5,1)]]
thetree = generate_tree(allpossible,0,1,[])
print(thetree)
```

다음 결과를 볼 수 있다.

```
[[[(4, 4), (4, 3)], [0, 0], [[[(4, 1), (5, 1)], [0, 0], []]]], \
[[(4, 1), (5, 1)], [0, 0], [[[(4, 4), (4, 3)], [0, 0], []]]]]
```

이 트리의 각 항목은 ([[(4,4),(4,3)] 같은) 이동, ([0,0] 같은) 점수 및 (가끔 비어 있는) 자식 리스트로 구성된 완전한 이동 프로파일임을 알 수 있다.

게임 승리 전략

마침내 〈점과 상자〉를 잘 플레이할 수 있는 함수를 만들 준비가 됐다. 코드를 작성하기 전에 그 이면의 원칙을 살펴보자. 특히, 인간으로서 우리는 어떻게 〈점과 상자〉를 잘 플레이할까? 더 일반적으로, 우리가 (체스나 틱택토 같은) 전략 게임에서 승리하는 방법은 무엇인가? 모든 게임에는 고유한 규칙과 기능이 있지만 게임 트리 분석을 기반으로 승리 전략을 선택하는 일반적인 방법이 있다.

승리 전략을 선택하는 데 사용할 알고리듬을 **미니맥스**minimax(단어 'minimum'과 'maximum'의 조합)라고 하며, 게임에서 우리가 점수를 최대화하려고 하는 동안 상대방은 우리의 점수를 최소화하려고 하기 때문에 이렇게 부른다. 우리의 최대화와 적의 최소화 사이의 끊임없는 싸움은 우리가 올바른 움직임을 선택할 때 전략적으로 고려해야 하는 것이다.

그림 10-3의 간단한 게임 트리를 자세히 살펴보자. 이론상으로 게임 트리는 각 깊이별로 엄청난 깊이와 많은 분기를 가지고 거대하게 성장할 수 있다. 그러나 크든 작든 모든 게임 트리는 동일한 구성 요소로 구성된다.

그림 10-3에서 고려하고 있는 지점에서는 두 가지 선택을 할 수 있다. 그림 10-4는 그것들을 보여준다.

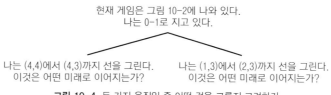

그림 10-4 두 가지 움직임 중 어떤 것을 고를지 고려하기

우리의 목표는 점수를 최대화하는 것이다. 이 두 가지 움직임 중에서 결정하기 위해서는 그것들이 무엇으로 이어질지, 각 움직임이 어떤 미래를 야기할지 알아야 한다. 그것을 알기 위해 게임 트리 아래로 더 내려가서 가능한 모든 결과를 살펴볼 필요가 있다. 오른쪽으로 이동하는 것부터 시작하자(그림 10-5).

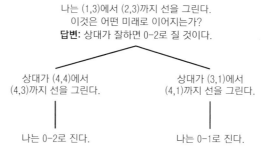

그림 10-5 상대가 당신의 점수를 최소화하려고 할 것이라고 가정하면, 당신은 움직임이 어떤 미래로 이어질지 알 수 있다.

이 이동은 두 가지 가능한 미래 중 하나를 가져올 수 있다. 트리 끝에서 0-1로 지고 있거나 0-2로 지고 있을 수 있다. 상대가 잘하면 자신의 점수를 최대화하고 싶어 할 것이고, 이는 우리 점수를 최소화하는 것과 같다. 상대가 우리 점수를 최소화하기를 원하면 우리를 0-2로 만드는 움직임을 선택할 것이다. 대조적으로, 그림 10-5의 왼쪽 분기인 다른 옵션을 고려해보자. 이는 그림 10-6에서 우리가 고려하는 가능한 미래다.

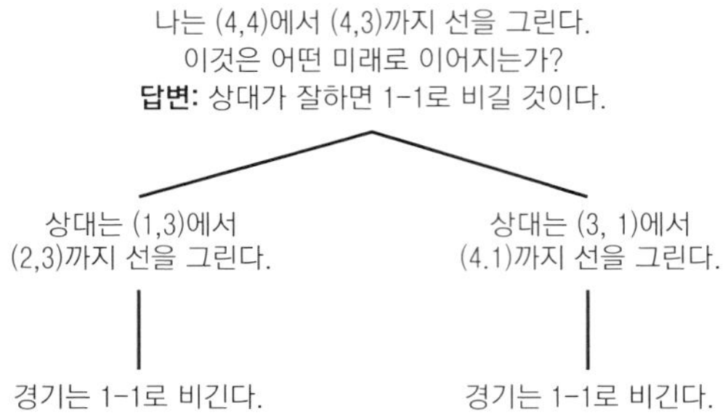

나는 (4,4)에서 (4,3)까지 선을 그린다.
이것은 어떤 미래로 이어지는가?
답변: 상대가 잘하면 1-1로 비길 것이다.

상대는 (1,3)에서
(2,3)까지 선을 그린다.

상대는 (3, 1)에서
(4.1)까지 선을 그린다.

경기는 1-1로 비긴다.

경기는 1-1로 비긴다.

그림 10-6 상대가 어떤 선택을 하든 우리는 같은 결과를 기대한다.

이 경우 상대의 선택은 모두 1-1의 점수로 이어진다. 다시 한번 상대가 우리의 점수를 최소화하기 위해 행동할 것이라고 가정하면, 우리는 이 움직임이 1-1 동점인 게임의 미래로 이어진다고 말한다.

이제 우리는 두 가지 움직임이 가져올 미래를 알고 있다. 그림 10-7은 그림 10-4의 업데이트된 버전에서 이러한 미래를 언급한다.

두 가지 움직임 각각에서 어떤 미래가 예상되는지 정확히 알고 있기 때문에 최대화를 할 수 있다. 최대, 최고 점수에 이르는 움직임은 왼쪽의 움직임이므로 그 움직임을 선택한다.

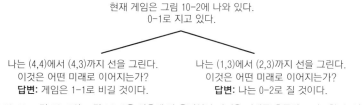

현재 게임은 그림 10-2에 나와 있다.
0-1로 지고 있다.

나는 (4,4)에서 (4,3)까지 선을 그린다.
이것은 어떤 미래로 이어지는가?
답변: 게임은 1-1로 비길 것이다.

나는 (1,3)에서 (2,3)까지 선을 그린다.
이것은 어떤 미래로 이어지는가?
답변: 나는 0-2로 질 것이다.

그림 10-7 그림 10-5와 그림 10-6을 사용해 각 움직임이 가져올 미래를 추론하고 비교할 수 있다.

방금 살펴본 추론 과정을 미니맥스 알고리듬이라고 한다. 현재 우리의 결정은 점수를 극대화하는 것이다. 그러나 점수를 최대화하기 위해 상대방이 우리의 점수를 최소화하려고 시도할 모든 방법을 고려해야 한다. 따라서 최선의 선택은 최솟값의 최대치다.

미니맥스는 시간을 거꾸로 거친다는 것을 주목하자. 게임은 현재에서 미래로, 시간을 앞으로 진행한다. 그러나 어떤 면에서 미니맥스 알고리듬은 시간을 거꾸로 진행한다. 왜냐하면 우리는 가능한 먼 미래의 점수를 먼저 고려한 다음 최상의 미래로 이어질 현재 선택을 찾기 위해 현재로 되돌아가 작업하기 때문이다. 게임 트리의 맥락에서 미니맥스 코드는 트리의 맨 위에서 시작한다. 각 자식 분기에서 재귀적으로 자신을 호출한다. 자식 분기는 차례로 자신의 자식 분기에서 미니맥스를 재귀적으로 호출한다. 이 재귀 호출은 미니맥스를 다시 호출하는 대신 각 노드에 대한 게임 점수를 계산하는 터미널 노드까지 계속된다. 따라서 터미널 노드에 대한 게임 점수를 먼저 계산한다. 우리는 먼 미래의 게임 점수 계산을 시작한다. 그런 다음 이 점수는 부모 노드로 다시 전달되어 부모 노드가 게임에서 가장 좋은 움직임과 그들의 게임 부분에 대한 해당 점수를 계산할 수 있다. 이러한 점수와 이동은 현재를 나타내는 최상위 노드인 부모 노드에 다시 도달할 때까지 게임 트리를 통해 다시 전달된다.

리스트 10-6에는 미니맥스를 수행하는 함수가 있다.

```python
import numpy as np
def minimax(max_or_min,tree):
    allscores = []
    for move_profile in tree:
        if move_profile[2] == []:
            allscores.append(move_profile[1][0] - move_profile[1][1])
        else:
            move,score=minimax((-1) * max_or_min,move_profile[2])
            allscores.append(score)
    newlist = [score * max_or_min for score in allscores]
    bestscore = max(newlist)
    bestmove = np.argmax(newlist)
    return(bestmove,max_or_min * bestscore)
```

리스트 10-6 게임 트리에서 최적의 움직임을 찾기 위해 미니맥스를 사용하는 함수

minimax() 함수는 상대적으로 짧다. 대부분은 트리에서 모든 이동 프로파일을 반복하는 for 루프다. 이동 프로파일에 자식의 이동이 없는 경우 해당 이동과 관련된 점수를 우리의 사각형과 상대의 사각형 간의 차이로 계산한다. 이동 프로파일에 자식의 이동이 있는 경우 각 자

식에 대해 minimax( )를 호출해 각 이동과 관련된 점수를 얻는다. 그런 다음 우리가 해야 할 일은 최대 점수와 관련된 움직임을 찾는 것이다.

minimax( ) 함수를 호출해 모든 진행 중인 게임의 모든 턴에서 플레이할 최상의 움직임을 찾을 수 있다. minimax( )를 호출하기 전에 모든 것이 올바르게 정의됐는지 확인하자. 먼저 게임을 정의하고 이전에 사용한 것과 똑같은 코드를 사용해 가능한 모든 움직임을 얻는다.

```
allpossible = []

game = [[(1,2),(1,1)],[(3,3),(4,3)],[(1,5),(2,5)],[(1,2),(2,2)],[(2,2),(2,1)], \
[(1,1),(2,1)],[(3,4),(3,3)],[(3,4),(4,4)]]

gamesize = 5

for i in range(1,gamesize + 1):
    for j in range(2,gamesize + 1):
        allpossible.append([(i,j),(i,j - 1)])

for i in range(1,gamesize):
    for j in range(1,gamesize + 1):
        allpossible.append([(i,j),(i + 1,j)])

for move in allpossible:
    if move in game:
        allpossible.remove(move)
```

다음으로 3단계 깊이로 확장되는 완전한 게임 트리를 생성한다.

```
thetree = generate_tree(allpossible,0,3,game)
```

이제 게임 트리가 있으므로 minimax( ) 함수를 호출할 수 있다.

```
move,score = minimax(1,thetree)
```

288

그리고 마지막으로 다음과 같이 최선의 움직임을 확인할 수 있다.

```
print(thetree[move][0])
```

가장 좋은 움직임이 [(4, 4), (4, 3)]임을 알 수 있고, 이 움직임은 정사각형을 완성해 점수를 준다. 우리의 AI는 〈점과 상자〉를 플레이하고 최고의 움직임을 선택할 수 있다. 다른 게임 보드 크기, 다른 게임 시나리오 또는 다른 트리 깊이를 시도해보고 우리가 구현한 미니맥스 알고리듬이 잘 수행될 수 있는지 확인할 수 있다. 이 책의 속편에서는 AI가 자의식을 갖고 악마가 돼서 인류를 전복하기로 결정하지 않는다는 것을 보장하는 방법을 논의할 것이다.

개선사항 추가

이제 미니맥스를 수행할 수 있으므로 앞으로 하게 될 모든 게임에 사용할 수 있다. 또는 삶의 결정에 적용해 미래를 생각하고 모든 최소한의 가능성을 최대화할 수 있다(미니맥스 알고리듬의 구조는 모든 경쟁 시나리오에서 동일하지만, 다른 게임에 미니맥스 코드를 사용하려면 게임 트리를 생성하고 가능한 모든 움직임을 열거하고 게임 점수를 계산하기 위한 새 코드를 작성해야 한다).

여기서 구축한 AI의 기능은 그리 대단하지 않다. 간단한 버전의 규칙 하나로 하나의 게임만 할 수 있다. 이 코드를 실행하는 데 사용하는 프로세서에 따라 각 결정에 대해 불합리한 시간(몇 분 이상)을 쓰지 않는, 단지 몇 번의 움직임만 예측할 수 있다. 우리의 AI를 더 좋게 만들기 위해 개선하고 싶은 것은 당연하다.

우리가 확실히 개선하고 싶은 한 가지는 AI의 속도다. 처리해야 하는 게임 트리의 크기가 크기 때문에 느리다. 미니맥스의 성능을 향상하는 주요 방법 중 하나는 게임 트리를 잘라내는 것이다. 9장에서 살펴본 가지치기는 정확히 말 그대로다. 가지가 매우 불량하다고 생각하거나 다른 가지와 중복되는 경우 트리에서 가지를 제거한다. 가지치기는 구현하기가 쉽지 않으며 잘하기 위해서는 더 많은 알고리듬을 배워야 한다. 한 가지 예는 **알파-베타 가지치기 알고리듬**alpha-beta pruning algorithm으로, 특정 하위 가지가 트리의 다른 부분보다 확실히 나쁘면 검사를 중지한다.

AI의 또 다른 자연스러운 개선 방법은 다른 규칙이나 게임과 함께 작동할 수 있게 하는 것이다. 예를 들어, 〈점과 상자〉에서 일반적으로 사용되는 규칙은 점수를 얻은 후 플레이어가 다른 선을 하나 더 그리는 것이다. 때때로 이것은 한 플레이어가 한 턴에 연속으로 많은 상자를 계단식으로 완료하는 결과로 이어진다. 내 초등학교 운동장에서 '만든 사람이 가져가기make it, take it'라고 불렀던 이 간단한 변경은 게임의 전략적 고려사항을 변경하고 코드를 약간 변경해야 한다. 십자 모양이나 기타 이국적인 모양이 있는 격자에서 〈점과 상자〉를 플레이하는 AI를 구현하려고 시도할 수도 있고, 이는 전략에 영향을 줄 수 있다. 미니맥스의 장점은 미묘한 전략적 이해가 필요하지 않다는 것이다. 앞을 내다보는 능력만 있으면 되기 때문에 체스를 잘하지 못하는 코더도 체스에서 이길 수 있는 미니맥스 구현을 작성할 수 있다.

이 장의 범위를 넘어, 컴퓨터 AI의 성능을 향상할 수 있는 강력한 방법들이 있다. 이러한 방법에는 강화 학습(예를 들어, 체스 프로그램이 더 나아지기 위해 스스로와 플레이하는 것), 몬테카를로 방법(샤기shogi 프로그램이 가능성을 이해하는 데 도움이 되도록 임의의 미래 샤기 게임을 생성하는 것), 신경망(틱택토 프로그램이 우리가 9장에서 논의한 것과 유사한 머신러닝 방법을 사용해 상대방이 무엇을 할 것인지 예측하는 것)이 있다. 이러한 방법은 강력하고 주목할 만하지만 대부분 트리 검색과 미니맥스 알고리듬을 좀 더 효율적으로 만들 뿐이다. 트리 검색과 미니맥스는 전략적 AI의 작은 핵심 일꾼으로 남아 있다.

요약

10장에서는 인공지능에 대해 논의했다. 과대광고로 둘러싸인 용어이지만 minimax( ) 함수를 작성하는 데 약 12줄밖에 들지 않는다는 사실을 알면 AI가 갑자기 그렇게 신비롭고 위협적으로 보이지 않을 것이다. 그러나 물론 이러한 코드를 작성할 준비를 하려면 게임 규칙을 배우고, 게임 보드를 그리고, 게임 트리를 구성하고, 게임 결과를 올바르게 계산하도록 minimax( ) 함수를 설정해야 했다. 우리가 알고리듬적으로 생각하고 필요할 때 이 함수를 작성할 수 있도록 준비한 알고리듬을 신중하게 구성했던 이 책의 나머지 여정은 말할 것도 없다.

다음 장에서는 알고리듬 세계의 가장자리로 여행을 계속하며 더 많은 한계를 향해 나아가고자 하는 야심 찬 알고리듬 전문가를 위한 다음 단계를 제안한다.

CHAPTER 11

이 책 이후…

당신은 검색과 분류의 어두운 숲을 통과하고, 난해한 수학으로 얼어붙은 강을 가로질러, 경사 상승의 위험한 산길을 넘어 기하학적 절망의 늪을 지나 느린 실행 시간의 용을 정복했다. 축하한다! 원한다면 알고리듬이 없는 편안한 집으로 자유롭게 돌아갈 수 있다. 11장은 이 책을 덮은 후에도 모험을 계속하고 싶은 사람들을 위한 것이다.

어떤 책도 알고리듬에 대한 모든 것을 담을 수는 없다. 알아야 할 것이 너무 많고 항상 더 많은 것이 발견되고 있다. 이 장에서 다루는 세 가지는 다음과 같다. 알고리듬으로 더 많은 일을 하고, 더 빠르고 더 나은 방법으로 알고리듬을 사용하고, 알고리듬의 가장 깊은 미스터리를 푸는 것이다.

이 장에서는 책의 이전 장들에 대해 이야기할 수 있는 간단한 챗봇을 만들 것이다. 그런 다음, 세계에서 가장 어려운 몇 가지 문제와 이를 해결하기 위한 알고리듬을 어떻게 발전시켜 나갈 수 있을지 논의할 것이다. 고급 알고리듬 이론으로 백만 달러를 획득하는 방법에 대한 자세한 지침을 비롯해 알고리듬 세계의 가장 깊은 미스터리를 논의하는 것으로 결론을 맺을 것이다.

알고리듬으로 더 많은 작업 수행하기

이 책의 1~10장에서는 많은 분야에서 다양한 작업을 수행할 수 있는 알고리듬을 다뤘다. 하지만 알고리듬은 이보다 훨씬 더 많은 일을 할 수 있다. 알고리듬으로 모험을 계속하고 싶다면 다른 분야 및 이와 관련된 중요한 알고리듬을 탐색해야 한다.

예를 들어 정보 압축을 위한 많은 알고리듬은 긴 책을 원본 크기의 일부에 불과한 코드 형식으로 저장할 수 있으며, 복잡한 사진이나 필름 파일을 손실을 최소화하거나 품질의 손실 없이 관리 가능한 크기로 압축할 수 있다.

신용카드 정보를 제3자에게 자신 있게 전달하는 것을 포함하여 온라인에서 안전하게 통신하는 능력은 암호화 알고리듬에 의존한다. 암호학은 공부하기 재미있다. 모험가, 스파이, 배신자, 전쟁에서 승리하고자 암호를 해독한 괴짜의 스릴 넘치는 역사와 함께하기 때문이다.

최근에는 병렬 분산 컴퓨팅을 수행하기 위해 혁신적인 알고리듬이 개발됐다. 한 번에 하나의 작업을 수백만 번 수행하는 대신 분산 컴퓨팅 알고리듬은 데이터 세트를 여러 개의 작은 부분으로 분할한 다음 필요한 작업을 동시에 수행하고 결과를 반환하는 다른 컴퓨터로 보내 다시 컴파일하고 최종 출력으로 보여준다. 병렬 컴퓨팅은 데이터의 모든 부분을 연속적으로 처리하지 않고 동시에 작업함으로써 엄청난 시간을 절약한다. 이것은 매우 큰 데이터 세트를 처리하거나 많은 수의 간단한 계산을 동시에 수행해야 하는 머신러닝 애플리케이션에 매우 유용하다.

수십 년 동안 사람들은 양자 컴퓨팅의 잠재력에 열광했다. 양자 컴퓨터가 제대로 작동하도록 설계할 수 있다면 오늘날의 비양자 슈퍼컴퓨터에 필요한 시간의 아주 일부만으로도 극도로 어려운 계산(첨단 암호화를 깨는 데 필요한 계산 포함)을 수행할 수 있는 가능성이 있다. 양자 컴퓨터는 표준 컴퓨터와 다른 아키텍처로 구축되기 때문에 다른 물리적 속성을 활용해 추가 속도로 작업을 수행하는 새로운 알고리듬을 설계하는 것이 가능하다. 현재로서는 양자 컴퓨터가 아직 실용적인 목적으로 사용되는 상태가 아니기 때문에 이것은 거의 학문적 관심사일 뿐이다. 그러나 기술이 성숙하면 양자 알고리듬이 매우 중요해질 수 있다.

많은 분야에서 알고리듬에 대해 배울 때 완전 처음부터 시작하지는 않을 것이다. 이 책의 알고리듬을 숙달하면 알고리듬이 무엇인지, 어떻게 작동하는지, 어떻게 코드를 작성하는지 이해할 수 있다. 첫 번째 알고리듬을 배울 때는 꽤 어렵게 느껴질 수 있지만, 50번째 또는 200번째 알고리듬을 배울 때는 훨씬 쉬울 것이다. 두뇌가 알고리듬이 어떻게 구성되고 그것에 대해 어떻게 생각하는지 일반적인 패턴에 익숙해지기 때문이다.

이제 알고리듬을 이해하고 코딩할 수 있음을 증명하고자 챗봇의 기능을 제공하기 위해 함께 작동하는 몇 가지 알고리듬을 살펴볼 것이다. 여기에 제공된 짧은 소개에서 작동 방식과 코드 작성 방법을 알 수 있다면, 모든 분야에서 알고리듬이 어떻게 작동하는지 배울 수 있게 된 것이다.

챗봇 구축

이 책의 목차에 대한 질문에 답할 수 있는 간단한 챗봇을 만들어보자. 나중에 중요해질 모듈을 가져오는 것으로 시작할 것이다.

```
import pandas as pd
from sklearn.feature_extraction.text import TfidfVectorizer
from scipy import spatial
import numpy as np
import nltk, string
```

챗봇을 만들기 위한 다음 단계는 자연어 텍스트를 표준화된 부분 문자열로 변환하는 프로세스인 **텍스트 정규화**[text normalization]다. 이는 표면적으로 다른 텍스트를 쉽게 비교할 수 있도록 해준다. 우리는 봇[bot]이 'America'와 'america'가 같은 것을 의미하고, 'regeneration'이 'regenerate'와 같은 개념을 표현한다는 점, 'centuries'는 'century'의 복수형이며, 'hello;'가 'hello'와 본질적으로 다르지 않다는 것을 이해하기를 바란다. 챗봇이 (그렇지 않을 이유가 없는 한) 같은 어근에서 나온 단어를 같은 방식으로 처리하기를 바란다.

다음과 같은 쿼리가 있다고 가정해보자.

```
query = 'I want to learn about geometry algorithms.'
```

할 수 있는 첫 번째 일은 모든 문자를 소문자로 변환하는 것이다. 파이썬의 내장 lower() 메서드가 이를 수행한다.

```
print(query.lower())
```

이것은 'i want to learn about geometry algorithms.'를 출력한다. 할 수 있는 또 다른 일은 구두점을 제거하는 것이다. 그렇게 하기 위해 먼저 **사전**^{dictionary}이라는 파이썬 객체를 생성한다.

```
remove_punctuation_map = dict((ord(char), None) for char in string.punctuation)
```

이 코드 조각은 모든 표준 구두점을 파이썬 객체 None에 매핑하는 사전을 생성하고, 사전을 remove_punctuation_map이라는 변수에 저장한다. 그런 다음 이 사전을 사용해 다음과 같이 구두점을 제거한다.

```
print(query.lower().translate(remove_punctuation_map))
```

여기서는 쿼리에서 찾은 모든 구두점을 가져와서 None으로 바꾸기(구두점을 제거) 위해 translate() 메서드를 사용했다. 우리가 얻는 출력은 이전에 본 것과 동일하지만('i want to learn about geometry algorithms') 끝에 마침표가 없다. 다음으로 텍스트 문자열을 일관된 부분 문자열 리스트로 변환하는 **토큰화**^{tokenization}를 수행할 수 있다.

```
print(nltk.word_tokenize(query.lower().translate(remove_punctuation_map)))
```

이를 위해 nltk의 토큰화 기능을 사용해 출력으로 [`'i'`, `'want'`, `'to'`, `'learn'`, `'about'`, `'geometry'`, `'algorithms'`]를 얻었다.

이제 우리는 **어간 추출**stemming을 할 수 있다. 영어에서는 'jump', 'jumps', 'jumping', 'jumped', 그리고 다르긴 하지만 어간 'jump'를 공유하는 기타 파생 단어를 사용한다. 우리는 챗봇이 단어 파생의 작은 차이로 인해 방해받는 것을 원하지 않는다. 점프에 관한 문장이 기술적으로 다른 단어임에도 불구하고 점퍼에 관한 문장과 비교할 수 있다고 고려하길 원한다. 어간 추출은 파생된 단어의 끝을 제거해 표준화된 어간으로 변환한다. 어간 추출을 위한 함수는 파이썬의 nltk 모듈에서 사용할 수 있으며, 다음과 같이 리스트 컴프리헨션과 함께 이 함수를 사용할 수 있다.

```
stemmer = nltk.stem.porter.PorterStemmer()
def stem_tokens(tokens):
    return [stemmer.stem(item) for item in tokens]
```

이 코드 조각에서는 stem_tokens()라는 함수를 생성했다. 토큰 리스트를 가져와 nltk의 stemmer.stem() 함수를 호출해 이를 어간으로 변환한다.

```
print(stem_tokens(nltk.word_tokenize(query.lower().translate( \
remove_punctuation_map))))
```

출력은 [`'i'`, `'want'`, `'to'`, `'learn'`, `'about'`, `'geometri'`, `'algorithm'`]이다. 우리의 어간 추출기는 'algorithms'를 'algorithm'으로, 'geometry'를 'geometri'로 변환했다. 단어를 어간으로 간주하는 것으로 대체했다. 즉, 텍스트 비교를 더 쉽게 해주는 단수 단어 또는 단어 부분으로 대체했다. 마지막으로 정규화 단계를 하나의 함수 **normalize()**에 넣었다.

```
def normalize(text):
    return stem_tokens(nltk.word_tokenize(text.lower().translate( \
remove_punctuation_map)))
```

텍스트 벡터화

이제 텍스트를 숫자형 벡터로 변환하는 방법을 배울 준비가 됐다. 단어보다 숫자와 벡터를 정량적으로 비교하는 것이 더 쉽고, 챗봇이 작동하게 하려면 정량적 비교를 해야 한다.

문서를 숫자 벡터로 변환하는 **TFIDF**^{Term Frequency-Inverse Document Frequency}라는 간단한 방법을 사용할 것이다. 각 문서 벡터에는 말뭉치의 각 용어에 대해 하나의 요소가 있다. 각 요소는 주어진 용어에 대한 용어 빈도(특정 문서에서 해당 용어가 발생한 횟수)와 주어진 용어에 대한 역 문서 빈도(용어가 나타나는 문서의 비율에 대한 로그)의 곱이다.

예를 들어, 미국 대통령의 전기를 위한 TFIDF 벡터를 생성한다고 상상해보자. TFIDF 벡터를 생성한다는 문맥에서 각 전기를 문서로 참조할 것이다. 에이브러햄 링컨^{Abraham Lincoln}의 전기에서 'representative'라는 단어는 아마 적어도 한 번은 나타날 것이다. 일리노이 하원과 미국 하원에서 근무했기 때문이다. 'representative'가 전기에 세 번 나온다면 용어 빈도는 3이라고 한다. 12명 이상의 대통령이 미국 하원에서 일했기 때문에 총 44개의 대통령 전기 중 약 20개 정도가 'representative'라는 용어를 포함하고 있다. 그런 다음 역 문서 빈도를 다음과 같이 계산할 수 있다.

$$\log\left(\frac{44}{20}\right) = 0.788$$

우리가 찾고 있는 최종값은 용어 빈도와 역 문서 빈도의 곱이다. 즉, 3 × 0.788 = 2.365다. 이제 'Gettysburg'라는 용어를 고려해보자. 링컨의 전기에는 두 번 나타날 수 있지만 다른 전기에는 나타나지 않으므로 용어 빈도는 2이고 역 문서 빈도는 다음과 같다.

$$\log\left(\frac{44}{1}\right) = 3.784$$

'Gettysburg'와 관련된 벡터 요소는 용어 빈도와 역 문서 빈도의 곱이다. 즉, 2 × 3.784 = 7.568이 된다. 각 용어에 대한 TFIDF 값은 문서에서 그 중요성을 반영해야 한다. 머지않아 이것은 챗봇이 사용자 의도를 결정하는 데 중요한 능력이 될 것이다.

TFIDF를 수동으로 계산할 필요는 없다. `scikit-learn` 모듈의 함수를 사용할 수 있다.

```
vctrz = TfidfVectorizer(ngram_range = (1, 1),tokenizer = normalize, \
stop_words = 'english')
```

이 라인은 문서 세트에서 TFIDF 벡터를 생성할 수 있는 `TfidfVectorizer()` 함수를 생성했다. 벡터라이저vectorizer를 생성하려면 `ngram_range`를 지정해야 한다. 이것은 벡터라이저에게 항으로 취급할 대상을 알려준다. (1, 1)을 지정했는데, 이는 벡터라이저가 1그램(개별 단어)만 항으로 취급함을 의미한다. (1, 3)을 지정했다면 1그램(단어), 2그램(2단어 구), 3그램(3단어 구)을 용어로 취급하고 각각에 대해 TFIDF 요소를 생성했을 것이다. 또한 이전에 만든 `normalize()` 함수를 지정하는 `tokenizer`를 지정했다. 마지막으로, 유용하지 않기 때문에 필터링하려는 단어인 `stop_words`를 지정해야 한다. 영어에서 불용어에는 'the', 'and', 'of' 및 그 밖의 매우 일반적인 단어가 포함된다. `stop_words = 'english'`라고 지정해 벡터라이저에 내장된 영어 불용어 세트를 걸러내고 덜 일반적이고 유익한 단어만 벡터화하도록 설정했다.

이제 챗봇이 이야기할 수 있는 내용을 설정해보자. 여기서는 이 책의 장에 대해 이야기할 수 있으므로 각 장에 대한 매우 간단한 설명이 포함된 리스트를 생성할 것이다. 이 컨텍스트에서 각 문자열은 **문서**document 중 하나가 된다.

```
alldocuments = ['Chapter 1. The algorithmic approach to problem solving, including
Galileo and baseball.',
        'Chapter 2. Algorithms in history, including magic squares, Russian
peasant multiplication, and Egyptian methods.',
        'Chapter 3. Optimization, including maximization, minimization, and the
gradient ascent algorithm.',
        'Chapter 4. Sorting and searching, including merge sort, and algorithm
runtime.',
        'Chapter 5. Pure math, including algorithms for continued fractions and
random numbers and other mathematical ideas.',
        'Chapter 6. More advanced optimization, including simulated annealing and
how to use it to solve the traveling salesman problem.',
        'Chapter 7. Geometry, the postmaster problem, and Voronoi triangulations.',
```

```
        'Chapter 8. Language, including how to insert spaces and predict phrase
completions.',
        'Chapter 9. Machine learning, focused on decision trees and how to
predict happiness and heart attacks.',
        'Chapter 10. Artificial intelligence, and using the minimax algorithm to
win at dots and boxes.',
        'Chapter 11. Where to go and what to study next, and how to build a
chatbot.']
```

계속해서 TFIDF 벡터라이저를 이 장 설명에 맞추면 문서 처리를 수행해 원할 때마다 TFIDF 벡터를 생성할 수 있도록 준비한다. scikit-learn 모듈에 정의된 fit() 메서드가 있으므로 수동으로 이를 수행할 필요가 없다.

```
vctrz.fit(alldocuments)
```

이제 장 설명과 정렬 및 검색에 대한 장을 요청하는 새 쿼리에 대해 TFIDF 벡터를 생성할 것이다.

```
query = 'I want to read about how to search for items.'
tfidf_reports = vctrz.transform(alldocuments).todense()
tfidf_question = vctrz.transform([query]).todense()
```

우리의 새로운 쿼리는 검색에 대한 영어로 된 자연어 텍스트다. 다음 두 라인은 내장 translate() 및 todense() 메서드를 사용해 장 설명과 쿼리에 대한 TFIDF 벡터를 만든다.

이제 장 설명과 쿼리를 숫자 TFIDF 벡터로 변환했다. 우리의 간단한 챗봇은 쿼리 TFIDF 벡터를 장 설명 TFIDF 벡터와 비교해 작동하며, 사용자가 찾고 있는 장은 해당 설명 벡터가 쿼리 벡터와 가장 근접하게 일치하는 장이라는 결론을 내린다.

벡터 유사도

여기서는 **코사인 유사도**^{cosine similarity}라는 방법으로 두 벡터가 유사한지 여부를 결정할 것이다. 기하학을 많이 공부했다면 두 숫자 벡터에 대해 두 벡터 사이의 각도를 계산할 수 있다는 사실을 알 것이다. 기하학 규칙을 사용하면 2차원과 3차원뿐만 아니라 4차원, 5차원 또는 어떤 차원에서든 벡터 사이의 각도를 계산할 수 있다. 벡터가 서로 매우 유사하면 그 사이의 각도가 매우 작을 것이다. 벡터가 매우 다르면 각도가 커질 것이다. 영어 텍스트 사이의 '각도'를 찾아 비교할 수 있다고 생각하는 것은 이상하지만, 이것이 바로 우리가 숫자 TFIDF 벡터를 만든 이유이고 이를 통해 숫자로 시작하지 않는 데이터의 각도 비교와 같은 숫자 도구를 사용할 수 있다.

실제로는 각도 자체를 계산하는 것보다 두 벡터 사이의 각도의 코사인을 계산하는 편이 더 쉽다. 두 벡터 사이의 각도의 코사인이 크면 각도 자체는 작고 그 반대도 마찬가지라는 결론을 내릴 수 있기 때문에 이것은 문제가 아니다. 파이썬에서 scipy 모듈은 벡터 사이의 각도 코사인을 계산하는 함수를 포함하는 spatial이라는 하위 모듈을 포함한다. 리스트 컴프리헨션을 사용해 각 장의 설명 벡터와 쿼리 벡터 사이의 코사인을 계산하기 위해 spatial의 기능을 사용할 수 있다.

```
row_similarities = [1 - spatial.distance.cosine(tfidf_reports[x],tfidf_question) \
for x in range(len(tfidf_reports)) ]
```

row_similarities 변수를 출력하면 다음 벡터를 볼 수 있다.

```
[0.0, 0.0, 0.0, 0.3393118510377361, 0.0, 0.0, 0.0, 0.0, 0.0, 0.0, 0.0]
```

이 경우 네 번째 요소만 0보다 크므로 네 번째 장 설명 벡터만 쿼리 벡터에 대한 각도 근접도를 갖는다는 것을 의미한다. 일반적으로 코사인 유사도가 가장 높은 행을 자동으로 찾을 수 있다.

```
print(alldocuments[np.argmax(row_similarities)])
```

위의 코드는 챗봇이 우리가 찾고 있다고 생각하는 장을 제공해준다.

Chapter 4. Sorting and searching, including merge sort, and algorithm runtime.

리스트 11-1은 챗봇의 간단한 기능을 함수에 넣은 것이다.

```
def chatbot(query,allreports):
    clf = TfidfVectorizer(ngram_range = (1, 1),tokenizer = normalize, \
stop_words = 'english')
    clf.fit(allreports)
    tfidf_reports = clf.transform(allreports).todense()
    tfidf_question = clf.transform([query]).todense()
    row_similarities = [1 - spatial.distance.cosine(tfidf_reports[x], \
tfidf_question) for x in range(len(tfidf_reports)) ]
    return(allreports[np.argmax(row_similarities)])
```

리스트 11-1 쿼리를 받아 가장 유사한 문서를 반환하는 간단한 챗봇 함수

리스트 11-1에는 새로운 코드가 포함되어 있지 않다. 모두 우리가 전에 본 코드다. 이제 어떤 것을 어디서 찾을 수 있는지에 대한 쿼리로 챗봇을 호출할 수 있다.

```
print(chatbot('Please tell me which chapter I can go to if I want to read about
mathematics algorithms.',alldocuments))
```

출력은 5장으로 이동하도록 알려준다.

Chapter 5. Pure math, including algorithms for continued fractions and random numbers and other mathematical ideas.

이제 전체 챗봇이 어떻게 작동하는지 봤으므로 정규화와 벡터화를 해야 하는 이유를 이해할 수 있다. 단어를 정규화하고 어간 추출하여 정확한 단어가 표시되지 않더라도 'mathematics'라는 용어가 봇에게 5장 설명을 반환하도록 유도할 수 있다. 벡터화를 통해 가장 일치하는 장 설명을 알려주는 코사인 유사도 메트릭을 활성화한다.

몇 가지 작은 알고리듬(텍스트 정규화, 어간 분석 및 수치 벡터화를 위한 알고리듬, 벡터 간의 각도의 코사인 계산 알고리듬, 쿼리/문서 벡터 유사도에 기반해 챗봇의 답변을 제공하는 중요한 알고리듬)을 함께 조합해서 챗봇을 완성했다. 아마 우리가 많은 계산을 손수 하지 않았다는 사실을 눈치챘을 것이다. 예를 들어, TFIDF 또는 코사인의 실제 계산은 우리가 가져온 모듈에 의해 수행됐다. 실제로 알고리듬을 가져와 프로그램에서 사용하기 위해 알고리듬의 내부를 진정으로 이해할 필요가 없는 경우가 많다. 이것은 우리의 작업을 가속화하고 필요할 때 놀랍도록 정교한 도구로 명령할 수 있다는 점에서 축복일 수 있다. 반면에, 사람들이 이해하지 못하는 알고리듬을 오용하게 하기 때문에 저주가 될 수도 있다. 예를 들어, 「와이어드Wired」 매거진의 한 기사는 특정 금융 알고리듬(위험을 예측하기 위해 가우스 코퓰라Gaussian copula 함수를 사용하는 방법)의 오용이 "월스트리트를 죽이고" "수조 달러를 삼켜버린" 책임이 있으며, 대공황Great Recession의 주된 원인이었다고 주장했다(https://www.wired.com/2009/02/wp-quant/).

파이썬 모듈을 가져오기가 쉬워서 그러한 연구가 불필요해 보일지라도 알고리듬에 대한 심층 이론을 공부할 것을 권장한다. 이를 통해 더 나은 교수나 실무자가 될 수 있다.

이 책의 장과 관련된 질문에만 답하는 가장 간단한 챗봇을 개선하기 위해 많은 개선사항을 추가할 수 있다. 예를 들어 장 설명을 더 구체적으로 만들어 광범위한 쿼리와 일치할 가능성을 높이거나, TFIDF보다 성능이 좋은 벡터화 방법을 찾거나, 더 많은 질문에 답할 수 있도록 더 많은 문서를 추가하는 것이다. 그러나 우리의 챗봇이 가장 발전된 형태는 아니더라도 우리 것이고 우리가 직접 구축했기 때문에 자랑스러워할 수 있다. 챗봇을 편안하게 구축할 수 있다면 자신을 유능한 알고리듬 설계자이자 구현자로 생각할 수 있다. 이 책의 여정을 통한 이 궁극의 성취를 축하한다.

더 잘하고 빨라지기

책을 처음 펼쳤을 때보다 알고리듬으로 더 많은 일을 할 수 있게 됐다. 그러나 모든 진지한 모험가는 일을 더 잘하고 더 빨리 할 수 있기를 원할 것이다.

많은 것이 알고리듬을 설계하고 구현하는 데 도움이 될 수 있다. 이 책에서 구현한 각 알고리듬이 비알고리듬 주제에 대한 이해에 어떻게 의존했는지 생각해보자. 야구공 잡기 알고리듬은 물리학과 약간의 심리학에 대한 이해에도 의존한다. 러시아 농부 곱셈은 지수에 대한 이해와 이진 표기법을 포함한 산술의 깊은 속성에 의존한다. 7장의 기하학 알고리듬은 점, 선, 삼각형이 어떻게 함께 연관되고 잘 맞는지에 대한 통찰력에 의존한다. 알고리듬을 작성하려는 분야에 대한 이해가 깊을수록 알고리듬을 설계하고 구현하기가 더 쉬울 것이다. 따라서 알고리듬을 더 잘하는 방법은 간단하다. 모든 것을 완벽하게 이해하기만 하면 된다.

새로운 알고리듬 모험가를 위한 또 다른 자연스러운 다음 단계는 원시 프로그래밍 기술을 연마하고 다시 연마하는 것이다. 8장에서는 간결하고 성능이 좋은 언어 알고리듬을 작성할 수 있게 해주는 파이썬의 도구로 리스트 컴프리헨션을 도입했음을 기억하자. 더 많은 프로그래밍 언어를 배우고 기능을 숙달할수록 더 체계적이고 간결하며 강력한 코드를 작성할 수 있다. 숙련된 프로그래머라도 기본으로 돌아가서 제2의 천성이 될 때까지 기본을 마스터함으로써 혜택을 볼 수 있다. 많은 재능 있는 프로그래머는 체계가 없거나 문서화되지 않았거나 비효율적인 코드를 작성하고는 '작동'하기 때문에 코드를 남겨둘 수 있다고 생각한다. 그러나 일반적으로 코드 자체만으로는 성공하지 않는다는 점을 기억하자. 코드는 거의 항상 더 광범위한 프로그램, 일부 팀의 노력 또는 시간이 지남에 따라 사람 간의 협력에 의존하는 대규모 비즈니스 프로젝트의 일부다. 이 때문에 계획, 구두 및 서면 의사소통, 협상, 팀 관리와 같은 소프트 스킬도 알고리듬 세계에서 성공 가능성을 높일 수 있다.

완벽하게 최적의 알고리듬을 만들고 최고의 효율성으로 밀어붙이는 것을 즐긴다면 운이 좋은 것이다. 엄청난 수의 컴퓨터 과학 문제에 대해 브루트 포스보다 훨씬 빠르게 실행되는, 알려져 있는 효율적인 알고리듬은 없다. 다음 절에서는 이러한 문제 중 몇 가지를 개략적으로 설명하고 어떤 것이 그렇게 어려운지 논의한다. 친애하는 모험가 여러분이 이러한 문제를 신속하게 해결하는 알고리듬을 만든다면 평생 동안 명성, 재산 및 전 세계적인 감사를 받을 수 있다. 무엇을 기다리고 있는가? 우리 중 가장 용감한 사람들을 위한 이러한 도전 과제를 살펴보자.

야심 찬 사람을 위한 알고리듬

체스와 관련된 비교적 간단한 문제를 고려해보자. 체스는 8×8 보드에서 진행되며, 두 명의 상대가 교대로 각기 다른 스타일의 말을 이동시킨다. 말 중 하나인 퀸은 배치된 행, 열 또는 대각선을 따라 원하는 수의 사각형을 이동할 수 있다. 일반적으로 플레이어는 하나의 퀸만 소유하지만, 표준 체스 게임에서 플레이어는 최대 9개의 퀸을 가질 수 있다. 플레이어가 둘 이상의 퀸을 가진 경우 둘 이상의 퀸이 서로 '공격'할 수 있다. 즉, 동일한 행, 열 또는 대각선에 배치된다. **8퀸 문제**^{eight queens puzzle}는 표준 체스판에 8개의 퀸을 배치하여 동일한 행, 열 또는 대각선에 퀸 쌍이 없도록 해야 한다. 그림 11-1은 8퀸 문제의 해결책 한 가지를 보여 준다.

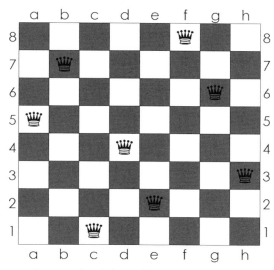

그림 11-1 8퀸 문제의 해결책(출처: Wikimedia Commons)

이 보드의 어떤 퀸도 다른 퀸을 공격하지 않는다. 8퀸 문제를 푸는 가장 쉬운 방법은 그림 11-1과 같은 해결책을 암기하고 퍼즐을 풀도록 요청받을 때마다 반복하는 것이다. 그러나 퍼즐에 몇 가지 변형이 추가됨으로써 암기가 불가능하다. 한 가지 변형은 퀸의 수와 보드의 크기를 늘리는 것이다. n퀸 문제는 $n \times n$ 체스판에 n개의 퀸을 배치해 퀸이 다른 것을 공격하지 않도록 하는 문제다. n이 얼마나 높든 임의의 자연수일 수 있다. 또 다른 변형은 n퀸 완성 문제다. 상대방은 퀸 중 일부를 배치하는 것으로 시작한다. 그것들은 배치하기 어려운 위치에 있을 수 있으며 나머지 n개의 퀸을 배치해 아무도 상대를 공격하지 않도록 해야 한다. 매우 빠르게 실행되면서 이 문제를 해결할 수 있는 알고리듬을 설계할 수 있겠는가? 그렇다면 백만 달러를 벌 수 있다(307페이지의 '가장 심오한 미스터리 풀기' 참고).

그림 11-1은 행과 열에 있는 기호의 고유성을 확인하기 때문에 스도쿠sudoku를 연상시킬 수 있다. 스도쿠에서 목표는 각 행, 열 및 3×3 블록에 각 숫자의 인스턴스가 정확히 하나만 포함되도록 1에서 9까지의 숫자를 채우는 것이다(그림 11-2). 스도쿠는 일본에서 처음으로 인기를 얻었으며, 실제로 스도쿠 퍼즐은 2장에서 살펴본 일본 마방진을 연상시킨다.

5	3			7				
6			1	9	5			
	9	8					6	
8				6				3
4			8		3			1
7				2				6
	6					2	8	
			4	1	9			
				8			7	9

그림 11-2 미완성 스도쿠 그리드(출처: Wikimedia Commons)

스도쿠 퍼즐을 풀 수 있는 알고리듬을 작성하는 방법을 생각해보는 것은 흥미로운 연습문제다. 가장 간단하고 느린 알고리듬은 브루트 포스에 의존하는 것으로, 가능한 모든 숫자 조합을 시도하고 올바른 해결책을 구성하는지 여부를 반복적으로 확인하고 해결책을 찾을 때까지 단지 반복한다. 이것은 작동하긴 하지만 우아함이 부족하고 매우 오랜 시간이 걸릴 수 있다. 누구나 쉽게 따를 수 있는 규칙에 따라 81개의 숫자를 그리드에 채우기 위해 세상의 컴퓨팅 자원의 한계까지 사용해야 한다는 것은 직관적으로 봤을 때 올바르지 않다. 좀 더 정교한 해결책은 필요한 런타임을 줄이기 위해 논리에 의존할 수 있다.

n퀸 완료 문제와 스도쿠는 또 다른 중요한 특성을 공유한다. 해결책을 확인하기가 매우 쉽다는 것이다. 즉, 퀸이 있는 체스판을 보여주면 n퀸 완성 문제의 해결책을 찾고 있는지 확인하는 데 몇 분밖에 걸리지 않을 것이고, 81개 숫자의 그리드를 보여주면 올바른 스도쿠 해결책을 찾고 있는지 쉽게 알 수 있다. 안타깝지만 해결책을 쉽게 확인할 수 있다는 것이 해결책을 쉽게 생성할 수 있다는 뜻은 아니다. 어려운 스도쿠 퍼즐을 푸는 데는 몇 시간이 걸릴 수 있으며 확인하는 데는 몇 초밖에 걸리지 않는다. 이러한 생성/확인 노력의 불일치는 삶의 많은 영역에서 일반적이다. 식사가 맛있는지 여부는 아주 적은 노력으로 알 수 있지만, 멋진 식사를 만드는 데는 훨씬 더 많은 시간과 자원을 투자해야 한다. 마찬가지로 아름다운 그림을 그리는 데 걸리는 시간보다 훨씬 짧은 시간에 그림이 아름다운지 확인할 수 있고, 비행기를 만드는 데 드는 노력보다 훨씬 적은 노력으로 비행기가 날 수 있는지 확인할 수 있다.

알고리듬적으로 해결하기는 어렵지만 해결책을 검증하기 쉬운 문제는 이론 컴퓨터 과학에서 매우 중요하며, 이 분야에서 가장 깊고 가장 시급한 미스터리다. 특히 용감한 모험가라면 이 미스터리 속으로 뛰어들 수 있지만 그곳에서 당신을 기다리고 있는 위험을 주의해야 한다.

가장 심오한 미스터리 풀기

스도쿠 해결책을 검증하기는 쉽지만 생성하기는 어렵다고 말할 때 의미하는 바는, 좀 더 공식적인 용어로 말하자면 해결책을 **다항 시간**polynomial time 내에 검증할 수 있다는 것이다. 즉, 해결책 검증에 필요한 단계 수는 스도쿠 보드 크기의 일부 다항식 함수다. 4장과 런타임에 대한 논의를 다시 생각해보면, x^2과 x^3 같은 다항식이 빠르게 성장할 수 있지만 e^x 같은 지수 함수에 비해 상당히 느리다는 사실을 기억할 것이다. 문제에 대한 알고리듬적 해를 다항 시간 내에 검증할 수 있으면 검증이 쉽다고 생각하고, 해의 생성에 기하급수적인 시간이 걸리면 어렵다고 간주한다.

다항 시간 안에 해결책을 확인할 수 있는 문제 클래스의 정식 이름은 **NP 복잡성 클래스**^{NP} complexity class다(여기서 NP는 **비결정적 다항 시간**^{nondeterministic polynomial time}을 나타낸다. 그 이유는 이론 컴퓨터 과학에 대한 긴 설명이 필요하지만 여기서는 유용하지 않을 것이다). NP는 컴퓨터 과학에서 가장 기본적인 두 가지 복잡성 클래스 중 하나다. 두 번째는 P(다항 시간^{polynomial time})라고 한다. 문제의 P 복잡도 클래스에는 다항 시간에 실행되는 알고리듬으로 해결책을 찾을 수 있는 모든 문제가 포함된다. P 문제의 경우 다항 시간에 전체 해결책을 찾을 수 있는 반면, NP 문제의 경우 다항 시간에 해결책을 검증할 수 있지만 해당 해결책을 찾는 데 기하급수적인 시간이 걸릴 수 있다.

우리는 스도쿠가 NP 문제임을 알고 있다. 제안된 스도쿠 해결책을 다항 시간에 검증하는 것은 쉽다. 스도쿠도 P 문제인가? 즉, 모든 스도쿠 퍼즐을 다항 시간에 풀 수 있는 알고리듬이 있는가? 아무도 찾지 못했고 아무도 찾을 수 없을 것 같지만 불가능하다고는 생각하지 않는다.

우리가 아는 NP 문제 리스트는 매우 길다. 여행하는 외판원 문제의 일부 버전은 NP에 있다. 정수 선형 계획법과 같은 중요한 수학 문제뿐만 아니라 루빅 큐브에 대한 최적의 해결책도 마찬가지다. 스도쿠와 마찬가지로 이러한 문제가 P에도 있는지도 의문이다. 다항 시간에 이러한 문제에 대한 해결책을 찾을 수 있는가? 이 질문을 표현하는 한 가지 방법은 'P = NP인가?'이다.

2000년에 클레이 수학 연구소^{Clay Mathematics Institute}는 밀레이엄 난제 상^{Millennium Prize Problems}이라는 리스트를 발표했다. 문제 중 하나에 대한 검증된 해결책을 발표한 사람은 누구나 백만 달러를 받게 된다고 발표했다. 이 리스트는 수학과 관련된 세계에서 가장 중요한 7가지 문제를 제시했고 P = NP인가에 대한 질문이 그중 하나였다. 아직 아무도 상을 주장하지 않았다. 이 문장을 읽는 고귀한 모험가 중 한 명이 결국 고르디오스의 매듭을 풀고 이 가장 중요한 알고리듬 문제를 해결할 수 있을까? 진심으로 그렇게 되기를 희망하며 그 여정에 행운과 용기와 기쁨이 함께하길 기원한다.

해결책이 있는 경우 P = NP 또는 P ≠ NP라는 두 가지 주장 중 하나의 증거가 된다. P = NP에 대한 증명은 비교적 간단할 수 있다. 필요한 모든 것이 NP 완전 문제에 대한 다항 시간 알고리듬 해결책이기 때문이다. **NP 완전** NP-complete 문제는 모든 단일 NP 문제가 NP 완전 문제로 빠르게 축소될 수 있다는 특징으로 정의되는 특수한 유형의 NP 문제다. 즉, 하나의 NP 완전 문제를 풀 수 있으면 모든 NP 문제를 해결할 수 있다. 단일 NP 완전 문제를 다항 시간에 풀 수 있다면 모든 NP 문제를 다항 시간에 풀 수 있으며, 이는 P = NP임을 증명한다. 공교롭게도 스도쿠와 n퀸 완성 문제는 모두 NP 완전 문제다. 이것은 둘 중 하나에 대한 다항 시간 알고리듬 해결책을 찾는 것이 기존의 모든 NP 문제를 해결할 뿐만 아니라 백만 달러와 함께 전 세계적으로 평생 동안 명성을 얻을 수 있음을 의미한다(친선 스도쿠 대회에서 당신이 아는 모든 사람을 이길 수 있는 힘은 말할 것도 없다).

P ≠ NP라는 증명은 아마도 스도쿠에 대한 해결책만큼 간단하지 않을 것이다. P ≠ NP라는 개념은 다항 런타임을 가진 알고리듬으로 해결할 수 없는 NP 문제가 있음을 의미한다. 이것을 증명하는 것은 부정을 증명하는 것과 같으며, 개념적으로 어떤 것이 존재할 수 없다는 것을 증명하는 것이 어떤 것의 예를 가리키는 것보다 훨씬 어렵다. P ≠ NP를 증명하려면 이 책의 범위를 넘어 이론 컴퓨터 과학에 대한 확장된 연구가 필요하다. 이 길이 더 어렵긴 하지만 P ≠ NP라는 것이 연구원들 사이에서 합의된 것으로 보이며, P 대 NP 질문에 대한 해결책이 있다면 아마도 P ≠ NP라는 증거가 될 것이다.

P 대 NP 질문은 알고리듬과 관련된 유일한 미스터리는 아니지만, 가장 즉각적으로 수익성이 있는 질문이긴 하다. 알고리듬 설계 분야의 모든 측면에는 모험가가 도전할 수 있는 넓은 영역이 있다. 이론적이고 학문적인 질문뿐만 아니라 비즈니스 맥락에서 알고리듬적으로 괜찮은 관례를 구현하는 방법과 관련된 실용적인 질문도 있다. 시간을 낭비하지 말자. 여기서 배운 내용을 기억하고 평생의 알고리듬 모험에서 지식과 실습의 최대한도까지 새로운 기술을 가지고 앞으로 나아가자. 친구여, 안녕히.

| 찾아보기 |

알고리듬 세계에 뛰어들기

용감한 초보를 위한 파이썬 어드벤처

발 행 | 2023년 2월 14일

옮긴이 | 이 재 익
지은이 | 브래드포드 턱필드

펴낸이 | 권 성 준
편집장 | 황 영 주
편 집 | 김 진 아
          임 지 원
디자인 | 윤 서 빈

에이콘출판주식회사
서울특별시 양천구 국회대로 287 (목동)
전화 02-2653-7600, 팩스 02-2653-0433
www.acornpub.co.kr / editor@acornpub.co.kr